JN188280

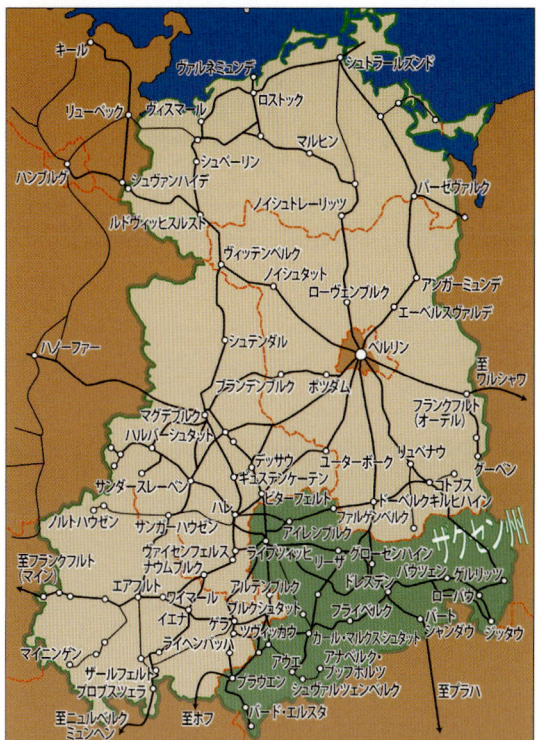

✆1953年夏時刻表の
東ドイツ鉄道路線図

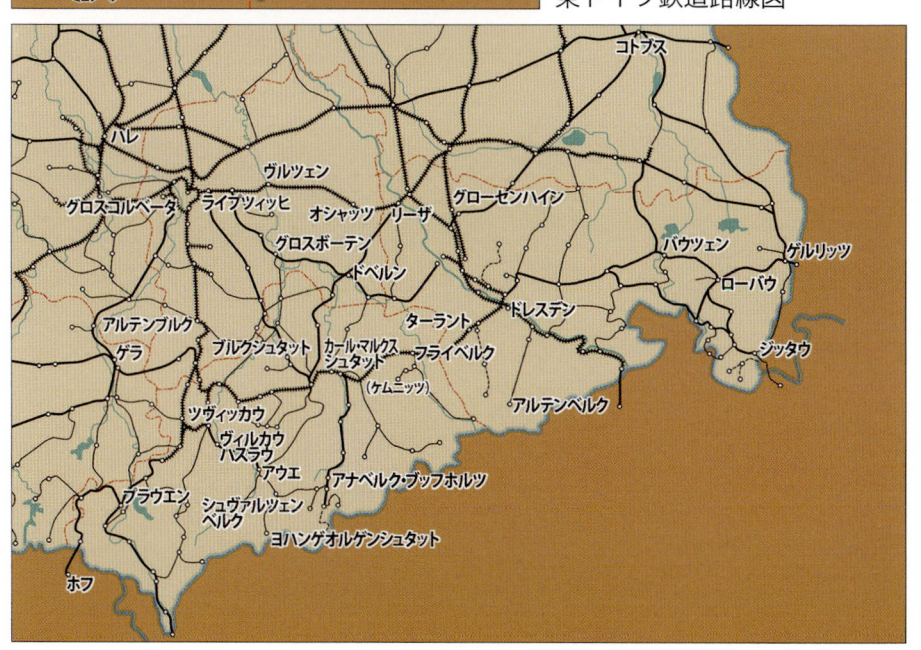

✆1983年のザクセン地方の鉄道路線図

第1章

【州都ドレスデンは鉄道がお好き】

Dresden, die Landeshauptstadt, liebt Eisenbahn.

煙の祭典 ドレスデン 蒸気機関車フェスティバル

B **C** 館内にある2庫の扇形庫や全長23mの大型転車台は現在も使用され、かつての機関区時代そのまま

D **E** 普段は扇形庫内に保管されている貴重な車両も、蒸気機関車フェスティバル期間中は屋外で公開される

ザクセンの鉄道博物館──鉄路の上の東ドイツ

F（前ページ）**G H I J** 蒸気機関車フェスティバル期間中は、ドイツ各地や隣国チェコから蒸気機関車が多くのファンと共にドレスデンに集結する

ザクセン鉄道史の宝庫
ドレスデン交通博物館

K 蒸気機関車ムルデンタール。1861年製であり1952年までザクセンの炭坑鉄道で使用された。罐や走行部など新製以来のオリジナルであり、東ドイツでは最古の蒸気機関車となる

L 1838年にドイツで最初に製造された蒸気機関車サクソニア。オリジナルは1849年に解体されたが、1989年に東ドイツ地域最初の鉄道ライプツィッヒ・ドレスデン鉄道開業150周年を記念し、レプリカが製造された

ザクセンの鉄道博物館——鉄路の上の東ドイツ

Ⓜ 東ドイツ国鉄レールバス VT2.09 形。東ドイツ国鉄時代の赤色とドイツ鉄道移管後の緑色を両側面にまとい展示

Ⓝ 最後のザクセン王アウグスト 3 世の姉マティルデの専用車両 447 号客車。ダブルルーフ式の外装や椅子やテーブルが並ぶ豪華な内装が再現されている

Ⓞ メイヤー式蒸気機関車 99 535 号機。ザクセン山間部に広く敷設された狭軌 750mm 路線にて活躍した

ⓆⓇ 交通博物館はその名の通り、車、飛行機、船舶など鉄道以外の展示も豊富にあり、合わせて楽しみたい

ドレスデン交通博物館「ヨハネウム」

P ドレスデン交通博物館として使用されている建物ヨハネウムは 1590 年に建設された厩舎が起源になる

S 博物館の中庭にはトスカナ様式の円柱とアーチが連なり、ザクセン王国領地だった紋章が掲げられている

T 博物館中庭を囲む壁には 102m におよび代々のザクセン王がマイセン磁器に描かれた壁画「君主の行進」がある

東ドイツ時代から続く車両保存

東ドイツ国鉄は 1969 年より蒸気機関車の保存に着手し、いくつかは現在もアルトシュタット機関区に保管されるなど、現在のドイツにおける車両保存の礎になっている

Kunstsammlungen
Chemnitz
Museum Gunzenhauser

1970 年にプロイセン邦有鉄道時代の外装に復元された 1913 年製の 17 1055 号機。写真は蒸気機関車フェスティバル期間中にドレスデン中央駅へ移動展示された際のもの

W 03 001 号機は急客用蒸気機関車03形の初号機であり、動態保存機として1978年から2003年まで運用された

X 3連接構造の電気機関車E77 10号機も1979年より動態保存され、現在もロッドでつながる4つの動輪を回転させつつ本線上で特別列車を牽引する姿を見ることができる

Y V240 001 号機は1965年に大出力の試作機として登場後、量産型V180 202号機に改造されたが、1996年に登場時の外装に復元された

第2章 【エルツ山地の鉄道博物館 シュヴァルツェンベルク鉄道博物館】

Eisenbahnmuseum Schwarzenberg

A 特別列車を牽引する蒸気機関車が休むシュヴァルツェンベルク駅構内。1858 年開業時に建設された駅舎はザクセン州最古の駅舎になる

B シュヴァルツェンベルクへはエルツ山地麓の街、ツヴィッカウ中央駅から気動車で50 分ほどの行程になる

エルツ山地の街 シュヴァルツェンベルク に向かって

C ツヴィッカウ中央駅から市街中心部へは、路面電車路線に普通鉄道が乗り入れる方式「ツビッカウモデル」を採用

D シュヴァルツェンベルク駅手前の勾配を西ドイツ国鉄のディーゼル機関車V200形が牽引する特別列車が登る

E ツヴィッカウ - シュヴァルツェンベルク間最大の街アウエ。かつては機関区があったが、1994年に廃止され、現在は跡地が広がるのみ

ザクセンの鉄道博物館——鉄路の上の東ドイツ

機関区時代そのままの
シュヴァルツェンベルク鉄道博物館

F 1902 年建設の 5 庫 10 線のレンガ作りの扇形庫は、現在も転車台とともに車両の保管に使用されている

G 1992 年改修作業開始時の扇形庫周辺の様子。線路は大半が撤去され、扇形庫には所々穴もあり荒廃していた

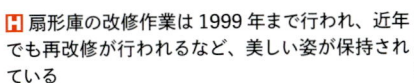

H 扇形庫の改修作業は1999年まで行われ、近年でも再改修が行われるなど、美しい姿が保持されている

I J 広い館内には管理棟や信号所、給水塔など機関区時代そのままの設備が保たれている

KLMNOP ドイツ国有鉄道時代から東ドイツ国鉄にいたるまで、各時代の制服、制帽のオリジナルをコレクションしており、催事にはファッションショーのように公開している

ザクセンの鉄道博物館──鉄路の上の東ドイツ

活動は彩り豊かに

Q エルツ山地の廃線を活用した観光路線では蒸気機関車の運行も行われ、マルカースバッハ高架橋はハイライト

R S T U レールバスも交えつつ週末を中心に１年を通じ運行されており、季節により様々な装いが見られる

Z 展示車両は多岐にわたり、ディーゼル機関車は黎明期から東ドイツ国鉄まで各時代の車両が展示されている

V **W** 1884 年製の王立ザクセン邦有鉄道の客車 sächs.189Di は内部が改装されウェディングに使用される

X 催事には他館の車両も展示される。東ドイツ国鉄で運用後、各専用線で使用された様々な 107 形が並べられた

Y 事業用車両の保存も充実している。写真は暖房車になり、内部には蒸気機関車そっくりの罐が搭載されている

ザクセンの鉄道博物館──鉄路の上の東ドイツ

21

第3章 【現役のターミナル ライプツィッヒ中央駅 の流線形気動車】

Stromlinienförmiger Dieselzug am Leipziger Hauptbahnhof

ヨーロッパ最大級のターミナル駅
ライプツィッヒ中央駅

A 東西298mに広がる駅舎は1915年に完成し、ライプツィッヒの玄関口として親しまれている

B 駅舎に入ると思わず見上げたくなるほどの高い天井。階段を上がり、頭端式ホームが広がるコンコースへ

C 駅舎と頭端式ホームの間に広がるコンコースは267m。光が注ぎ、見通しの良さが特徴

D 頭端式ホームから見た駅舎。どれだけの人がライプツィッヒ中央駅に到着し、この景色を目にしたことか

E 1番線から26番線まで連なるホームは大型屋根6つ、東西両端の小型屋根2つのアーチ式屋根で覆われている

光が降り注ぐ　ライプツィッヒ中央駅

F 駅舎内には1914年開業時以来の装飾の数々が施され独特の雰囲気がある　**G H I J** アーチ式の屋根に覆われたホームは、光と影のコントラストによって、様々な印象を与えてくれる

K コンコース西端にはザクセン最初の鉄道、ライプツィッヒ・ドレスデン鉄道の運営に尽力したフリードリヒ・リストとグスタフ・ハーコートの胸像がある　L 東側駅本屋に掲げられたザクセン王国の紋章。ライプツィッヒ中央駅は、かつてプロイセン邦有鉄道と王立ザクセン邦有鉄道の共同使用駅であり東側駅舎は王立ザクセン邦有鉄道が使用した

ザクセンの鉄道史が詰まった中央駅

M 24 番線の展示車両はじめ、構内にはザクセンの鉄道史を彩る遺産が多く残されている

N ライプツィッヒ・ドレスデン鉄道の功績を残す記念碑。王立ザクセン邦有鉄道移管に際し 1878 年に建てられた　O ライプツィッヒ最初の駅ライプツィッヒ・ドレスデン駅に使用されたモニュメントが東側駅舎に移設されている

24 番ホームは鉄道博物館

Q 流線形の高速気動車 SVT137 225 号機はドイツ国有鉄道時代の外観が再現されている

R 客貨用電気機関車 E44 046 号機。1936 年製の汎用性に富んだこの機関車は、1984 年に 1950 年代末の外装に復元され、動態保存機として 2001 年まで運用された

S 24 番線に展示された車両は屋根の下で良好な状態が保たれている。1942 年製の貨物用電気機関車 E94 056 号機はドイツのワニの愛称で親しまれ、2001 年まで動態保存機として運用された

T 急客用電気機関車 E04 01 号機。1932 年に製造後、多くの時間をライプツィッヒで過ごし、動態保存機として 2001 年まで運用された

第4章 【工業都市ケムニッツの ザクセン鉄道博物館】

Sächsisches Eisenbahnmuseum in Chemnitz

A ケムニッツ中央駅は頭端式と通過式ホームが組み合わさり、様々な鉄道会社の列車が発着する

B ケムニッツ - ライプツィッヒ間を結ぶ中部ドイツ地方鉄道 RE6 路線はディーゼル機関車と客車により運行される

C 郊外の非電化路線から市街地中心部の路面電車路線へ直通させる運行方式は「ケムニッツ・モデル」と呼ばれる

D 非電化路線から中央駅まで来ると、パンタグラフを上げ、市街地中心部の路面電車路線に乗り入れる

E 2006年に優等列車はケムニッツへの運行を終了したが、2022年よりインターシティの乗り入れが再開された

ザクセンの鉄道博物館——鉄路の上の東ドイツ

ヒルバースドルフ機関区時代
そのままに

F 扇形庫2庫を擁するザクセン鉄道博物館は操車場と機関区の跡地にあり、貨物用機関車の保存に力を入れている

G 100トンを貯蔵できる大型給炭装置はドイツ各地で見られたが。現在ザクセン鉄道博物館のみに残されている

H 広大な館内には機関区時代の設備や建物が多く見られる

I ザクセン鉄道博物館自慢の動態保存機50 3648号機は2023年10月に運行期限終了をむかえた

J 全長20mの転車台は現在も使用され、機関区時代さながらの動きを目にすることができる

K 催事にはドイツ各地から特別列車を牽引した貴重な車両が集結する。最高速度 180km/h を誇る東ドイツ国鉄の高速試験用蒸気機関車 18 201 号機

ザクセン鉄道博物館への様々な来訪者

L 館内は非電化路線ながら東ドイツ国鉄の電気機関車 E11 形や E42 形も集結
M 気動車版 ICE605 形を検査用車両へ改造した通称「advanced TrainLab」も姿を見せた
N 現在、ハルツ山地の貨物用路線を使った観光列車を牽引している 95 027 号機、通称「山の女王」
O 東ドイツ国鉄の動力近代化に貢献した V100 形の試作機 V100 003 号機も保存先のベルリンから訪問

操車場跡に残された ロープ式移動システム

P 館内の操車場敷地跡には、1930 年に設置され 1991 年まで、ハンプへ貨車を押し上げるために使用された ロープ式移動システムがドイツで唯一残されている

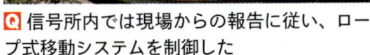

Q 信号所内では現場からの報告に従い、ロープ式移動システムを制御した

R ロープ式移動システムは線路の間に敷設された軌道上を移動し、貨物の押上後は折りたたまれ、元の場所へ戻された

S 移動機器を制御するロープは滑車で制御機器まで結ばれる

T 信号所からみたハンプの上り部分、かつては到着線が連なっていた広大な敷地にかつての隆盛がうかがえる

U 東ドイツ国鉄のゲルリッツ形はベルリンと東欧諸国を結ぶ国際列車に運用され、ザクセン鉄道博物館でも 3 両 1 編成が 2024 年 10 月まで保存されていた

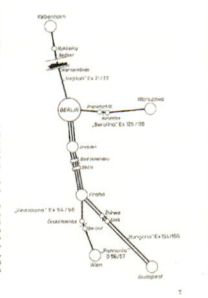

V 900 馬力、12 シリンダーの V 形エンジン 12KVD18/21 形は前後の先頭車の運転室下に設置された

W 催事にはドイツ国有鉄道時代の高速気動車や東ドイツ国鉄のレールバスとともに展示された

X Y Z ゲルリッツ社のカタログや紹介記事。フェリーに搭載されコペンハーゲンへも運用された。なおゲルリッツ形は初号機と2 号機のみ、量産型とは異なった塗装になる

第5章 フェルトバーン 【ザクセン鉄道博物館の産業用軽便鉄道部門】

Die Feldbahngruppe im Sächsischen Eisenbahnmuseum

産業と物流の担い手として

A 1870年代にフランスのドコービル社で開発された産業用軽便鉄道は様々な軌間幅で実用化されたが、ドイツでは軌間600mmが主流になる
B C D E 工場専用線や鉱山など、様々な用途や環境で使用された機関車が26両収集されている

\text{口絵}

36

F G

H I

多種多様な貨車

F G H I J 集められた貨車の形状は様々であり、材質も木製や金属製、作りもはビス止め、溶接式など、製造された時代や使用場所により何種類にも分かれる

J

自然豊かな館内の路線に乗って

K ザクセン鉄道博物館の東端に確保された東西 700m、南北 300m ほどのスペースには軌間 600mm 路線が 1000m ほど敷設されている

L M N O 館内の路線を、貨車を改造したトロッコ車を牽引して周回する遊覧運行に使われており、自然豊か館内は季節に応じて多彩な姿を見せる

P 旅団機関車 HF2738 号機は、ケムニッツにて 1919 年に製造後、モザンビークで使用され、2000 年にザクセン鉄道博物館に里帰りした。長年復元作業が行われ製造からちょうど 100 年目の 2019 年に完成

復元された蒸気機関車

Q R S T 蒸気機関車シュプンテライ形は 1994 年入手後、2007 年から復元作業に着手し、2024 年現在も作業中になる

他館からやってくる
蒸気機関車

U V W X Y 小型な車体の利点を生かし、催事には他館から蒸気機関車が運ばれ、館内の路線で運転される

【はじめに】
Vorwort

ドイツ鉄道の奥座敷に足を踏み入れて

　ドイツには、鉄道博物館（Eisenbahnmuseum）や交通博物館（Verkehrsmuseum）といった鉄道関連の展示施設が各地に存在しており、ニュルンベルクの交通博物館やベルリンのドイツ技術博物館などは、日本でも広く知られている。しかし旧東ドイツ圏であるザクセン州にも、東ドイツ時代に開館したドレスデン交通博物館はじめ、鉄道博物館が各地に点在しているが、紹介される機会は少なく、なんとももったいなく感じている。ザクセン州の鉄道はニュルンベルクにつづき、ドイツで2番目に開通しており、路線網を拡大させつつ、チェコとの国境地域に横たわるエルツ山地の鉱山開発や、ケムニッツやツヴィッカウをはじめとした工業都市の発展に貢献し、市民の生活を支えながら、今にいたっている。ザクセン州は、そんな鉄道を貴重な文化遺産として、後世へ残す意識や活動が一際強いようで、特徴ある外観をした車両やかつての姿そのままの建物が多数保存、展示されている。また展示環境も、ドレスデン交通博物館のように宮殿や寺院が立ち並ぶ市街地中心部のみならず、現役のターミナル駅の一角を保存スペースに転用しているもの、廃止された機関区の扇形庫や転車台といった設備を活用したものなど様々になり、営業路線と接続されている館では、所有している動態保存機関車の運転も実施するなど、各館の個性を際立たせている。

　訪問のたびに新しい発見や強烈な印象を与えてくれるザクセンの鉄道博物館だが、展示物の多くが東ドイツ国鉄（Deutsche Reichsbahn）に関係していることも、興味をそそられる大きな要因だろう。東ドイツ国鉄は1949年に設立し、西ドイツ国鉄（Deutsche Bundesbahn）との統合により、1994年にドイツ鉄道（Deutsche Bahn AG）が設立され、

その歴史を終えている。東ドイツ国鉄について本邦で、これまで十分に紹介されてきたとは言い難いだろう。存在していた頃は鉄のカーテンの向こう側であり、当時の東ドイツ訪問記を読んでも、蒸気機関車の撮影をしようと沿線で用意をしていると、どこからともなく現れる紳士に声をかけられ、駆けつけた警察官に注意を受けるなど、鉄道どころではない緊張感に満ちた描写が多い。そして東西ドイツ統合後にようやく見えてきた東ドイツ国鉄の姿は、煤にまみれ、物資不足のため高速化はもとより、保守すら不十分な状態であり、時代遅れの一言で済まされる傾向が強いようだ。この技術面、設備面の遅れに加え、安全性の確保にすら事欠く東ドイツ国鉄だったが、そんな軽々しい一言では語れない何かがあるように感じている。そもそも 44 年間の歴史は、公共企業体としての日本国有鉄道の 1949（昭和 24）年設立から 1987（昭和 62）年分割民営化まで、38 年間のあゆみよりも長いのだ。知らなくて良いものと結論づけられるものでもないだろう。ドイツの鉄道を知るには、その前身である東ドイツ国鉄が、どのような環境、設備、そして車両で運営されていたのか、これらを理解することは避けられない。また幹線や大都市圏のみならず、地方路線について知ることも、普段着の東ドイツ国鉄の姿を知るに欠かせないと思われる。現地に足を運び、残されたものを見て、当時の状況をより正確に把握することが求められるのではないだろうか。

　幸い、東ドイツ国鉄の歴史は、額に納めるには乾ききっていない近い時代であり、ザクセン州の鉄道博物館には、ついこの間まで使用されていた建物や蒸気機関車はもちろん、客車や貨車、事業用車両まで幅広く保存されている。第二次世界大戦前から東ドイツ時代の面影を色濃く感じられる様々な展示環境は、「あの時の東ドイツ国鉄を知る」に応えるものと確信している。本書では博物館単体ではなく、新たな魅力やその時代の状況などが垣間見られることを願い、周辺の鉄道路線や博物館開館にいたった前史、展示車両の履歴も記し、より多層的な理解をはかられるよう心がけた。個性豊かな車両はもとより、訪問するまでに使用する路線も、足を踏み入れ、耳を傾けると、これまでのあゆみや現状へと至った道のりを多弁に語りだすように感じている。「あなたはあの時どうしていましたか？」など様々な問いに対する答えを、おしゃべりな車両や設備たちに、本書を通じ、耳を傾けていただけると幸いに思う。

　　　2024 年秋

　　　　　　　　　　　　　　　　　　　　　　　　著者しるす

目 次

Inhaltsverzeichnis

《口 絵》

《本　文》

はじめに
41

第1章
州都ドレスデンは鉄道がお好き
53

第2章
エルツ山地の鉄道博物館
シュヴァルツェンベルク鉄道博物館
133

第3章
現役のターミナル
ライプツィッヒ中央駅の流線形気動車
191

第4章
工業都市ケムニッツの
ザクセン鉄道博物館
223

第5章
フェルトバーン
ザクセン鉄道博物館の
産業用軽便鉄道部門
269

さいごに
301

参考文献
303

写真提供
307

組版・編集……片岡　力
地図作成……石井裕一（三月社）
機関車イラスト……iStock/realstockvector
装幀……森　雄大

ザクセンの鉄道博物館
鉄路の上の東ドイツ

久保　健

第1章
【州都ドレスデンは鉄道がお好き】

Dresden, die Landeshauptstadt, liebt Eisenbahn.

1.
ドレスデン蒸気機関車フェスティバル

古都ドレスデンに蒸気機関車が大集合

　ザクセン州の州都ドレスデン（Dresden）は、エルベ川沿いに宮殿や教会が連なる古都になる。そしてドレスデンでは毎年3月末から4月半ばの週末に、ドイツ各地から蒸気機関車が集結する、ドイツ最大規模級の鉄道イベント「Dresden Dampfloktreffen」が、市街中心部から南西3kmほどにあるドレスデン・アルトシュタット（Dresden-Altstadt）機関区跡（以下「アルトシュタット機関区」）で開催されている。この「Dresden Dampfloktreffen」は直訳すると「ドレスデン蒸気機関車ミーティング」になるが、これでは何かの会合や会議のようになってしまい、蒸気機関車の煙に加え、ソーゼージを焼くバーベキューの煙も漂い、家族連れで賑わうテーブルや移動

式の遊園地が設置された、華やかなお祭り会場には少し固すぎるよう思われる。もともとこのイベントは1992年から2004年まで「Dresden Dampflokfest」、直訳すると「ドレスデン蒸気機関車フェスティバル」として開催されていたが、アルトシュタット機関区構内に、ドイツ鉄道の関連会社で中近距離部門を運営するDBレギオ（DB Regio）の車両保守施設建設にともない一旦休止され、2009年から現在の名前に改めて再開されている。日本でも、旧名を踏襲し、蒸気機関車フェスティバルとして紹介されることも多いため、ここではオリジナル名にこだわらず、会場の雰囲気にふさわしい「ドレスデン蒸気機関車フェスティバル」の呼び名を使いたい。

かつての機関区がそのままの会場に

ドレスデン蒸気機関車フェスティバルの会場となるアルトシュタット機関区は、1999年に発足した社団法人ドレスデン・アルトシュタット機関区（IG Bahnbetriebs-werk Dresden-Altstadt e.V.）により、2002年5月18日よりドレスデン鉄道博物館（Eisenbahnmuseum Dresden）として、月一回ほど公開されている。そしてドレスデン蒸気機関車フェスティバルは、社団法人ドレスデン・アルトシュタット機関区が主催するとともに、ドイツ鉄道やドレスデン交通博物館（Verkehrsmuseum Dresden）、旅行会社などが後援して行われている。

アルトシュタット機関区へは、ドレスデン中央駅（Dresden Hauptbahnhof）からバスの乗り継ぎ、またはSバーン（S-Bahn）で6分のドレスデン・プラウエン（Dresden-Plauen）駅で下車し、徒歩15分ほどで行くことができる。ドレスデン蒸気機関車フェスティバルは10時開始だが、かつては8時から10時までが写真撮影用の時間として設定されており、追加料金こそ要るものの、早朝で入場者の少ない構内は撮影しやすく、目的別に訪問者を分ける、良い策だったと思える。現在は行われていないようだが、再開を願い、早朝公開時からの蒸気機関車フェスティバルの様子を紹介したい。

アルトシュタット機関区へ筆者は7時50分くらいに到着したが、すでに開場しており、早朝公開と通常の2種類の入場券を受け取り入場した[1]。機関区時代そのままの館内には扇形庫が2庫あり、メイン会場となる1号扇形庫では、他の鉄道博物館や鉄道愛好家団体が所有する蒸気機関車が頭を出して出発準備に余念が無い[2][口絵 p.2-3 の🅐]。ドレスデン蒸気機関車フェスティバルに参加した蒸気機関車

を運転した方に聞いたが、アルトシュタット機関区での待機中は罐の火は落とさず、夜中交代で保火番をしているそうだ。そして整備が完了した順からだろうか、機関区時代は毎日見られたように、機関車がゆっくりと転車台へ進み、転車台で数回回転をさせる。全長 23 m の大型転車台が動く様子は迫力があり [3] [口絵 p.4-5 の**B**C]、見学者との距離を保ちつつ様々な角度から機関車が見られるため、ぜひ日本でも広まってほしい展示手法だと思う。

[1] アルトシュタット機関区入口では蒸気機関車 58 1361 号機の動輪がお出迎え（2015 年）

広い館内、と言うより機関区構内を歩き、DB レギオの車両保守施設を抜けると、もう一つの扇形庫、4 号扇形庫がある [口絵 p.4 の**E**]。ここにはドレスデン交通博物館所有の静態保存の機関車が保管されており、長年にわたり収集してきた秘蔵の車両が並べられている。さらに 4 号扇形庫の裏に隣接する修繕庫から、トランバーサーをはさみ延びている 8 線の出場線にも、ドレスデン交通博物館所有の保存車両が並べられている。1920 年に設立したドイツ国有鉄道（Deutsche Reichsbahn）の前身になる、

[2] ドレスデン蒸気機関車フェスティバルのメイン会場になる 1 号扇形庫（2015 年）

[3] 23 m の 1 号扇形庫。蒸気機関車が回転し、様々な角度から見ることができる（2024 年）

王立ザクセン邦有鉄道（Königlich Sächsische Staatseisenbahnen）や近隣のプロイセン邦有鉄道（Preußische Staatseisenbahne）の車両など、各時代の蒸気機関車はじめ、電気機関車やディーゼル機関車、木製車体の電車や事業用車両など種類は多岐にわたり、ザクセンを中心とした鉄道のあゆみの一端が感じられる [4]。

10 時を迎えると、1 号扇形庫に並べられた蒸気機関車が一斉に汽笛を鳴らし、正

規の開場時間になったことを知らせる。ドレスデン中央駅からの特別列車牽引や、運転席に搭乗し側線を往復する体験乗車のための機関車が動き始め、続々と来館する親子連れはじめ、様々な年代の人々で賑やかになり、お祭りそのものといった華やかな雰囲気に包まれる[5]。飲食店に軒を並べ、鉄道愛好家団体や他の鉄道関連の博物館の出店も開店し、パンフレットや絵葉書などのノベルティの販売、宣伝に余念なく、場所やお勧めの保存、展示品、動態保存をしているのであれば運行時期など様々な情報収集も可能だ。

　蒸気機関車フェスティバルを通じ、鉄道車両の保存や活用は老若男女、様々な年代に親しまれてい

[4] 修繕庫前の8線の出場線に並べられた、ディーゼル機関車や電気機関車など種類も豊富な保存車両（2014年）

[5] アルトシュタット機関区の側線では体験乗車の蒸気機関車が往復する（2013年）

ることが分かるが、ザクセン州やドレスデンにはどのようにして根付いたのだろうか。まずは起源とも言えるドレスデンの鉄道の博物館のあゆみから探っていきたい。

2.
鉄道博物館の始まりと
ドレスデン交通博物館

[口絵 p.9 の **P**]

明治の日本で報告されたドレスデンの鉄道博物館

　ドレスデンにおける鉄道博物館のはじまりは、日本の官報でも報告されている。日本の鉄道博物館は、1911（明治44）年5月4日に鉄道院内で鉄道博物館掛を設定し、資料の収集に着手したことを起源としており、明治44年の鉄道院年報では409点の収集が報告されている。そこからさかのぼること14年前、1897（明治30）年10月23日付の官報第4295号には、ドイツからの外報として「鉄道博物館設立の計画」が掲載され、ザクセン王国（Königreich Sachsen）首都ドレスデンで鉄道博物館を設立する計画があり、模型、図書および印刷物といった備付属品を収集し、鉄道関係者のみならず、公衆一般への公開は教育のため有益なものになると記されている [6]。おそらく本邦において「鉄道博物館」という言葉が使用された最初期の記録になるだろうが、実際に1897年夏にドレスデンには鉄道収集品陳列所（Eisenbahn-Sammlung）が設置されており、現在のドレスデン交通博物館の礎となっている。ただ官報と異なるのは、鉄道博物館ではなく収集品陳列所として開場した点になり、ドイツ初の鉄道博物館はバイエルン王国（Königreich Bayern）で、1899年10月1日よりドイツ鉄道発祥の地ニュルンベルク（Nürnberg）に開館した、王立バイエルン鉄

[6] 鉄道博物館の文字が見られる明治30年10月23日官報（国会図書館デジタルコレクションより 官報1897年10月23日）

道博物館（Königlich Bayerische Eisenbahnmuseum、現在の DB 博物館）になる。博物館未満の収集品陳列所とは言え、それより 2 年早く鉄道の展示施設が開かれたことは注目に値するだろう。

ザクセンにおける鉄道博物館のはじまり

　ドイツの鉄道の始まりは、1835 年 12 月 7 日にニュルンベルク - フュルト（Fürth）間 6 km ほどの開業になるが、同年ザクセン王国（Königreich Sachsen）でも、ドレスデンとザクセン最多人口の都市ライプツィッヒ（Leipzig）を結ぶ、ライプツィッヒ・ドレスデン鉄道（Leipzig-Dresdner Eisenbahn Compagnie）が設立され、翌 1836 年 3 月 1 日より工事が始められている [7]。そしてドイツにおける 2 番目の鉄道として、1837 年 4 月 24 日にライプツィッヒ - アルテン（Althen）間 10.6 km が開業し、以降 9 回にわたる部分開業を経て、1839 年 4 月 7 日にライプツィッヒ - ドレスデン間 116.1 km が全通している [8] [口絵 p.7 の**L**]。ニュルンベルクと比べ距離も長く、トンネルや橋梁など本格的な設備が整えられた都市間鉄道になるため、ドイツの鉄道史においてはニュルンベルクの鉄道開業と併記されることが多いようだ。東西ドイツに分裂していたこともあり、1985 年のドイツ鉄道 150 周年のイベントは、西ドイツでニュル

[7] ライプツィッヒ・ドレスデン鉄道（L.D.E）の境界杭（2023 年、ドレスデン交通博物館収蔵）

[8] 1838 年にドイツで最初に製造され、ライプツィッヒ・ドレスデン鉄道で使用された蒸気機関車サクソニア。現在はドレスデン交通博物館にレプリカが所蔵されている（2017 年）

ンベルクを中心に大々的に祝われたが、東ドイツでは同年にベルリン（Berlin）、エアフルト（Erfurt）、マグデブルク（Magdeburg）で6月から9月にかけ機関車の展示会が開催されるにとどめられている。当時の東ドイツ国鉄で車両管理部門長だったハインツ・シュナーベル（Heinz Schnabel）は、1989年に建国40周年とともにライプツィッヒ-ドレスデン間開業を都市間鉄道150周年として大々的に祝う予定だったため、1985年はそれほど気にとめていなかったこと、そもそも西ドイツの情報が限定的にしか入ってこなかったこともあり、どの程度の行事になるものか分からず、外国のこととしか感じられなかったと後年回想している。

さてドレスデンの鉄道収集品陳列所構想の起源は、1897年の開設から20年前にさかのぼる。ライプツィッヒ・ドレスデン鉄道が1876年7月1日に、王立ザクセン邦有鉄道により国有化されたのを受け、王立ザクセン邦有鉄道のチーフエンジニアだった、マクシミリアン・ルートヴィヒ・オットー・ノイマン（Maximilian Ludwig Otto Neumann）[9] が、歴史的な価値を考慮し、翌1877年より開業当初の線路や書類、設計図、図面などを、ドレスデン中央駅近くの鉄道庁舎に保管した措置を始まりとしている。具体的な活用策までは考慮されていなかったようで、しばらく保管されたままになるが、1897年4月24日からライプツィッヒで開催されたザクセン・チューリンゲン工業商業展示会（Sächsisch-Thüringische Industrie- und Gewerbeausstellung）で初めて公開された。当時の新聞は、アーチ式橋梁や工事中のトンネル、操車場などの模型、写真、版画、構内図、切符などが展示され、「際だった特別に興味深い展示物」として、高い評判を呼んだと伝えている。そして王立ザクセン邦有鉄道は、冒頭の官報で報告されているように、1897年夏より、ドレスデン中央駅の北方にあった鉄道庁舎内に収集品陳列所を設置し、事前申込者に限り、日曜午前中の公開を開始した。これがザクセンにおける鉄道博物館の先駆けになる。1902年には、ドレスデン鉄道博物館（Eisenbahnmuseum in Dresden）と名が改められているが、現在残された図録は収集品陳列所（Sammlung）に横線が引かれ、博物館（Museum）へと手書きで変更されていることから、大規模な変更ではなかったよう

[9]

[9] マクシミリアン・ルートヴィヒ・オットー・ノイマン（1834-1911）

だ。展示場所は鉄道庁舎内から変更されなかったが、2 階全体の 600 ㎡ほどをテーマごとに 10 カ所に区分けし、入場料無料で金曜の 13 時から 15 時半まで公開されている。1893 年より王立ザクセン邦有鉄道の首席財務参事官に就任したノイマンとドレスデン鉄道博物館の関係を示す資料は残されていないが、博物館初代館長の称号を、ノイマンの義理の父で、王立ザクセン邦有鉄道の建築主任として路線建設に長年携わり、1889 年に没したロベルト・ヴィルケ（Robert Wilke）に贈っていることから、何らかの関わりはあったものとも思われる。

　ドレスデン鉄道博物館には続々と収蔵品が追加され、現在そのいくつかがドレスデン交通博物館で展示されている。ライプツィッヒからバイエルン王国を結ぶ鉄道路線の起点駅として、1842 年 9 月 18 日に開業したライプツィッヒ・バイエリッシュ駅（Leipzig Bayerischer Bahnhof）で使用されていた大鐘もそのひとつで、1908 年 7 月に収蔵されている [10]。さらに車両の展示も計画され、1858 年にベルリンのボルジッヒ（Borsig）社で製造番号 998 として製造され、ライプツィッヒ・ドレスデン鉄道に所属した、軸配置 1A1 のタンク式蒸気機関車「チューリッヒ（Zürich）」が候補にあげられた。この機関車は 1876 年に王立ザクセン邦有鉄道へ編入後「ベーレン（Boehlen）」に改称、1896 年より Ⅵa 形 2 号機へ改番され、1900 年に廃車となっている [11]。1901 年より鉄道博物館の展示物にするために、1876 年の王立ザクセン邦有鉄道編入時の外観へ復元されたが、手狭な鉄道庁舎内での展示はできず棚上げさ

[10] ライプツィッヒ・バイエリッシュ駅（Leipzig Bayerischer Bahnhof）で使用された大鐘は、1908 年に収集され、ザクセン鉄道博物館でも展示されていた（2017 年、ドレスデン交通博物館収蔵）

[11] 機関車ベーレン。廃車後に整備、保管されたが展示されることは無く解体された

れ、博物館自体も 1914 年に第一次世界大戦開戦にともない閉館している。

ザクセン州により運営された第二次世界大戦までの鉄道博物館

　1918 年に第一次世界大戦が終わり、1920 年に各邦有鉄道が統合してドイツ国有鉄道が発足する。ドイツ国有鉄道は、ベルリンにプロイセン邦有鉄道が主体になり 1906 年に開館した、王立建物・交通博物館（Königliche Bau- und Verkehrsmuseum）があったため、ドレスデンにおける鉄道博物館再開へ向けた動きは鈍く、やがてザクセン州が主導となって進められるようになる。ドイツ国有鉄道は、かつてドレスデン鉄道博物館で展示された収蔵品を一括して保存、展示することを条件にザクセン州へ譲渡したが、ザクセン州も展示場所の確保には苦戦している。候補に挙がったドレスデン技術高校やドレスデン中央駅近くの高架下では狭すぎ、一時はベルリンの王立建物・交通博物館への譲渡も検討されたが、プロイセンへの対抗心が強いお国柄からか、州の意向として拒絶している。ようやく 1921 年 3 月、1918 年 11 月の革命により不要となったドレスデン郊外のノイシュタット（Neustadt）駅の貴賓室跡を転用することが決められた。開館前の展示品の修復は、ドレスデン鉄道博物館時代の担当者により行われ、1923 年 6 月 1 日に、ザクセン鉄道博物館（Sächsisches Eisenbahnmuseum）として開館した [12]。開館時間は水曜日 10 時から 16 時までと第

[12] ドレスデン・ノイシュタット駅構内に開館したザクセン鉄道博物館（1930 年頃）

一日曜日 10 時から 13 時までと限定され、石炭不足のため、暖房の確保が難しい冬季は閉鎖されている。ノイシュタット駅構内という立地ゆえ交通の便は良かったものの、スペースはドレスデン鉄道博物館時代の 3 分の 2 の 433 ㎡ほどと限られており、ここでも機関車の展示は実施できず、長らく保管されてきた蒸気機関車チューリッヒも 1930 年（1925 年の説もあり）にケムニッツ（Chemnitz）で解体されている。1935 年のドイツの鉄道 100 周年を目前にした措置であり、これまでの歴史を担ってきた古い機関車は保存されやすいタイミングにも感じられる中での解体処理になる。これは 100 周年行事として計画されたニュルンベルクでの大列車パレードにおける、国民啓蒙・宣伝省（Reichsministerium für Volksaufklärung und Propagand）の意向として、最新鋭の車両が主役であるべきとし、ドイツ国有鉄道が用意した歴史的な車両の展示走行には反対したことが大きく関係しているだろう。「歴史的な回顧よりも先進的な技術成果の誇示でナチス・ドイツの現在性を国民に強く印象づける」と 1935 年当時の記録にあるように、100 周年記念に古い機関車はお呼びでなかったようだ。

　このザクセン鉄道博物館は第二次世界大戦の激化により閉館したが、収蔵品の多くはドレスデンの鉄道庁舎内や郊外の貨物取扱所などで保管されている。専門家によって行われていないため、一部の模型は運送時に破壊され、制服はネズミにかじられ、ザクセン最初の蒸気機関車サクソニアの設計図は焼却されるといった被害を被ったが、多くは度重なる空襲を免れ、第二次世界大戦後まで守られた。

ゲルハルト・アルントによるドレスデン交通博物館開館準備

　1949 年に建国した東ドイツは、技術者の養成を課題としており、1950 年の第 3 回ドイツ社会主義統一党の党大会で、大学に次ぐ職業訓練の実践、技術の習得のできる専門学校の設立を議決した。各省庁監督のもと専門高等学校が設立されることになり、交通省（Ministerium für Verkehrswesen）は、1952 年 9 月 8 日、ドレスデンに交通高等学校（Hochschule für Verkehrswesen in Dresden）を開校し、学校の付属施設として交通博物館も設立することになった。そして 1952 年 5 月 1 日、東ドイツ国鉄の職員で、鉄道模型愛好家だった、ゲルハルト・アルント（Gerhard Arndt）[13] [14] を担当者に命じ、開館へ向けた準備が始められた。

　アルントは 1927 年 6 月 30 日ライプツィッヒ生まれで、自動車整備工養成学校

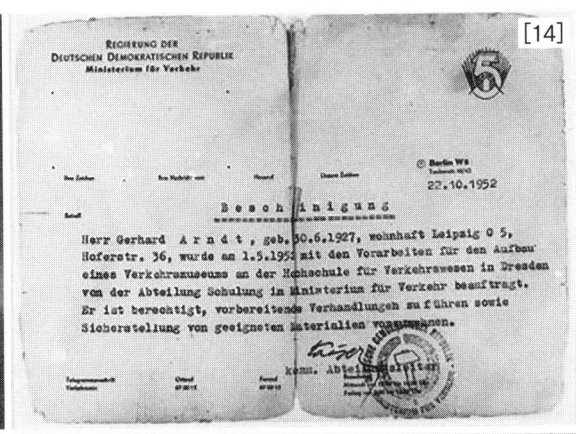

[13] ゲルハルト・アルント (1927-2007)　[14] ゲルハルト・アルントの身分証明書「1952 年 5 月 1 日より交通博物館建設準備を担当する。準備交渉を行い、適切な資料を確保する権限も与えられている」など記載されている

を卒業、兵役に就いた後、ドイツ国有鉄道に入社し、ライプツィッヒ中央駅の入替作業員になっている。鉄道模型の愛好家として知られ、1948 年にザクセン鉄道博物館閉館後に保管されていた模型を使ったドレスデン中央駅 50 周年の展示に携わり、1950 年には東ドイツ国鉄の近代的な運行システムを 87 分の 1 スケールで再現し、ライプツィッヒ中央駅で展示している。担当者となったアルントは散逸した資料の収集と修理に手をつけるが、かつてのドレスデン鉄道博物館跡地である鉄道庁舎は空襲により一部が破壊し、1948 年から 1952 年にかけて取り壊され、またドレスデン・ノイシュタット駅のザクセン鉄道博物館跡地も使用できないなど、作業場所の確保には苦労した。ようやくドレスデン・ノイシュタット貨物駅で建物を見つけ作業を開始したが、後年アルントが「ワンマン運転」と表現したように、細々とした作業だったようだ。ただザクセン各地に散らばっていた展示品の数々も集まり、開館へ向けての機運は徐々に高まっている。しかし交通高等学校の校舎や寄宿舎は新築されたが、物資不足から交通博物館は既存の建物を転用することと決められたものの、場所の選定には時間を要しており、アルントや交通高等学校からもドレスデン市へ早期の援助要請がなされている。ドレスデン市内やザクセン州のみならず、ベルリンなども含め、いくつかの候補があげられたが、ドレスデンで第二次世界大戦前まで歴史博物館として使われ、1945 年 2 月 13 日から 15 日にかけてのドレスデン大空

襲（Luftangriffe auf Dresden）で損害を受け、廃墟となっていた建物、通称ヨハネウム（Johaneum）が使用されることになった。文化財保護局（Amt für Denkmalpflege）より1954年7月に引き渡しの認可がされ、1955年1月1日より正式にドレスデン交通博物館予定地となり、同年4月より作業が開始されている。1955年中は瓦礫の撤去が行われ、東ドイツ国鉄の職員や交通高等学校の生徒、のべ6000人がボランティアとして参加した。

東ドイツ最古の蒸気機関車ムルデンタールの復元

　開館準備にあたり、東ドイツに残された最古の蒸気機関車、ムルデンタール（Muldenthal）が展示品として整備されている [15]。ムルデンタールは、ザクセン鉄道博物館への収蔵がかなわず、解体された蒸気機関車チューリッヒに遅れること3年、1861年にケムニッツのリヒャルト・ハルトマン社（Richard Hartmann、1870年3月24日より株式会社化によりザクセン機械工場〔Sächsische Maschinenfabrik〕）で、主に炭鉱用に1856年より10両ほど量産されていた、全長8.61mの軸配置1B2式のタンク式蒸気機関車で、製造番号は164になる [16][口絵 p.7 のK]。同年製造で製造番号163の姉妹機ボッカ（Bockwa）とともに、ザクセン州南部ツヴィッカウ（Zwickau）のボッカ

[15]

[15] 1861年製造以来、ザクセンで運用されてきた東ドイツ最古の蒸気機関車ムルデンタール（2017年、ドレスデン交通博物館収蔵）

[16] ザクセン王国ケムニッツのリヒャルト・ハルトマン社製のムルデンタール運転台側面にある製造銘板（2017年）

[16]

炭鉱鉄道（Bockwaer Eisenbahngesellschaft）で、1861年9月7日から1913年まで2号機として運用され、その後、エルツ山地炭鉱（Erzgebirgischen Steinkohlen-Aktienverein）へ移り、オーバーホーヘンドルフ（Oberhohendorf）炭鉱からツヴィッカウを結ぶ石炭列車や入替用機関車に使用、1952年4月15日に罐の不良により廃車となっている。王立ザクセン邦有鉄道やドイツ国有鉄道に所属したことはなく、炭鉱の専用路線での運用に終始した比較的地味な経歴になるが、製造から廃車まで一貫してザクセン州内で使われた機関車だ。現在ドイツでは3番目に古い機関車になるが、最も古い蒸気機関車でニュルンベルクのDB博物館に展示されている1853年製のノルトガウ（Nordgau）は、1925年に展示のため右半分が切開され原形をとどめておらず、2番目に古いドイツ西部ノイシュタット（Neustadt）のドイツ鉄道歴史協会（Deutschen Gesellschaft für Eisenbahngeschichte e.V.〔DGEG〕）で展示されている、同1853年製のファルツ（Pfalz）は、1925年に1862年製の同型機から部品供与を受け修繕され、オリジナル部品がほとんど残されていない。その点ムルデンタールは、1910年にケムニッツで運転室へのブリキの屋根の設置や化粧煙突から円筒式の煙突への変更といった改装こそされたが、罐や銅製の火室は新製以来のオリジナルであり、旧式のハンドブレーキが終始用いられるなど製造時の部品や姿が保持されており、実質的にはドイツ最古の蒸気機関車と言っても差し支えないだろう[17]。

　ムルデンタールは1953年にアルントの手配によりドレスデンへ移され、ドレスデンの交通高等学校で一時的に展示され、運転席の屋根の撤去や清掃など簡単な整備が行われている。そして本格的な復元作業のため、1954年5月、深夜の本線上を蒸気機関車に牽引され、ライプツィッヒ近郊エンゲルスドルフ（Engelsdorf）の東ドイツ国鉄修理工場に

[17]

[17] ムルデンタールの罐は新製以来のオリジナルで、製造時以来の部品が保持されている（2017年）

回送された。その際、ムルデンタールにはブレーキ管が装備され、牽引する蒸気機関車から制御されるはずだったが、うまく作動せず、蒸気機関車の後部と衝突し、連結部を破損させている。工場到着後、アルントの指導、管理のもと、本格的な作業が開始され、破損箇所の補修や淵のついた化粧煙突への交換など、可能な限り原形に近い外観への復元がなされている [18]。

復元作業完了後、1955年末に再び本線でドレスデンへ戻されたが、往路で起きた事故の反省を踏まえ、勾配のきつい区間に限り、博物館員がムルデンタールの運転席に座り、緊急用の手動ブレーキを操作することになった。後年アルントは、マイナス11度の中、運転席に搭乗し、霜で真っ白になった館員を「霜の精のようになった」と記すなど、大変な作業だったことがうかがえる。そして1956年5月、ムルデンタールはトレーラに乗せられドレスデン市内を移動し、開館へ向けた準備が進むヨハネウムの東側1階ホールへ搬入されている [19][20]。

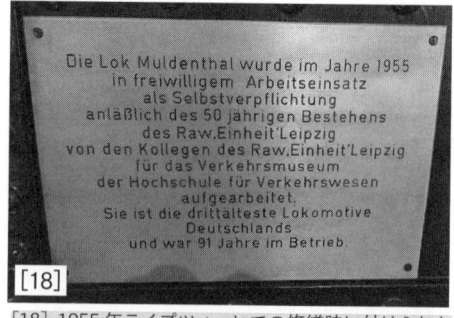

[18] 1955年ライプツィッヒでの修繕時に付けられたプレートには、ドイツで3番目に古い機関車であり、91年間使用されたことなどが明記されている

[19][20] 上下とも、ドレスデン郊外の貨物駅から館内へ搬入されるムルデンタール（1956年）

そして開館、つづく展示車両の増備

1956年6月3日、ドレスデン市750周年記念の催しの一つとして、ドレスデン交通博物館は、ムルデンタールが置かれた東部分1階のみを展示場所として開館した [21]。ただ館員は4名と少数で、暖房設備もなかったため、夏季のみ開館とし、

[21] 現在の博物館東側1階部分は館外まで線路が延びており、扉内部でムルデンタールはじめ各車両が展示されている（2023年）

1958年まで3回の特別展が開催された。1958年4月1日、交通博物館は、これまでの交通高等学校の一部門から交通省直轄となり、同年8月31日より、1階部分のみを975㎡に拡張し、自動車、市電やバスといった都市交通の常設展示も加わり、通年の開館になっている。これまでの間、ムルデンタールのほかに以下の2両の展示車両が用意された。

・ザクセン王室用客車447号（*Hofsalonwagen Nr. 447*）[22]

　ムルデンタールと同じく、1956年の開館当初から展示されてきたこの客車は、1853年から1912年まで製造されてきたザクセン王室用の車両の中で、唯一現存するものになる。1885年、ザクセン王国第6代国王ゲオルク（Georg）が、娘のマティルデ・フォン・ザクセン（Mathilde von Sachsen）姫のため、ブレスラウ鉄道車両製造株式会社（Breslauer Eisenbahn-Wagenbau AG）に製造させている[23]。王立ザクセン邦有鉄道の447号客車となり、通称マティルデの車両（Mathldenwagen）の名で親しまれた[24]。外枠の骨組みは木製、車体はブリキ製になり、屋根はダブルルーフとなっている。内装はソファーと4脚の椅子、テーブルが置かれたサロンと寝室に分かれており、トイレ、洗面所、侍女の控室が備えられ、蒸気管とともに練炭ストーブとガス灯が装備された。1918年にマティルデの兄である、ザクセン国王フリードリヒ・アウグスト3世

[22] ザクセン王室用客車447号、通称マティルデの車両はムルデンタールの後ろで展示（2023年）

[23]

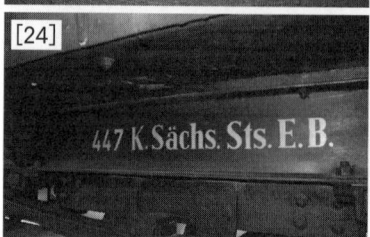

[25]

[23] 現在はポーランド領になるブレスラウの鉄道車両製造社にて 1885 年に製造された王室用客車 447 号の製造銘板

[24] 台枠に書かれた車両番号 447 と王立ザクセン邦有鉄道の略称

[25] 展示品として整備され搬入されるザクセン工室用客車 447 号（1956 年）

（Friedrich August III）が退位し、共和政へ移行すると、ドイツ鉄道へ移管され、1933 年に予備車となるが、第二次世界大戦末期の 1945 年には救難車に使われ、ドアには弾跡が残されている。

　第二次世界大戦後、ドレスデン交通博物館の開館が決まると、1954 年から 1956 年にかけて、カール・マルクス・シュタット（Karl-Marx-Stadt、現在のケムニッツ）の鉄道修理工場で整備され、交通博物館で展示されている [25]。

・狭軌600mm用フェアリー式蒸気機関車　ペショー・ブルドン [26]

　運転室をはさみ前後に 2 つの罐と走り装置を持つフェアリー（Fairlie）式の蒸気機関車になる。フランス陸軍の鉄道部隊が使用したペショー・ブルドン形になり、同型機はドレスデン交通博物館とセルビアにしか現存しておらず、貴重な機関車と言えよう。フェアリー式は 1863 年にイギリスのロバート・フェアリー（Robert Francis Fairlie）により考案され、フランス陸軍プロスペール・ペショー（Prosper Péchot）大佐により 1887 年に軍用として採用後、シャルル・ブルドン（Charles Bourdon）教授により、半径 20 m カーブに対応し、最高速度は 15 km/h、30 ‰（パーミル）を 300 t 牽引できる機関車へ改良され、両者の名をとりペショー・ブルドン（Péchot-Bourdon）形と名付けられている。1888 年から 1906 年にかけフランスのカイル（Cail）社やベル

ギーのテュビーズ（Tubize）
社より61両、イギリスの
ノース・ブリティッシュ・
ロコモティブ（North British
Locomotive）社より15両の
計76両が製造され、フラン
ス陸軍鉄道部隊で使用され
た。第一次世界大戦開戦後、
増産が計画されるも、戦乱
の中、フランス国内の生産
は難しかったため、その大
半をアメリカのボールドウ
ィン（Baldwin）社が受け持ち、

[26] フェアリー式蒸気機関車ペショー・ブルドンには運転室前後に罐と走り装置を持っている（2017 年）

1915 年から 1916 年にかけ 264 両を製造しフランス陸軍に供給した。その後も 1921 年まで 340 両ほど製造され、北アフリカの植民地やポーランドなどで使用され、日本陸軍も 1 両導入している。

　ドレスデン交通博物館に収蔵されたこの機関車は、アルントの調査では明確な経歴は分からなかったようで、長年不明とされてきた。2019 年より貸与されている、フランクフルト産業用軽便鉄道博物館（Frankfurter Feldbahnmuseum）では、ロッドには 217 の刻印があるが、走り装置の大半の部品には 215 の刻印がされていることから、フランス陸軍の 215 号機と推察されている。215 号機は 1916 年にボールドウィン社で製造番号 43367 として製造され、同年 5 月にフランス軍に納入されている。第二次世界大戦時にマジノ線で使われているところをドイツ陸軍に鹵獲され、1944 年にデッサウ（Dessau）のドイツ軍演習所で、2 つの煙突をもった奇妙な機関車として置かれていた記録が残されている。第二次世界大戦後の混乱期には、マグデブルク市内で空襲により破壊された建物の瓦礫を撤去するため敷設された鉄道で使用されている。

　1955 年、アルントは蒸気機関車ムルデンタール修復準備のため訪問した、カール・マルクス・シュタットの東ドイツ国鉄の修理工場に放置されているのを発見し、ドレスデン交通博物館の展示品として入手している。資料も無く、復元作業は難しかっ

たため、錆落とし程度の軽度な整備に留められ、1955 年秋にドレスデンへ移動した。ドレスデン交通博物館は開館へ向け修繕中だったこともあり、館外の中庭に置かれていたが、1956 年にドレスデン郊外のターラント（Tharandt）へ移され、黒色から緑色に塗り替えられるなど、本格的に修繕され、1958 年からムルデンタールやザクセン王室客車とともに東部分の一階で公開されている。

独特な形の車両たちを続々と収集

　東ドイツでは、限られた建築資材を住居や工業関連へ優先的に使用したため、交通博物館の再建は時間を要している。1960 年 4 月 27 日に上棟式が行われ、1962 年に 2 階部分が、1963 年初頭に 3 階部分が完成し、ノイマンが収集した資料をはじめ、公文書や設計図、構内図といった文書、写真や専門誌などを保管、閲覧できる図書室が設置された。1970 年に外装工事も完了し、1876 年時の姿に復元され、1955 年以来 16 年にわたる改修作業がようやく完了した [27]。その間も、鉄道史において貴重な車両や、他では見られないような独特の形状や走り装置を持つ展示車両も続々と加わっている。

[27] 修繕工事開始の 1955 年から常設展示場が全て整った 1970 年を記念して中庭に設置されたレリーフ。VMD はドレスデン交通博物館の略

・電気機関車E71 30号機（EG530号機）[28]

　1911 年 1 月 18 日より、プロイセン邦有鉄道は、デッサウ-ビターフェルト（Bitterfeld）間 25.5 km の試験的な電化を行い、1912 年に機関車メーカ 4 社へ計 72 両の貨物用電気機関車を発注した。AEG（Allgemeine Elektricitäts-Gesellschaft）社は 18 両、後に追加され計 27 両を受注し、新たに開設されたベルリン北西にあるヘニングスドルフ（Hennigsdorf）の工場で 1914 年に全長 11.6m で軸配置 BB の初号機 EG511 号機、1915 年 5 月 1 日までに EG512 号機、EG513 号機を製造したが、第一次世界大戦開戦の影響で以降 EG537 号機までの製造は延期されている。E71 30 号機も第一次世界大戦後の 1921 年に、製造番号 1592 として製造され、

EG530 号機としてドイツ国有鉄道のハレ鉄道管理局に所属し、ライプツィッヒ周辺で運用された。1923 年 7 月 1 日にライプツィッヒ - マグデブルク間が電化されると、1924 年初頭からマグデブルグ・ロットヘンゼー（Rothensee）機関区に所属し、1925 年から同型が E71.1 形と改番されたのを受け E71 30 号機になっている。ただ最高時速 50 km/h、定格出力 785 kW は当

[28] 1962 年 4 月の保存開始当初は東ドイツ最古の電気機関車とされた 1914 年製の E71 30 号機（2017 年）

時でも力不足でもあり、1930 年 8 月 12 日から 9 月 3 日にかけ全般検査を受けた記録はあるが、他の E71.1 形 4 両と共にデッサウ修理工場内で保管措置が取られている。1934 年 10 月 7 日に電化区間がハレ - マグデブルク間で開業すると、機関車不足により復帰し、最高時速 65 km/h に改造後、1935 年 10 月からライプツィッヒ・ヴァレーン（Leipzig-Wahren）やケーテン（Köthen）機関区所属となった。E71 30 号機は 1938 年 4 月 5 日にモータの不良から運用を外れ、従来であれば廃車になるところだったが、ナチス政権の工業化政策による輸送量増加への対応から、E71 16 号機の部品を転用しての修理が行われた。1944 年初頭よりオーストリアのシュヴァルツァッハ・ザンクト・ファイト（Schwarzach-St.Veit）機関区に所属したが、ドイツ国有鉄道のデッサウ修理工場入場時に第二次世界大戦終戦を迎えている。

終戦直後ビターフェルト機関区所属になるが、1946 年にソ連に賠償品として接収された。ただソ連では使用もされなかったようで、1952 年 8 月 26 日に 3 両の貨車に乗せられ返却されたが、製造から 30 年以上を経た中、悪環境で保管されてきたため修繕も難しく、そのままデッサウ修理工場で放置され、1959 年 11 月 20 日に廃車となっている。しかし当時、東ドイツでは最古の電気機関車でもあったため、1961 年に展示品として修理され、1962 年 4 月にドレスデン交通博物館に搬入、展示されている [29] [30]。

[29] 東ドイツ国鉄 1968 年冬ダイヤ時刻表掲載のドレスデン交通博物館の広告に使われた E71 30 号機

[30] 2020 年に行われた展示品入換時に館内から搬出され、現在はアルトシュタット機関区にて保管されている（2020 年）

・電気機関車EP242（E50 42号機）のモータ部分 [31]

　プロイセン邦有鉄道は、デッサウ - ビターフェルト間の試験的な電化が良好な結果を得られたため、現在のポーランド南西部からチェコ北東部にあたる山間部シュレージエン（Schlesien、英語読みではシレジア）地方の電化も 1914 年より行っている。旅客用の軸配置 2D1 式の電気機関車として、車体中央に 25.5 t、直径 3.6 m の大型モータを装備し、動輪をロッドで接続させた試作機

[31] 1924 年に製造された直径 3.36m、重量 18.7t になる巨大な E50 42 号機のモータ部分（2017 年）

が製造された。1914 年に完成していたが、第一次世界大戦開戦のため使用は延期され、1917 年に EP235 号機 Breslau として運用を開始している。400t の列車を牽引して最高速度 85 km/h、20 ‰でも 60 km/h で走行でき、蒸気機関車時代と比べ 4 分の 3 ほどの時間で運行が可能になるなど、良好な結果が得られたため、1923 年にドイツ国有鉄道により 11 両が量産されている。試作機 EP235 号機と同様に、車体はリンケ・ホフマン社（Linke-Hofmann-Werke）、電機部分はベルクマン電機（Bergmann Elektrizitätswerkeg）により、EP236 から EP246 号機が製造され、シュレージエン地方で運用を開始した。

E50 42 号機は 1924 年に EP242 号機として製造され、車体はリンケ・ホフマン社の製造番号 1163、電機部分はベルクマン電機社の製造番号 269 になる。1927 年より E50 形に改番されるに伴い E50 42 号機になったが、シュレージエン地方の電化区間に電車が導入されると、他の E50 形 5 両と共に 1938 年からマグデブルク機関区に移され、第二次世界大戦後、1946 年 3 月 29 日まで運用され、賠償品としてソ連に接収されている。1952 年 8 月 24 日に東ドイツ国鉄へ返却されたが、軌間の変更など改造はされていなかったことから、ソ連ではほとんど使用されなかったようだ。同年 9 月 3 日にライプツイッヒ・ヴェーレン機関区に到着後、保管されたが、修繕されず、1955 年に廃車となった。

試作機 EB235 号機の直径 3.6 m より小さいながらも、直径 3.36 m、重量 18.7 t になる巨大モータが特徴的であることから展示されることになり、デッサウ修理工場で 1961 年早々にロッドと車輪 4 輪一式と共に車体から取り出された。デッサウからは仮の連結器やバッファーを設置して、機関車に牽引され、ドレスデンまで運ばれている。そして 1961 年 4 月にトレーラに載せられ館外まで運ばれ、館内の 2 本の支柱の間をミリ単位の隙間で通して搬入したそうだ。

・シーメンス・ウント・ハルスケ社製試験用電気機関車 [32]

1897 年、シーメンス・ウント・ハルケス社（Siemens & Halske）は交流電流を用いた電化鉄道の開発を行っており、ベルリンのグロス・リヒターフェルト（Gross-Lichterfeld)-ツェーレンドルフ(Zehlendorf)間に、線路の横上に 3 本の架線が張られた 1.73 km の試験線を設け、1898 年に木製の箱型車体の試験用機関車を製造、試験運転を開始している。1899 年、シーメンス社に加え、AEG 社をはじめとした電機製造会社や銀行数行、プロイセン邦有鉄道、陸軍鉄道担当局らが出資する、高速電気鉄道研究委員会（Studiengesellschaft für elektrische Schnell-bahnen）が発足すると、時速 60 km/h 運転が目指され、試験用機関車は車体強度の確保を図るため、

[32] 1898 年製造後、1900 年に大幅改造されたシーメンス・ウント・ハルスケ社製試験陽電気機関車（2017 年）

1900 年に現在見られるような 2 軸 4 輪で、ヴェイヤー社（Weyer）製のブリキの凸形車体と屋根に 3 機のパンタグラフを搭載した外観に変更されている [33]。定格電圧 750 V で試運転後、試験線では交流 10000 V を流し、変圧器で電圧を 2000 V に調整して、主電動機へ供給、運転する試験に使用された。この試験結果は後の交流電気鉄道の実用化試験に大いに生かされ、1903 年にマリーエンフェルデ（Marienfelde）とツォッセン（Zossen）の 23 km の区間で、三相交流電車により 210 km/h の運転が記録されている。

　さて、この 2 軸 4 輪の試験用機関車は、1900 年に試験が終了すると、ドイツ中央部チューリンゲン州ワイマール（Weimar）の南にあるバート・ベルカ（Bad Berka）のセメント会社が 800m ほどの専用線で使用するため購入され、1906 年末に通常の菱形のパンタグラフを搭載した 220 V の直流機関車に改造された。1907 年から専用線の 1 号機として運行を開始し、全長 6.3 m の小さな車体から愛称ロバ（Esel）と呼ばれ親しまれつつ、1972 年 12 月まで運用されている。整備も社内で行えたことから改造もされず、記録として残っているのは、同じ場所を往復するため、車輪の偏った摩耗を防ぐための交換のみになる。

　ほとんどの人がこの機関車の出自を忘れていたが、1973 年にバート・ベルカで留置されているところ、温泉療養に来た鉄道愛好家が偶然見つけ、アルントへ連絡している。調査が行われ、運転室扉横の手すりが碍子で絶縁措置されているところが決め手になり、かつて交流試験線で使われた試験用機関車であることが判明した[34]。東ドイツ最古の電気機関車としてすでに展示されていた E71 30 号機より古いことも

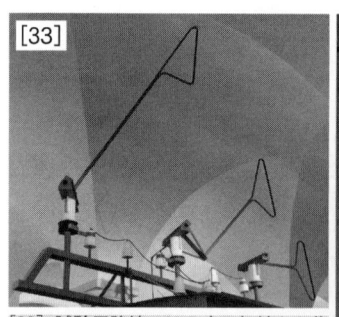

[33] 試験用路線では 3 本の架線から集電するため 3 機のパンタグラフが搭載された（2017 年）

[34] 運転席扉横の手すりは碍子で絶縁措置されていることが決め手となり、試験用電気機関車であったことが判明した。扉には「注意 10000 ボルト高電圧」表記が再現されている（2017 年）

あり、保存措置がとられ、1975年3月1日にドレスデン交通博物館へ無償譲渡されている。1975年3月29日に、68年ぶりに専用線を出てワイマール機関区に移り、4月4日から9日にかけて、蒸気機関車牽引による時速15 km/h でドレスデンへ回送された。ドレスデン交通博物館では、当初、専用線最後の姿への復元を考えていたが、ドイツ鉄道電化100周年記念に合わせての公開を目指し、交流試験線使用最終時の外観へと本格的に復元されることになった。1978年12月からデッサウ修理工場で作業が開始され、1979年9月15日から23日まで開催されたドイツ鉄道電化100周年記念で公開されている。閉会後はドレスデンに移動し、ドレスデン・ピエッシェン（Dresden-Pieschen）で保管され、1983年6月9日にドレスデン交通博物館に搬入した。小型だったことが幸いし、他の車両を動かすことなく設置されたそうだ。

・狭軌750mm用メイヤー式蒸気機関車　99 535号機 [35]

王立ザクセン邦有鉄道は1879年12月8日、山間部で路線建設が難しい地域には軌間750 mm の狭軌路線を採用することを決め、1881年より各地で開業が相次ぎ、1939年までにザクセン州内に合計541 km におよぶ路線網が敷設されている。当初は3動輪の蒸気機関車が使われたが、勾配や急カーブが多い路線のため、間接式機関車が求められるようになり、1892年から1921年にかけ、ザクセン機械工場社にて、蒸気機関車

[35]

[35] ザクセンの山間部の軌間750mm 路線で運用されたメイヤー式蒸気機関車99 535 号機（2017 年）

IV K 形（ドイツ国有鉄道移管後は99.51-60 形）を96 両製造している。なお末尾 K は Kleinbahn（狭軌）を意味しており、王立ザクセン邦有鉄道の狭軌用蒸気機関車の形式名にはすべて K が付与されている。この形式は罐の中央部付近の走行部にシリンダーを2個設置し、前後それぞれ設置された2動輪に動力を伝えるメイヤー(Meyer、「マイヤー式」とも呼ばれる) 式であり、比較的強い牽引力で最小半径40m までの曲線で運行できた [36]。ザクセンの山間部を走る狭軌路線で多く使用され、現在でも22

両が保存、一部は動態保存されている [37]。

　99 535 号機は 1898 年製で製造番号は 2276 になる。ザクセン各地の狭軌路線で一貫して使用され、1968 年 1 月 1 日にヘッツドルフ（Hetzdorf）- エッペンドルフ（Eppendorf）間廃止に伴う最終列車を牽引し、5 月 8 日に休車となっている。大規模な改造はされず、新製時から外観が大きく変わらなかったことから、廃車後、静態保存機として整備され、1968 年 6 月 1 日から 3 日まで開催された鉄道模型愛好者団体 MOROP が主催する機関車展示会で展示された後、1969 年よりドレスデン交通博物館で展示されている。

[36] メイヤー式の蒸気機関車 99 535 号機の走り装置は、シリンダーが 2 つあり、前後それぞれの車輪にピストンで動力を伝えている（2023 年）

[37] メイヤー式の IV K 形はザクセン各地で動態保存もされている（2016 年、プレスニッツタール（Pressnitztal）鉄道にて）

・王立ザクセン邦有鉄道VII T形ヘーゲル [38] [39]

　王立ザクセン邦有鉄道は地方支線用に動輪 2 輪のタンク式機関車 VII T 形を 1872 年から 1892 年にかけて、複数の機関車メーカで 57 両製造している。ヘーゲル（Hegel）と名付けられたこの機関車も、1886 年にケムニッツのザクセン機械工場社の製造番号 1435 として製造された。王立ザクセン邦有鉄道では 46 号機、1892 年からは 646 号機、1916 年からは 1431 号機と改番を繰り返し、1925 年にドイツ国有鉄道に移管され 98 7056 号機になっている。この形式の機関車は近距離列車に使用されたが、全長 6.358 m と小型のため輸送量が増加すると用途が狭まり、工場専用線や入替用に転用され、1960 年代末まで使用されている。ヘーゲルは 1953 年までの運行記録が失われているため、詳細な履歴は不明だが、アルトシュタット機関区で 1964 年まで入替機として使用されている。廃車後はカール・マルクス・シュタット

修理工場に置かれているところ、東ドイツ内ではムルデンタールに次ぐ古い機関車のため保存対象になり、1970 年にハレ修理工場へ長物車に載せられて移動した。アルントによると、当初は機関車に牽引されての移動を予定していたが出発直前になって、ヘーゲルは 2.2 m の固定軸距しかなく、東ドイツ国鉄の路線では 3 m 以下の固定軸距の車両は運行が禁止されていることに気づき、慌てて長物車を調達したそうだ。そのため予定よりも 1 か月遅れで作業が始められ、短い煙突から原形の長い煙突へ交換され、増設されたブレーキ用の元空気溜、石炭庫の撤去、そして塗装は黒から深緑色に変更されるなど、かつての王立ザクセン邦有鉄道時代の外装に戻されている。1973 年にドレスデンへ戻されたが、保管を予定していた機関区には積み下ろしに使うクレーンが無かったため、ドレスデン交通局の工場まで運ばれ、降ろされた。そしてドレスデン交

[38] 入換用機関車ヘーゲルは 1973 年よりドレスデン交通博物館館内にあったが、1996 年よりアルトシュタット機関区で展示されている（2010 年）

[39] かつてドレスデン交通博物館内で展示されていたヘーゲル（1975 年）

通博物館で展示されたが、1996 年より、かつて入替機として活躍したアルトスタット機関区に移され、現在ではそちらで目にすることができる。

東西ドイツ統合を経て未来に

　東ドイツ時代、ドレスデン交通博物館は交通省の直接監督下にあったが、東西ドイツ統合後は体制の変更を余儀なくされ、ニュルンベルクやベルリンに鉄道関連の展示施設はすでにあったこともあり、一時は閉鎖も検討されている。しかし 1,800 人

におよぶ請願もあり、継続して運営されることになったが、東ドイツ国鉄は交通省から引継いでの運営を断ったこともあり、1990年よりザクセン州立の博物館となっている。2006年に所有権の変更が行われ、公益法人としてドレスデン市の所有となっている。

ドレスデン交通博物館で鉄道関係の展示を担当されていたスベン・ブラッケ氏（Sven Bracke）にうかがうと、館の展示方針として、

[40] 2020年の展示品総入れ替え作業時には巨大な E50 42号機のモータも搬出された

ザクセン州を中心とした展示に力を注いでいるそうである。常設展示の総入れ替えも、だいたい10年に一度くらいに実施され、最近では2020年に行われている。電気機関車 E71 30号機や E50 42号機のモータなどは深夜に低床シャーシに載せて移動し、アルトシュタット機関区の4号扇形庫で保管しているそうだ [40]。また他館との連携も行われており、2004年にはドレスデン・ライプツィッヒ間開通175周年の特別展示として、かつて解体された蒸気機関車チューリッヒの手本となり、類似した外観を持つ1846年製のイギリスのファーネス鉄道（Furness Railway）3号機、通称オールド・コッパーノブ（Old Coppernob）をイギリスのヨーク（York）のイギリス国立鉄道博物館（National Railway Museum）から貸与され特別展示されている [41]。

なおアルントはドレスデン交通博物館の職員として勤め続け、ブリキ製の模型車両の収集や1971年には3階に325㎡、総路線距離785mにおよぶ鉄道模型レイアウトを完成させるなどし、1992年に定年退職を迎えている [42]。東ドイツで1952年より発刊されている鉄道雑誌『Der Modelleisenbahner』の紙面を通じ、アフリカ大陸の鉄道や15インチ（381mm）軌間の記事を発表し、さらに1986年にディーター・ベツォルド（Dieter Bäzold）との共著で発表された書籍『東ドイツの保存車両（Museumslokomotiven und -triebwagen in der DDR）』は、東ドイツの保存車両を知るには欠かせない貴重な記録になる。生涯にわたって鉄道を愛し、2007年5月14日にアルントは亡くなるが、現在でもドレスデン交通博物館の展示車両や書籍を通じ、アルントの功績の大きさを知ることができる [43]。

[41] ライプツィッヒ・ドレスデン間開業 175 周年の特別展でイギリス国立鉄道博物館から貸与された 1846 年製の蒸気機関車オールド・コッパーノブ（2014 年）

[42] ドレスデン交通博物館 3 階の鉄道模型やジオラマはアルントの偉大な功績の一つになる（2023 年）

[43] ドレスデン交通博物館準備開始 25 周年を記念した車両展示会のゲルハルト・アルント（真ん中の制帽、制服の人物、1977 年）

補足メモ　建物ヨハネウムのあゆみ

　ドレスデン交通博物館として使用されている建物、ヨハネウムの歴史をたどると、1547 年に建てられたドレスデン城（Residenzschloss Dresden）の一部として、クリスティアン 1 世（Christian I）が、1586 年に建築家パウル・ブフナー（Paul Buchner）に命じ、1590 年に完成させた厩舎や馬車、武器の保管庫までさかのぼることができる [44] [45]。現在ムルデンタールはじめ、鉄道車両の展示されている東側 1 階部分は元の厩舎にあたる。展示車両を囲むようにそびえ立つ柱は厩舎時代からのもので、その両脇に 128 頭の馬が収納されていた [46]。建物の外観には、ズグラッフィート（Sgraffito）の装飾が施され、博物館の裏側にある中庭を囲む長い外壁にはトスカナ様式の円柱とアーチが連なり、広大な領土に由来した紋章が付けられ、今日でも見ることができる [47]。中庭では、騎乗試合や訓練などが行われ、馬に欠かすことのできない貯水池、馬の洗い場もあった。この贅を尽くした厩舎は当時大きな賞賛がおくられ、年代記の編集者であるアントン・ベック（Anton Weck）は、1680 年にこの厩舎のことを記

[44] ドレスデン交通博物館中庭の館側壁にはヨハネウムに馴染みの深い国王のレリーフが掲げられている（2017 年）

[45] ヨハネウムの起源となるドレスデン城厩舎の建設を命じたクリスティアン1世のレリーフ（2017 年）

録している。

　ヨハネウムは以降、何度か改装が行われおり、最初の改装は 1720 年代に、フリードリヒ・アウグスト 1 世（Friedrich August I）により行われた [48]。アウグスト 1 世が大まかな概要図を作成し、ホールや遠方の訪問者のための宿泊施設への改装が計画され、1729 年から 1731 年にかけ、建築家のヨハン・ゲオルク（Johann Georg Maximilian von Fürstenhoff）により実施されている。さらにアウグスト 2 世（Friedrich August II）は、1733 年より渡り廊下を銃の保管庫とし、1745 年から 1747 年にかけ、建築家ヨハン・クリストフ・クネッフェル（Johann Christoph Knöffel）に命じ、ヨハネ

[46] 博物館東側 1 階部分の鉄道車両保存スペースは元厩舎で、展示車両を取り囲む柱は当時の名残になる（2017 年）

[47] 円柱が連なるも荒廃した 1956 年開館時の中庭。現在の口絵 p.9 の**S**と比較すると興味深い

ウムを絵画館にする大規模な改装を行った [49]。改装後、アウグスト 2 世選定による積極的な絵画収集が始まり、1794 年より、ローマで知られた画家アントン・ラファエル・メングス（Anton Raphael Mengs）のコレクションを広く収集した。ヨハン・ヨアヒム・ヴィンケルマン（Johann Joachim Winckelmann）やゲーテ（Johann Wolfgang von Goethe）など、当時の知識人が広く収集品を絶賛している。

1854 年初頭、ツヴィンガー（Zwinger）宮殿で新たにゼンパー絵画館（Sempergalerie）が開館すると、絵画は移動され、ヨハネウムは 1872 年から歴史博物館となり、武器や陶器などの展示がされている。現在の外観になったのは、ザクセン国第 4 代国王ヨハン（Johann）の命を受けた建築家カール・モーリッツ・ヘーネル（Karl Moritz Haenel）の計画によるもので、1872 年から 1875 年まで、3 棟に分かれた棟の統合、ネオ・ルネサンス様式への復元、また正面に見える英国式の階段の設置など、大幅な改装が行われている。そして改装中の 1873 年に亡くなった依頼者の国王ヨハンにちなんで、以来ヨハネウムと命名されている [50]。

1877 年より再び歴史博物館となり、磁器や刀剣、甲冑などの武器が展示された。また、渡り廊下の外側には、1870 年から 1876 年にかけ、画家ヴィルヘルム・ヴァルター（Wilhelm Walther）が、102 m におよぶ壁画「君主の行進（Fürstenzug）」を作成してい

[48] ドレスデン交通博物館東側壁面にあるアウグスト 1 世のレリーフには異名「STARKE（剛力）」、改装年 1730 が見える（2017 年）

[49] クリスティアン 1 世のレリーフの上部に掲げられているアウグスト 2 世のレリーフ（2017 年）

[50] 正面上部にある「MUSEUM JOHANNEUM（ヨハネウム博物館）」とローマ数字「MDCCCLXXV」は現在の外観へ改装された 1875 年を表す（2017 年）

[51] 壁画「聖者の行進」は中庭の外壁の裏側にあり、上部の窓は渡り廊下部分になる（2017 年）

る。この壁画は、早々に天候などの影響を受け破損したが、1907 年にマイセン陶器により補修され、現在も見ることができる [51]。

3.
東ドイツの鉄道車両保存

　ドレスデン交通博物館は交通高等学校の関連施設だったこともあり、古い車両や珍しい構造の車両など鉄道史、技術史の教育資料としての収集や保存が進められた。ドレスデン蒸気機関車フェスティバルで見られるような、標準的な蒸気機関車を機関区などで保存する活動への広まりには、ドレスデン交通博物館と東ドイツ国鉄が協力して進められた新たな保存措置が大きな原動力になっている。

東ドイツ国鉄の動力近代化

　東ドイツ国鉄による車両保存は、1960 年代半ばから開始された、蒸気機関車を淘汰しディーゼル機関車に置き換える無煙化と大きく関係している。この動きをドイツ語では「Tranktionwechseln」、直訳すると「牽引力の交換」と表現されるが、ここは日本国有鉄道に倣い「動力近代化」がしっくりくる。なお東ドイツ国鉄の電化路線は、ベルリンの S バーンを除くと、第二次世界大戦後ソ連により賠償品として接収され一旦は皆無になり、1955 年より再電化がなされている。全線 14,000 km ほどの東ドイツ国鉄において電化区間は、1965 年 575 km、1975 年 952 km と 1 割にも満たないため、1960 年代半ばからの動力近代化は電気機関車ではなく、ディーゼル機関車の導入を主流としたものと考えて良いだろう。

　動力近代化に着手前の東ドイツ国鉄は、第二次世界大戦後の機関車不足に対応するため、蒸気機関車の新製を 1954 年より再開している [52]。主なところでは、客貨両用で軸配置 1D2 のタンク式蒸気機関車 65.10 形 [53] を 1954 年から 1957 年にかけ 88 両、旅客用で軸配置 1C1 の 23.10 形（1970 年 7 月 1 日より 35.10 形に改番）を 1956 年から 1959 年にかけて 113 両製造した [54]。貨物用で軸配置 1E2 の 50.40 形は 1956 年から 1960 年にかけて 88 両が製造され、1960 年 12 月 28 日に完成した 50 4088 号機が東ドイツにおける最後の新製蒸気機関車になっている。日本の蒸気機関車の新製は 1948（昭和 23）年の E10 形が最後になるため、随分と遅くまで蒸気機関

形式	軸配置	製造年	製造数	備考
65.10形	1D1	1954-57年	88	タンク式蒸気機関車
25形	1D1	1955年	1	25 001号機のみ製造。1958年に粉炭用に改造され25 1002号機に改番
25.10形	1D1	1955年	1	25 1001号機のみ粉炭用として製造
83.10形	1D1	1955年	27	タンク式蒸気機関車
23.10形	1C1	1956年, 1958-59年	113	1970年7月1日より35.10形に改番
50.40形	1E	1956年, 1959-60年	88	東ドイツ国鉄最後の新製蒸気機関車

[53] 客貨両用タンク式蒸気機関車65.10形。現在は3両が静態保存されている（2008年、シュヴァルツェンベルク鉄道博物館）

[54] 旅客用テンダー式蒸気機関車23.10形。1970年より35.10形に改番され、6両が保存、うち35 1097号機は動態保存になる（2017年、ワイマール鉄道博物館）

車の製造を行っていたような印象を持ってしまうが、西ドイツ国鉄最後の新製蒸気機関車も1959年12月4日の23 105号機になるため、東西ドイツ間の比較であれば、1年ほどの差しかない。

　また東ドイツ国鉄は、既存の蒸気機関車に対し、完全溶接製で燃焼室付きの高性能罐への交換や混合式給水加熱器の装備、一部は重油燃焼方式とする大幅な改造も行っている。主なところでは、戦時形として第二次世界大戦中に大量生産された貨物用蒸気機関車から着手され、1957年から1967年にかけて、50形（改造後50.35形）208両 [55][56]、52形（改造後52.80形）200両に実施した。さらにドイツ国有鉄道から旅客用蒸気機関車の移管が少数にとどまったこともあり、01形（改造後01.5形）35両を1962年から1965年にかけ[57]、また邦有鉄道時代からの蒸気機関車39形（プロイセン邦有鉄道P10形）85両（改造後22形）、58.2-5、10-21形（プロイセン邦有鉄道

G12 形）56 両（改造後 58.30 形）を同時期に改造するなど [58]、蒸気機関車の継続使用へ向けた措置が 1960 年代半ばまで取られている [59]。

　これに対しディーゼル機関車の開発には時間を要している。1949 年の東ドイツ国鉄発足時、ディーゼル機関車は、第二次世界大戦前に製造された入替用や専用線に開発された小型機を継続して使用していた。主力機は軍事用に 1937 年より製造された全長 9.2 m、360 馬力の WR 360 C 14 形になり、W は「Wehrmachtlokomotive（軍用機関車）」、R は「Regelspur（標準軌間）」を意味している [60]。東ドイツ国鉄へ 40 両が引き継がれ V36 形となり、うち 36 両が入替用やドイツ中央部のベルガ・ケルバ（Berga-Kelba）- アルテルン（Artern）間 28.7 km の列車牽引に運用された。

　東ドイツ国鉄における新たなディーゼル機関車の開発は 1955 年から着手され、まず 1958 年に、30 から 35 km/h で前後に容易に移動ができ、過酷な使用条件に適合してメンテナンスも容易な小型入替機として、軸配置 B で 150 馬力の試作機 V15

[55] [56] 左右とも改造機 50.35 形の初号機 50 3501 号機。改造当初、除煙板は小型を装備していたが、動態保存機になると大型に付け替えられている（左は 1996 年、右は 2019 年撮影。いずれもマイニンゲン蒸気機関車工場）

[57] 急客用蒸気機関車改造機 01.5 形（2019 年、マイニンゲン蒸気機関車工場）

[58] 改造機 52.80 形と 58.30 形。両機とも改造時、50.35 形と同型の罐を使用しており、58.30 形は台枠の延長など調整もされている（2017 年、シュヴァルツェンベルク鉄道博物館）

[59] 東ドイツ国鉄の大幅改造蒸気機関車（標準軌間用のみ）

形式		軸配置	主用途	改造年	改造数	備考
改造前	改造後					
01形	01.5形	2C1	急客用	1962-65年	35	改造後01 501-535号機に改番
03形	変更無し	2C1	急客用	1969-75年	52	22形の罐を転用
03.10形	変更無し	2C1	急客用	1959年	18	
39.0-2形	22形	1D1	旅客用	1958-65年	85	プロイセン邦有鉄道P10形より改造
23形	変更無し	1C1	試験用	1961年	1	23 001号機のみ
41形	変更無し	1D1	貨客用	1959-60年	80	
50形	50.35形	1E	貨物用	1957-62年	208	準戦時形からの改造も含む。50 3501-50 3708号機に改番
52形	52.80形	1E	貨物用	1960-67年	200	戦時形からの改造。52 8001号機から52 8200号機に改番
58.2-5、10-21形	58.30形	1E	貨物用	1958-62年	56	プロイセン邦有鉄道G12形より改造。58 3001号機から58 3056号機に改番

101 号機がポツダムのバベルスベルクにある人民公社カール・マルクス・バベルスベルク機関車工場社（VEB Lokomotivbau Karl Marx Babelsberg、以下「バベルスベルク社」）で製造された。なお V はドイツ語で内燃機関を意味する「Verbrennungsmotor」の頭文字になり、ドイツ国有鉄道時代からディーゼル機関車の形式名に付与され、さらに V15 の 15 は 150 馬力を表している。東ドイツ国鉄におけるディーゼル機関車に V と馬力数を組み合わせた形式名は、1970 年 7 月 1 日から導入された形式名変更まで続いている。V15 101 号機は性能面からは求められた諸条件を満たしていたが、運転台の高さが 2.7 m ほどと低すぎたため、東ドイツ国鉄には正式採用されず、ベルリン・アドラースホフ（Adlershof）にある車両研究所（Institut für Schienenfahrzeuge）に売却された。そして運転台の高さを 3.585 m に設計変更した V15.10 形（1970 年より 101 形）が 1959 年 12 月までに V15 1001 号機から 1005 号機の 5 両試作され、1960 年 6 月までに V15 1006 号機から 1020 号機までの 15 両が量産されている。全長 6.94 m の車体は使い勝手も良く、東ドイツ最初のディーゼル機関車として、180 馬力に出力を上げた改良機 V15.22-23 形も含め、1964 年までに 473 両が製造されている [61]。

次に実用化されたのは中型入替機になり、1959 年 2 月 20 日にバベルスベルク社より軸配置 D で 600 馬力の V60 形（1970 年より 106 形）試作機 V60 1001 号機が、

同年 6 月 7 日に 1002 号機が東ドイツ国鉄で試験運用を始めている。ただ変速機をはじめ初期故障が多く、V60 1002 号機は 1959 年夏には再調整のためメーカに戻され、翌 1960 年 2 月に廃車の上、V60 1001 号機に部品を転用するなど苦労を重ねている。その甲斐あってか V60 1001 号機は 1960 年 3 月から 4 月にかけて、1,200 km におよぶ入替作業を問題なく行い、1961 年早々には V60 1003 号機から 1009 号機の再試作機の製造などを経て、1962 年より量産されている。1982 年まで、派生型も含めると 2,256 両が製造され、全長 10.88 m の車体は使用場所も選ばなかったことから、4 つの動輪をロッドで回転させる V60 形の姿は東ドイツ各地で目にすることができた [62]。

この開発期ならではの時期に、入替用機関車としてチェコから軸配置 BB で 750 馬力の V75 形（1970 年より 107 形）が 1962 年に 20 両輸入されている。チェコ国鉄（ČSD）で 1958 年より量産されていた T435.0 形をベースとしており、これまで開発された液体式の動力伝達方式とは異なり電気式を採用している。当初はライプツィッヒ中央駅周辺の入替用を想定していたが、使い勝手が良かったようで、

[60] 軍用機関車として製造された V36 形。ドイツでは 22 両が保存されている（2017 年、ワイマール鉄道博物館）

[61] 東ドイツ国鉄ディーゼル機関車の始祖 V15 形。1962 年製の V15 2074 号機は改造や改番を経て、現在も 311 632 号機としてマイニンゲン蒸気機関車工場で使用されている（2019 年、マイニンゲン蒸気機関車工場）

[62] V60 形。1970 年以降は 105 形、106 形となりドイツ統合後も多く運用された（2019 年、マイニンゲン蒸気機関車工場）

事業用車両や暖房発生器が無いため、夏季に限って旅客列車の牽引にも使用された。東ドイツ国鉄で1986年まで使用された後も、工場の専用線用に16両が払い下げられ、2004年まで使用されている [口絵 p.20 の⊠]。

　入替用につづき、本線用のディーゼル機関車の開発も行われ、まず900馬力エンジンを2個搭載した1800馬力で最高速度120 km/hを想定した軸配置BBのV180形（1970年より118.0、118.1、118.5形）の初号機 V180 001号機が1959年末にバベルスベルク社で完成し、1960年2月11日より東ドイツ国鉄の本線上で試用されている。1962年にかけ004号機まで試作され、1963年1月30日完成のV180 005号機より量産にうつされている。1965年からは1,000馬力エンジンを2個搭載したV180.1形の製造が1967年までに169両行われ、旅客列車のみならず貨物列車にも使用された [63]。

　地方路線には65 km/hから100 km/hにて客貨両用の使用を想定し、V180形との部品の共用を原則とした凸型の車体に蒸気暖房発生装置を搭載した軸配置BBの機関車が計画された。バベルスベルク社で900馬力エンジン1機のV100 001号機、1000馬力エンジン1機のV100 002号機が1964年に試作、1965年2月11日より東ドイツ国鉄の本線上で試用を開始している。1966年にはベルリン近郊のヘニングスドルフ（Henningsdorf）のハンス・バイムラー機関車電気工場（Lokomotivbau Elektrotechnische Werke „Hans Beimler" Hennigsdorf）にてV100 003号機 [口絵 p.32 の⧠] が製造され、1968年4月から量産が始まり、1978年までに696両が製造されている [64]。

[63] V180形量産気初号機 V180 005号機。東ドイツ国鉄では1975年より保存用鉄道車両規則に選定されている（2019年、マイニンゲン蒸気機関車工場）

[64] 現在も運行会社に使用されているV100形。当機は1974年製で110 374号機として運用後、1983年より112 703号機になり、2017年より114 703号機に改番されている（2023年、ツヴィッカウ中央駅）

このように順調に発展してきた東ドイツ国鉄のディーゼル機関車だが、1966 年に急ブレーキがかかることになる。東ドイツ政府がソ連からの原油の確保のため、経済相互援助会議（Rats für gegenseitige Wirtschaftshilfe）にて交渉を行った結果、2,000 馬力以上のディーゼル機関車はソ連からの輸入に限ることと決められてしまったのだ。東ドイツのディーゼル機関車開発を大きく制限させるこの措置を、開発や製造の担当者はどのような気持ちで受け入れたのだろうか。こうして当時ソ連領内だったルハンスク（Luhansk）で製造された、暖房発生装置を搭載しない貨物用の軸配置 CC で2,000 馬力、これまでの東ドイツ製のディーゼル機関車とは異なる電気式を採用したV200 形（1970 年より 120 形）が導入され、1966 年 12 月に V200 001 号機と 002 号機が輸入、性能試験や運転、保守の事前学習に試用後、1975 年まで合計 378 両が導入された。V200 形は走行時の騒音がすさまじく、「タイガの太鼓（Taigatrommel）」「スターリン最後の復讐（Stalins letzte Rache）」といった、ありがたくないあだ名が付けられ、急遽マイニンゲン（Meiningen）の蒸気機関車工場で静音装置の取り付け措置が取られている [65][66][67]。

[65][66][67] ソ連から輸入された V200 形。製造銘板もロシア語であり、車体表記も独特の書体になる（2019年、マイニンゲン蒸気機関車工場）

　ディーゼル機関車導入と共に忘れてはならないのは、レールバスの導入であろう。1957 年に 1 軸 2 つの走り装置を持った 2 両の VT2.09.001 と002 号機の試作車完成後、VT2.09形（1970 年より 171、172 形）として1962 年に 5 両製造され、1963 年より人民公社バウツェン車両工場（VEB Waggonbau Bautzen）にて量産が始められている [68]。全長 13.55 m、座席は 54 人分だが、無動力の VS2.07形を牽引し、輸送力を調整するなど、客車列車には不向きな細かい運用ができる特徴を生かし、1969 年までに合計 157 両製造されている。6 両連結まで可能であり、都市近郊や地方

のローカル線などに運用され、小型の車体が連なっている様子［口絵 p.18 のⓇ］から「子豚のタクシー（Ferkeltaxi）」の愛称で親しまれた。東ドイツ国鉄において、ボギー台車を採用した中近距離用気動車の量産はなされず、もっぱら車両を連ねたレールバスで運用されていたことからも、使い勝手の良さがうかがえる［69］。

［68］

［68］動力近代化にはレールバスの導入も欠かせない。日本のレールバスと比較し一回り大きく、連結も 6 両まで可能で地方路線で多く用いられた（2023年、シュヴァルツェンベルク鉄道博物館）

［69］東ドイツ国鉄のディーゼル機関車製造推移（1970 年まで）

形式			軸配置	主用途	馬力	製造年	製造台数	備考
新製時	1970年7月以降	1992年1月以降						
V15.10形	101形	311形	B	入替用	150	1958-1964年	473	1960年より180馬力に増強
V60形	104形-106形	344形-347形	D	入替用	600	1959-1982年	2,256	東ドイツ国鉄以外の専用線への投入分も含む
V75形	107形	所属無し	BB	入替用	750	1962年	20	チェコからの輸入機。1986年まで東ドイツ国鉄で使用
V180形	118形	228形	BB	本線貨客用	1,800	1960-1967年	169	1965年から製造の量産機より2000PSに増強
V100形	110形	201形	BB	ローカル線貨客用	1,000	1965-1978年	696	
V200形	120形	220形	CC	本線貨物用	2,000	1966-1975年	378	ソ連からの輸入機。暖房設備無し
VT2.09形	171形、172形	771形、772形	1A	ローカル線用	180/220	1957-1969年	157	東ドイツ国鉄レールバス

蒸気機関車淘汰に向けた動きをみると

　ディーゼル機関車やレールバスの導入の後押しを受け、1960 年代半ばより、東ドイツ国鉄は蒸気機関車の新製や改造から一転し、蒸気機関車の廃車を進めた。標準軌間用蒸気機関車の所属車両数を見ると、1960 年 5,727 両、1965 年 5,581 両と大き

な変化はないが、1970 年 3,011 両と、5 年余りの間に半分近くまで減少させている[70]。列車の牽引本数割合は顕著で、蒸気機関車牽引は 1960 年 94.4 ％、1965 年 84.5 ％ を占めていたが、1970 年には 42.3 ％ と半減しており、対照的にディーゼル機関車牽引は 1965 年の 5.7 ％ から、1970 年 41.5 ％ と、蒸気機関車とほぼ同率まで上昇した [71]。

　ただ 1960 年代半ばの蒸気機関車の廃止は、形式別にみると偏りが顕著に見られ、プロイセン邦有鉄道や王立ザクセン邦有鉄道時代に設計された、古い蒸気機関車を対象として行われている。代表的なのはプロイセン邦有鉄道の蒸気機関車 P8 形（東ドイツ国鉄 38.10-40 形）になる [72]。P8 形は軸配置 2C のテンダー式機関車で、初号機が 1906 年ベルリン機械製造社（Berliner Maschinenbau）で完成して以来、1923 年までの長期にわたり、ドイツの大半の機関車メーカで 3,444 両（3,948 両など諸説あり）製造された旅客用テンダー式蒸気機関車になる。最高速度 100 km/h で「なんでも屋（Mädchen für alles）」とも呼ばれたように、急行から貨物まで幅広く運用された。第二次世界大戦後、東ドイツ国鉄には 733 両が所属しており、この所属車両数は、1942 年から 7,000 両以上製造された戦時型蒸気機関車 52 形の約 1,500 両に次ぐ多さになる。正式な形式名 38 形ではなく、P8 形とプロイセン邦有鉄道時代の形式名

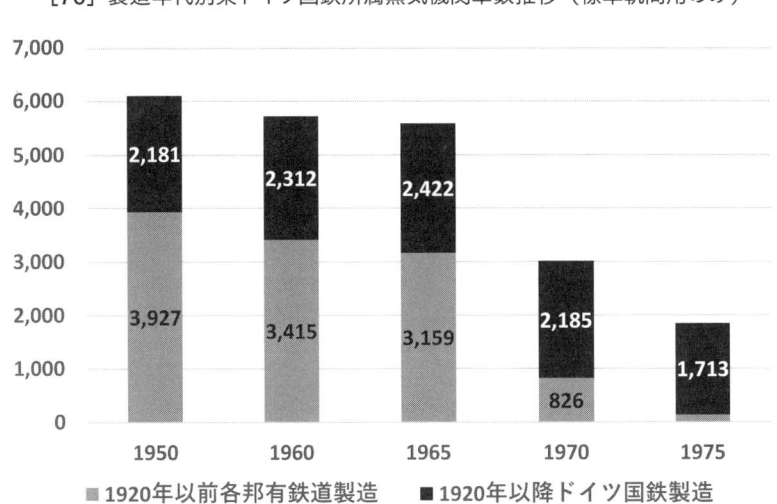

[70] 製造年代別東ドイツ国鉄所属蒸気機関車数推移（標準軌間用のみ）

Die Triebfahrzeuge der Deutschen Reichsbahn, Gera Nova Zeitschriftenverlag GmbH, 1997, p.22

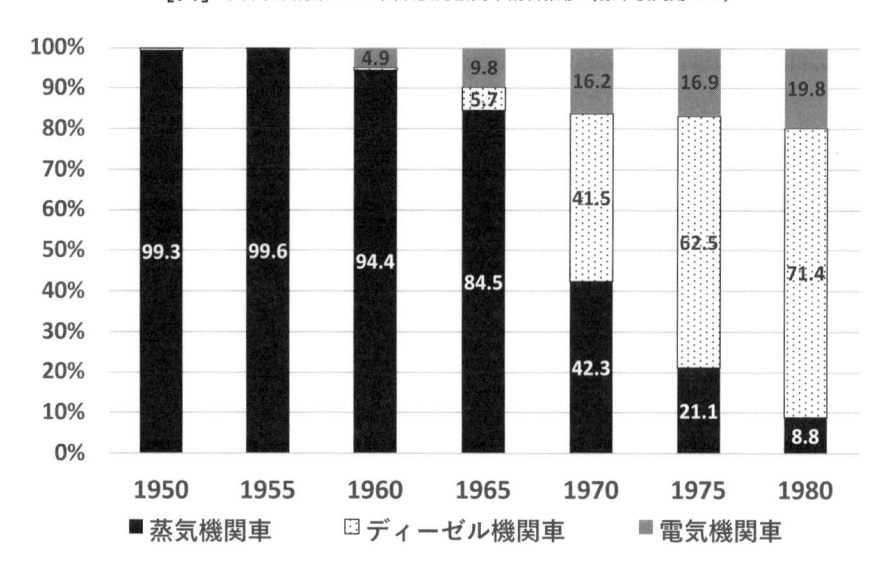

[71] 牽引本数別東ドイツ国鉄使用機関車割合推移（標準軌間用のみ）

	1950	1955	1960	1965	1970	1975	1980
電気機関車			4.9	9.8	16.2	16.9	19.8
ディーゼル機関車				5.7	41.5	62.5	71.4
蒸気機関車	99.3	99.6	94.4	84.5	42.3	21.1	8.8

■蒸気機関車　　□ディーゼル機関車　　■電気機関車

で呼ばれ続けるなど、長きにわたって東ドイツ各地で親しまれた機関車だったが、1969年から1971年に集中的に廃車され、1968年の所属車両数433両から1969年261両に減少、1972年に全廃されている。

　貨物用テンダー式蒸気機関車も同様で、38.10-40形と同型罐で軸配置Eとした57.10-35形（プロイセン邦有鉄道G10形）も、1910年から1924年にかけて2,615両（2677両など諸説あり）製造され、東ドイツ国鉄に112両が所属したが、1965年の107両から1970年に27両と大幅に減少し、1972年に全廃されている [73]。

　この急激な邦有鉄道時代の蒸気機関車の廃車に対し、ドイツ国有鉄道により設計、製

[72] プロイセン邦有鉄道の何でも屋P8形。ドイツ国有鉄道では38.10-40形になり、唯一38 1182号機のみが保存されている（2023年、アルンシュタット鉄道博物館）

造された制式蒸気機関車は、1960年から1970年にかけては大幅な減少は見られない。1925年から製造された急客用01形は一部01.5形に改造されつつ、未改造機と合わせ1960年65両、1970年に62両が継続して所属している。また1930年から1938年まで298両製造された01形の妹分に当たる急客用03形と3シリンダーの03.10形は1960年から1970年にかけ96両、1936年から製

[73] 貨物用のプロイセン邦有鉄道のG10形（57.10-35形）も急激に廃車されている（2023年、ザクセン鉄道博物館）

造された客貨両用の41形は112両と、それぞれの所属両数を保持していた。貨物用制式蒸気機関車の東ドイツ国鉄所属車両数推移も同様で、1926年から製造された44形は1960年から1970年にかけ327両から326両、東ドイツ国鉄による新規製造が行われた50形は338両から401両と増加し、1942年から戦時型として製造された52形は806両から754両と減少したものの、車両数の多さにおいて他機を圧倒している。

　この時期、東ドイツの蒸気機関車は、ディーゼル機関車の導入により、所属形式や運用範囲は限定されつつあったが、制式蒸気機関車は継続して運用されており、まだ蒸気機関車を貴重な存在とする認識は、さほど持たれていなかったのではないだろうか。だが長年運用されてきた邦有鉄道時代の蒸気機関車は、置き換えが進められ、希少価値が高まりつつあったと推測できよう。

「比類なき」バウムベルクの1969年の保存命令

　このような中、1966年、ライプツィッヒに近い、ハレ（Halle）の東ドイツ国鉄機関車試験・開発研究所（Versuchs-und Entwicklungsstelleder machinewirtschat in Halle）の所長マックス・バウムベルク（Max Baumberg）[74] は、交通省大臣エルヴィン・クラマー（Erwin Kramer）に、歴史的に興味深い蒸気機関車のスクラップ停止を提案している。後年「東ドイツ鉄道車両保存の父」とも呼ばれるバウムベルクは、1906年にドイツ中部の都市アルンシュタット（Arnstadt）生まれ、ミュンヘン工科大学（Technische

Universität München）で機関車製造を学び、マイニンゲンの蒸気機関車工場で 1 年間実習後、1933 年にダンツィヒ（Danzig、現ポーランド領 Gdańsk）の工科大学を卒業している。同年ドイツ国有鉄道に入り、1934 年にエアフルト（Erfurt）で蒸気機関士の資格を、1935 年にニュルンベルクで電気機関士の資格を取得、修理工場に勤めた後、1940 年から 1944 年まで西部戦線に従軍している。1945 年に復員すると、ソ連占領地域であったシュテンダル（Stendal）鉄道修理工場長となり、1952 年 3 月に東ドイツ国鉄車両試験所の所長、1960 年に同所を発展させる形で

[74] マックス・バウムベルク（1906-1978）

設立した、東ドイツ国鉄機関車試験・開発研究所の初代所長となり、機関車の改造や開発を通じ、東ドイツ国鉄の動力近代化に貢献した。当時ドレスデン交通博物館の職員だったアルントは後年、バウムベルクを「比類なき機関車馬鹿」と評したように、蒸気機関車には深い愛着を持っていたようで、とりわけ 1958 年から 1960 年にかけて、高速運転試験用に改造された蒸気機関車 18 314 号機には、自ら乗り込み運転を行うなど、格別な思いを持っていたようだ。バウムベルクが 1971 年に同所を定年退職した際、この 18 314 号機の製造者銘板とナンバープレートを記念に贈呈されていることからも、その様子がうかがい知れよう。

　バウムベルクの提案は同意を得られ、早速保存対象車両の選定が行われたが、当初クラマーは、邦有鉄道とドイツ国有鉄道時代に製造された急客用、旅客用、貨物用など用途ごと、現存している蒸気機関車を 6 から 8 両ほどを保存することで十分と考えていたようだ。しかしバウムベルクは 25 両ほどの保存を考えており、アルントの協力のもと保存対象車両の選定に着手し、一時は 45 両まで膨れ上がったが、保存措置について「今後長期にわたって広範囲に保存、展示され、経済的な理由による拒否を認めない」と実現性や継続性も考慮し、更なる絞り込みをしている。そして 1966 年 12 月 10 日に 27 両の保存対象車両が初案として「Der Modelleisenbahner」1967 年 4 月号に掲載された。この記事中で世界の機関車のうち蒸気機関車が 54 ％まで減少した実情を紹介し、「これまで東ドイツ国鉄がおろそかにしてきた文化財としての保護」を訴えるなど、初めて蒸気機関車の保存目的に文化的側面が考慮され

たことは大きな一歩と言えるだろう。そして「確保、保存、修復、展示、そして特別列車の運用」を行い、保存場所は「1970 年までにドレスデン市内の機関庫」に集められる予定であること、保守作業は交通省から予算と人員を提供されたドレスデン交通博物館で行われると記され、ドレスデン交通博物館を主体とした運用が想定されている。そして 1966 年 12 月の初案発表以降も検討が重ねられ、1969 年 12 月 1 日に交通省より「技術的記念物としての蒸気機関車の保存命令（Verfügung zur Erhaltung von Dampflokomotiven als technische Denkmale、以下「1969 年の保存命令」）」として、保存対象車両 32 両の一覧が通達された [75]。

保存対象車両選定にあたっての傾向

　1969 年の保存命令で選定された 32 両の保存車両には、いくつかの傾向がある。まず邦有鉄道時代の機関車が多く選ばれており、22 両を占めている。長年にわたる地元の鉄道輸送の貢献度に加え、1960 年代半ば以降、急激な廃車が進められた状況が、保存車両選定の後押しになったと思われる。プロイセン邦有鉄道の蒸気機関車が 13 両と最も多く、王立ザクセン邦有鉄道が 8 両、バーデン大公国邦有鉄道（Großherzoglich Badische Staatseisenbahnen）が 1 両になる。さらに私鉄が 2 両あり、ノルトハウゼン - ヴェルニゲローデ鉄道（Nordhausen-Wernigeroder Eisenbahn-Gesellschaft）の 1897 年製 99 5901 号機とハルバーシュタット・ブランケンブルク鉄道（Halberstadt-Blankenburger Eisenbahn）の 1919 年製の 95 6676 号機になる [76]。いずれも製造が邦有鉄道の蒸気機関車と同時期になるため、同じように希少だと認められていたと見て良いだろう。

　また初号機、あるいは同形式でも最初期に製造された機関車が優先して選定されている。例えば P8 形である 38.10-40 形では、1910 年にベルリン機械製造社で製造された 38 1182 号機が選定されたが、1966 年 12 月の初案では、1923 年製の 38 4045 号機が選定されていた。また 38.10-40 形の最後の定期運用として、1972 年 4 月 15 日に運転された特別列車に、1919 年製の 38 2471 号機と 1916 年製の 38 3860 号機が重連で用いられている。後期に製造された 38 4045 号機や、最後まで運用され、状態も良いと推測される両機より、残された中では最も古い 1910 年製造の 38 1182 号機を保存機とした点に、同形式でも古い車両を保存対象とする意図が強く感

[75] 1966年から1975年にかけての東ドイツ国鉄蒸気機関車保存対象推移

機名	製造年	1966年保存初案	1969年保存命令	1975年保存規則	1975年復元指示 状態	1975年復元指示 整備年	備考
01 005	1925	選定外	◯	◯	S（＝静態保存）	1977	01形、新製時よりドイツ国有鉄道所属
03 001	1930	◯	◯	◯	D（＝動態保存）	1978	03形、新製時よりドイツ国有鉄道所属
17 1055	1913	◯	◯	◯	S	1971	プロイセン邦有鉄道S10.1形
18 010	1918	選定外	◯	−	（解体）	−	王立ザクセン邦有鉄道XVIII H形。1972年19 017号機復元時に部品供与し解体
18 314	1919	◯	◯	◯	S	1984	バーデン大公国邦有鉄道Ivh形
19 017	1922	◯	◯	◯	S	1972	王立ザクセン邦有鉄道XXHV形
24 004	1928	選定外	◯	◯	S	1988	24形、新製時よりドイツ国有鉄道所属
38 1182	1910	(*1)	◯	◯	D	1982	プロイセン邦有鉄道P8形
38 205	1910	◯	◯	◯	D	1979	王立ザクセン邦有鉄道XIIH2形
43 001	1926	◯	◯	◯	S	1976	43形、新製時よりドイツ国有鉄道所属
55 669	1906	◯	◯	◯	S	1982	プロイセン邦有鉄道G7.1形
57 3297	1923	◯	◯	◯	S	1984	プロイセン邦有鉄道G10形
58 201	1918	◯	◯	−	（解体）	−	バーデン大公国邦有鉄道G12形
58 261	1921		−	◯	S	1979	1975年以降、選定車両変更
62 015	1929	◯	◯	◯	D	1975	62形、新製時よりドイツ国有鉄道所属
64 007	1928	◯	◯	◯	D	1982	64形、新製時よりドイツ国有鉄道所属
74 1230	1916	◯	◯	◯	D	1981	プロイセン邦有鉄道T12形
75 501	1915	◯	◯	−	（譲渡）	−	王立ザクセン邦有鉄道XIVHT形
75 515	1911		−	◯	S	1977 (*2)	1975年以降、選定車両変更
78 009	1912	◯	◯	◯	S	1682	プロイセン邦有鉄道T18形
80 023	1928	◯	◯	◯	S	1981	80形、新製時よりドイツ国有鉄道所属
89 008	1938	選定外	◯	◯	S	1982	89形、新製時よりドイツ国有鉄道所属
89 1004	1906	◯	◯	◯	S	1974	プロイセン邦有鉄道T8形
89 6009	1902	◯	◯	◯	D	1974	プロイセン邦有鉄道T3形
91 134	1898	◯	◯	◯	S	1977	プロイセン邦有鉄道T9形
92 503	1909	◯	◯	◯	S	1976	プロイセン邦有鉄道T13形
93 230	1917	◯	◯	◯	S	1981	プロイセン邦有鉄道T14形
94 249	1908	◯	◯	◯	S	不明	プロイセン邦有鉄道T16形
95 6676	1919	◯	◯	◯	S	不明	ハルバーシュタット・ブランケンベルク鉄道動物級
98 001	1910	◯	◯	◯	S	1979	王立ザクセン邦有鉄道ITV 形
98 7056	1886	◯	◯	◯	S	1971	王立ザクセン邦有鉄道VIIT形
99 162	1902	◯	◯	◯	S	1971	王立ザクセン邦有鉄道IM形
99 535	1898	◯	◯	◯	S	1968	王立ザクセン邦有鉄道IVK形
99 5901	1897	◯	◯	◯	S	(*3)	ノルトハウゼン-ヴェルニゲローデ鉄道

(*1)同型式の38 4045号機が選定　(*2)1977年6月から11月末まで動態保存機として使用

(*3)現役機として継続使用され、実質動態保存機

じられる。これは8両にとどめられたドイツ国有鉄道の制式蒸気機関車の選定においては、なおさら顕著であり、03形は03 001号機、43形は43 001号機と初号機が、01形は01 005号機や24形の24 004号機 [77]、64形は64 007号機のように東ドイツ国鉄に所属している同形式おいて最若番機が選定されている。

あとドレスデン交通博物館でも見られたように、特徴ある走り装置を持った機関車が保存対象になっている。すでに館内で展示されている軌間750 mmのメイヤー式蒸気機関車99 535号機に加え、軌間1,000 mmのマレー式99 5901号機、フェアリー式99 162号機が選定された。ザクセン州に広く網の目のように張り巡らされていた急勾配や急カーブの狭軌路線には、様々な間接式機関車が採用さ

[76] アプト式の適用第一号のハルバーシュタット・ブランケンブルク鉄道から粘着式に転換させた機関車も保存対象に（2017年、リューベラント機関庫跡）

[77] 最若番機から優先的に保存され、24形は4号機から保存され、現在もアルトシュタット機関区にある（2004年、アルトシュタット機関区）

れており、鉄道史や技術史への理解促進を考慮した選定と思われる。標準軌の機関車も、王立ザクセン邦有鉄道で急勾配や急カーブの路線の運用を想定し、1910年に製造されたメイヤー式のI TV形、ドイツ国有鉄道移管後は98.0形の初号機98 001号機が選ばれている [78]。またプロイセン鉄道のG7.1形、ドイツ国有鉄道移管後は55.0-6形となる貨物用蒸気機関車55 669号機は、弁装置がアラン（Allan）式などの特色が重視されている。この方式は構造が単純で、製作費が安いなどの利点があり、当初は多く用いられたが、作動上の欠点から以降の蒸気機関車には使用されなくなっている [79]。55 669号機は、この旧世代の珍しい構造が決め手となって選定されており、技術の発達、構造上の推移も引き続き考慮された様子がうかがえる。

[78] 標準軌でもメイヤー式の 98.0 形も保存され、現在はケムニッツのザクセン技術博物館で展示されている（2019 年）

[79] 技術史的に希少な機関車も保存措置がとられ、アラン式弁装置の 55 669 号機も選定された（2015 年、アルトシュタット機関区）

1969年の保存命令により動き出した措置

　1969 年の保存命令により選定された車両は各機関区などで保管されることになり、一部は修復作業が行われている。

・急客用蒸気機関車17 1055号機 [口絵p.10の**Ⅴ**]

　プロイセン邦有鉄道は、1911 年から 1913 年にかけて、軸配置 2C で直径 198 cm の動輪を持つ 4 シリンダーの急客用蒸気機関車 S10.1 形をヘンシェル社（Henschel）で 135 両製造した。最高速度 120 km/h の当時最新鋭の機関車として活躍し、第一次世界大戦後、アルザス・ロレーヌ地方で運用されていた 3 両が領土共にフランスに譲渡され、132 両がドイツ国有鉄道の 17 1001 号機から 1123 号機、1145 号機から 1153 号機になっている。ドイツ国有鉄道でも急客用として運用を続けており、第二次世界大戦前にベルリンからドイツ各都市を結んだ高速気動車が故障した際の代替機として運用された記録を読むと、速度計が 125 km/h を指し、ベルリン - ハノーファー（Hannover）間 251 km を 2 時間 6 分で結んだとあり、時代遅れしない優れた走行性能がうかがえる。東ドイツ国鉄には 34 両が所属し、13 両が粉炭用に改造もされたが、蒸気機関車 23.10 形の製造が開始されると廃車が進められ、1964 年 4 月に全機廃車となった。

　17 1055 号機は、1913 年に製造番号 11512 として製造され、現在はチェコのポズナン（Poznań）、ドイツ語読みではポーゼンの 1107 号機（Posen1107）として運用を開

始した。第一次世界大戦後ドイツ東部のフランクフルト・オーデル（Frankfurt-oder）機関区移り、OSTEN1135 号機と変更され、ドイツ国有鉄道編入後 17 1055 号機に改番されている。第二次世界大戦後は東ドイツ国鉄に所属し、ベルリン周辺で急客用として運用されたものの、1955 年 7 月 8 日よりコトブス（Cottbus）機関区へ移り、徐々に用途は狭まり、1960 年 10 月 13 日から 1961 年 9 月 12 日までコトブスから北西 30 km ほどのリュベナウ（Lübbenau）に建設中だった発電所の暖房用機関車として使用されるなどし、1962 年 4 月 8 日に休車、1963 年 1 月 25 日に廃車となり、コトブス機関区内で留置されている。

　1969 年の保存命令で、17 1055 号機は、残された数少ないプロイセン邦有鉄道のS10.1 形として選定された。1970 年に保管先でもあるコトブスの東ドイツ国鉄の修理工場で補修作業が開始されたが、長年にわたる留置で、炭水車や多くの部品も失われていたため、1964 年 4 月に廃車になって以来、コトブスに留置されてきた同型機17 1042 号機の部品を転用し、作業が進められている。この 17 1042 号機は 1913 年製で、製造番号は 11495 と 17 1055 号機とほぼ同時期の製造になっている。17 1055 号機よりも 1 年後に廃車になっていることから、この 17 1042 号機が 1969 年の保存命令により保存車両に選定されてもおかしくないように思えるが、煙突が普通の円筒形ではなく、前後に細長い長円形のギースル・エジェクタ式に改造されており、運転室の屋根が大きく変形しているなど破損箇所も多かったようで、状態に問題が見られたため選外になったのだろう。なお 17 1042 号機は 17 1055 号機の修復作業が開始されると「保存機関車、部品取り外し禁止」の掲示板が運転台のはしごにかけられ、17 1055 号機復元後、最後の役割を果たしたように解体されている。

　アルントによると、17 1055 号機はバウムベルクたっての希望で、外装の深緑色と赤のラインのプロイセン邦有鉄道時代の外観へ復元されることになった。不明な個所は写真などで確認し、部品の一部はさまざまな記録とサンプルの比較を経て新たに作られている。作業を受け持ったコトブス修理工場は、ディーゼル機関車整備工場への変更が行われていた最中でもあり、1973 年に最後の蒸気機関車の出場を迎えることになるが、かつての邦有鉄道時代の蒸気機関車への復元作業にはひときわ力がこめられたそうだ。ただ外装は復元されたが、シリンダーなど走行部や罐の内部は欠損部分が多く、当初から静態保存を目的として復元されている。こうして復元された 17 1055 号機は、1971 年 8 月 19 日から 22 日までドレスデンで行われた鉄道模型

愛好家の団体 MOROP の会合において、郊外のラーデボイル東（Radebeul-Ost）の車両展示会でお披露目され、以来ドイツ各地の車両展示会に出張展示をされている。

・急客用蒸気機関車19 017号機 ［80］

ザクセン邦有鉄道の最終期になる、1918年から 1923 年にかけザクセン機械工場社で製造された XXHV 形は、軸配置 1D1で動輪は直径 1905 mm、4 シリンダーのテンダー式機関車である。1918 年に先行試作機 5 両が製造後、計画通りの力を発揮したことから 18 両が量産され、120 km/h以上で運用される急客用となり、優れた運行性能から「ザクセンの誇り（Sachsenstolz）」と呼ばれた。全 23 両全てがドイツ国有鉄

[80]「ザクセンの誇り」急客用 19 017 号機。静態保存だが現在も美しい姿が保持されアルトシュタット機関区で目にすることができる（2015 年、アルトシュタット機関区）

道に移管され 19.0 形になり、第二次世界大戦後、爆弾が直撃して破壊された 19 021号機を除き 22 両が東ドイツ国鉄に所属した。

　19 017 号機は 1922 年製で製造番号 4523 になり、ザクセン邦有鉄道 XXHV 形207 号機として、試験用にドイツ南西部のシュトゥットガルト（Stuttgart）に 1923 年から 1925 年まで提供され、フランクフルト方面の列車に運用されている。1925 年にドイツ国有鉄道 19 017 号機に改番され、以来アルトシュタット機関区に所属した。1950 年代に入り、東ドイツ国鉄は 19.0 形の廃車を進めたが、19 015 号機、022 号機、そして 19 017 号機は高速性能を活かし、試験用へ転用されることになり、1951 年よりハレ試験研究所所属になっている。アルントによると、ザクセンの誇りと呼ばれた19.0 形の廃車が進むと、保存を望む声が鉄道愛好家の間から上がるようになったが、保存場所など具体化しない中、試験用として残されていたことは非常に都合が良かったそうだ。

　1964 年、1965 年に 19 015、022 号機は新規罐への交換、運転室の更新など大幅に改造されたが、19 017 号機は 1964 年 9 月 1 日から運用を外れ予備機としてチューリンゲン州のモイゼルヴィッツ（Meuselwitz）の機関庫で保管されており、1969 年の保存命令で選定されている。17 1055 号機復元後、1973 年 1 月から 8 月にかけ、

マイニンゲン修理工場で整備が行われたが、炭水車は第二次世界大戦終戦時に東ドイツ地域に残されたフランスの蒸気機関車から転用されるなど、東ドイツ国鉄による大幅改造こそされなかったが、原形から大きく変更されていた。議論が重ねられた末、可能な限りの原形への復元が行われることになり、同じく 1969 年の保存命令で選定されていた 18 010 号機の機器の大部分を転用している。動態復元も望まれたが、4 シリンダーの複雑な構造であり、情報も不足していたため見送られた。マイニンゲンの蒸気機関車修理工場では現在にいたるまで、多くの保存用蒸気機関車の修理が行われているが、19 017 号機は第一号になる。すでに現場を離れていたかつての製造主任、さらに長年にわたって 19.0 形を運転してきたアルトシュタット機関区の元機関士の助言を得るなどし、作業が進められたそうだ。

1973 年に復元作業が完了し、美しく塗装も施されると、蒸気機関車牽引による汚れを避けるため、後押し運転でマイニンゲンからドレスデンまで回送されている。その際アルントは 19 017 号機の運転室に搭乗したが、照明の準備を忘れており、出発直前に 2 つの灯油ランプを確保したのみだったため、トンネルを通るときは暗く、すさまじい騒音であったと残している。

ドレスデンで保存、展示がなされ、1996 年から 2003 年にかけて、かつて製造されたザクセン機械工場社のあったケムニッツのザクセン鉄道博物館へ貸与、展示された。現在はアルトシュタット機関区にもどり、17 1055 号機とともに展示されている。

・小型蒸気機関車89 6009号機 [81]

タンク式蒸気機関車にテンダーを取り付けた特徴的な外観の 89 6009 号機は、東ドイツ国鉄における動態保存車両の先駆けになる。東ドイツ時代には機関庫を定期的に公開しており、89 6009 号機は、運転台へ訪問客を乗せたデモンストレーション運転を行っている。

89 6009 号機は、プロイセン邦有鉄道の軸配置 C のタンク式蒸気機関車 T3 形の改造機になる。T3 形は、1882 年より

[81]

[81] 動態保存機の先駆け 89 6009 号機。各地の展示会の出張運転がされ、2008 年 8 月から静態保存車両となる（2002 年、アルトシュタット機関区）

プロイセンの標準機として私鉄や入換用機関車として計画され、メーカ3社で52両製造された機関車をベースに、1892年から1910年にメーカ19社で1,302両、私鉄向けも合わせると約1,550両が製造された。89 6009号機は1902年6月23日、ケルン・カルク（Köln Kalk）地区のフンボルト社（Humboldt AG）で製造番号135として製造されている。プロイセン邦有鉄道の機関車として、1902年から1906年まではBerlin 1808号機、1906年からはBerlin 6146号機としてベルリン周辺で使用されている。詳細な履歴は失われているため所属先や用途は不明だが、全長8.3mほどの小型の車体で操車場や入替作業に用いられていたと思われる。T3形はドイツ国有鉄道へ511両が移管され89 7001号機から7511号機になった。89 6009号機は89 7403号機として、履歴が残されている1925年7月よりライプツィッヒ中央駅西機関区に所属し、入替に使用された。ドイツ国有鉄道が新規に制式機関車の製造を進めると、多くのT3形は廃車や私鉄への売却が行われ、89 7403号機も1931年5月11日付けで廃車になっている。しかしドイツ中央部のハウデバー・マティアーツォル（Haudeber-Mattierzoll）地方鉄道への譲渡が決まり、シュテンダルの機関車工場で整備後、すでに1922年より運用されていた同形式の1号機につづく2号機として、1932年1月26日に使用を開始した。

　1949年に東ドイツ国鉄が設立すると、ハウデバー・マティアーツォル地方鉄道も移管され89 6009号機になる。地方路線における中距離列車も運用できるよう、1953年よりタンク式蒸気機関車へ炭水車の増結を行う改造が開始され、89 6009号機も1953年5月9日から11月11日にブランケンブルク修理工場で1902年製の石炭5t、貯水量12㎥の炭水車の連結作業が行われ、現在の姿に変わっている。これにより運用範囲が広がり、1955年11月6日よりポーランドとの国境に近いヴリーテェン（Wriezen）機関区所属になり、他の炭水車が付いたT3形とともに長距離の運用についている。タンク式蒸気機関車では途中で給水する必要があり、設備の整っていない場所では川や湖から給水していたため、水質や硬水によるカルキの発生が問題視されていたが、89 6006号機を始めとする炭水車増結のT3形導入により解決している。1962年に現在も使用されている溶接式の罐へ交換されたが、1967年9月に定期運用を外れ、1968年から1969年までエービスフェルデ（Oebisfelde）機関区で暖房用機関車として置かれた。1969年の保存命令では、最後のT3形機関車であり、東ドイツ国鉄で最初にテンダー機へ改造された特別な車歴が認められ、保存車両に

選定された。

　当初は静態保存車両として 1969 年 12 月 9 日から 1971 年 11 月 15 日にまでマグデブルク機関区で保管され、11 月 16 日よりドレスデン交通博物館の管理下に移管後は、マグデブルク近郊のオシャースレーベン（Oschersleben）機関区に移送されている。ただ長距離運転も可能な炭水車付きの小型機関車は、運転場所を選ばないため最適と判断され、1973 年 11 月 13 日から 1974 年 11 月 16 日まで、東ドイツ国鉄最初の動態保存機関車として、ザクセン州のゲルリッツ（Görlitz）にある狭軌用機関車修理工場で整備された。アルトシュタット機関区に所属し、東ドイツ各地への運転や、車両展示会などでは運転台へ希望者を乗せる構内運転に用いられている [82][83]。動輪 3 つから、愛称「三輪車（Dreirad）」で親しまれた、東ドイツを代表する動態保存車両と言えよう。

1969年の保存命令の課題

　保存命令が出されたことにより、蒸気機関車の保存がなされる道筋はつけられたが、課題も残されている。まず歴史ある車両が保存されることは決められたが、どのような状態で保存をされるべきか、明確に示されていない点が上げられる。先述の17 1055 号機、19 017 号機、89 6009 号機は修復されたが、選定された他の機関車は特に手が着けられず、側線での留置や車庫での保管に留まっている。後年、アルントも 1969 年の保存命令を「多くの機関車のスクラップの停止を届け出た提言」とするように、保存状態や活用策などガイドラインは示されてない点に物足りなさが感

[82]

[83]

[82][83] 1975 年 9 月に開催されたカール・マルクス・シュタット - アウエ間開通 100 周年記念としてツヴェーニッツ（Zwönitz）駅で行われた車両展示会では、89 6009 号機の運転も実施

じられる。19 017 号機の修復の際に、保存対象であった 18 010 号は機器の大半を流用されてしまい、解体処分になるなど、現場における認識違いも見られ、誰がどのように機関車を管理するものか不明確だったようだ。

　また保存状態の不明確さは動態保存への消極性にもつながり、1969 年時点で保存対象の 7 両は東ドイツ国鉄に所属する現役機であったが、1971 年 8 月に 38 1182 号機、9 月に 03 001 号機、78 009 号機 [84]、11 月に 89 6009 号機、64 007 号機、12 月に 18 314 号機、1972 年 7 月に 62 015 号機が廃車となり、唯一 89 6009 号機のみが整備され動態保存機になっている。ハルツ山の麓の狭軌 1,000 mm の機関車として運用されていた 99 5901 号機以外は、保存車両に選定された 1969 年当初は運転可能であったとしても、動態保存機として整備されておらず、新たに活用していく意識は低かったと言えよう。

　さらに学術的な面においては、保存対象を、通達名のとおり蒸気機関車に限定していることも課題と感じられる。電気機関車、ディーゼル機関車、また邦有鉄道時代から使用されてきた古典客車などは含まれておらず、当初掲げられた文化財として鉄道史や技術史を理解するための保存対象基準としては、偏りがあるように思える。また現在からの視点になるが、ドイツ国有鉄道の制式蒸気機関車の選定も限定されている点も気になる。1970 年時点で 110 両が東ドイツ国鉄に所属していた客貨両用 41 形、255 両所属の貨物用 44 形、401 両所属の 50 形、754 両所属の 52 形がいずれも選定されていないなど、多くが現役機関車として運用をされているためか、保存への熱意の低さが感じられる。これは当時も指摘がされたようで、ドイツ国有鉄道により 1927 年から 35 両の製造にとどまり、1969 年に全廃された貨物用 43 形は、希少性だけで 43 001 号機が選定され [85]、同時期に多数量産された 44 形は漏れていることを疑問とする声があったことを後にアルントも記している。

[84] 1969 年の保存命令時には現役だったが、1971 年 9 月 15 日廃車以来、静態保存機になる 78 009 号機（2014 年、アルトシュタット機関区）

このように 1969 年の保存命令は、あくまでもスクラップを防止する措置にとどまり、通常であれば解体される車両のうち、例外となるものをリストアップしたに過ぎなかったとも言えるようだ。ただ、この時選定された機関車のみが同型機で保存されている事例も多いなと、貴重な車両の数々を解体処分から回避させ、一部は復元作業が行われ、展示されるなど、保存活動の先駆けとなったのは間違いないだろう。現在に続く道筋をつけたことは意義深く、1969 年の車両保存命令を定めた「東ドイツ鉄道車両保存の父」バウムベルクの功績は大きかったと言える。

[85] 希少性が重視され選定された 43 001 号機。唯一保存されており貴重な機関車だが、当時から疑問が持たれた（2023 年、ザクセン鉄道博物館）

1975年の「保存用鉄道車両規則」の制定について [86][87]

　1969 年の保存命令を補完するように、1975 年 3 月 1 日、交通省大臣オットー・アルント（Otto Arndt、交通博物館のゲルハルト・アルントとは別人）より「保存用鉄道車両規則（Ordnung für Eisenbahn-Museumsfahrzeuge）」が制定されている。この規則は保存車両の定義や範囲、選定における手続きや東ドイツ国鉄からの引き渡し時の対応、静態保存や動態保存において求められる整備状態など、運用を 10 項にわたって定め、別紙にて保存車両が選定されている。まず冒頭で保存の目的を「後世のために、興味深い車両を通じ、技術発達の歴史を示すこと」と定めているように、継続した保存と活用を行うことを目指し、交通省や東ドイツ国鉄の関係部門、そしてドレスデン交通博物館に対して適用するとしている。そして最後に「1969 年 12 月 1 日の技術的記念物としての蒸気機関車の保存命令を破棄し、新たに定める」とあり、先の命令からさらに踏み込み、鉄道史、技術史料としての価値に加え、保存を行うに際しての運用を明文化した規則となっている。

この保存用鉄道車両規則では、まず保存車両を「ドレスデン交通博物館に展示されるにふさわしい車両」と「東ドイツ国鉄が特別列車運行のため動態保存を維持する車両」と定義づけており、静態保存、動態保存いずれも行うことを前提にしている。車両選定に際しては、1969 年の保存命令では、発案者であるバウムベルクの意向が色濃く反映されたものになったが、「ドレスデン交通博物館を通じて交通省へ申請され、東ドイツ国鉄の協力による統一的な組織により決定される」とあり、文化的な判断に加え、東ドイツ国鉄の協力により、車両の状態や修復へ向けた確認などもはかれる体制になっている。こうして選定された保存車両は、「東ドイツ国鉄の各鉄道管理局長の判断により、無償にてドレスデン交通博物館に車歴簿とともに提供される」とあり、さらに「ドレスデン交通博物館は、国家の所有物を管理する博物館として所蔵目録に加える」とされ、研究に欠かせない整備や運用記録、図面などの紛失防止に向けた措置もとられるとともに、ドレスデン交通博物館の管理者としての立場が明示されている。

　ここまでは 1969 年の保存命令で実施されたことを明文化した内容になるが、保存用鉄道車両規則では、解体を回避するに留められていた車両について、望まれる保存状態を定めている。静態保存については、ドレスデン交通博物館での保存にふさわしい車両としつつも、スペースの限られた館内における設置には執着せず、「自身の車輪で移動できるよう、清掃、腐食防止加工を必要とし、構造、塗装、装備に関

[86]　　　　　　　　　　　　　　　　　　　　[87]

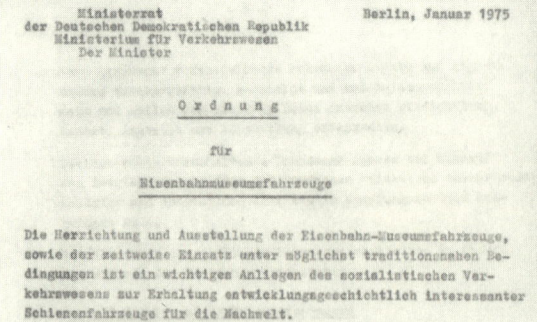

[86] 保存用鉄道車両規則（左）と、[87] 31 両の蒸気機関車が列記された保存用鉄道車両規則別紙 1（右）（ドレスデン交通博物館収蔵）

する外観は原形との適合が望ましい」とあり、各地における展示会での出張展示を前提としつつ、ある時代の姿への復元が極力求められている。これまで 17 1055 号機や 19 017 号機で実施されたような、邦有鉄道時代など原形に、あるいはかつてのドイツ国有鉄道時代の姿へ近づけ、かつ移動が可能なように整備することが明記された。動態保存では「装備は原形に近くするのが好ましい」、「例えば邦有鉄道時代など原形がふさわしく、もとの装備に合致させるべき」など、外観こそ静態保存と同水準を求めつつ、「運転にあたっては装備や設備が伝統的な姿に近くなるよう援助する」とされ、運用時における牽引車両や周辺環境へも言及する、徹底した姿勢を示している。ただ原形への復元を推奨しつつも、「東ドイツ国鉄の運行規則に適合した塗装が必須」、「運転を実施する装備も混在する」と、動態保存機には欠かせない、現行の運行規則への対応も求めている。

　費用負担についても決められており、動態保存は「東ドイツ国鉄の予算による」、「所管の鉄道管理局の予算とする」とあり、ドレスデン交通博物館所有の車両としつつも、実質運行を行う東ドイツ国鉄による管理が明記させている。静態保存における修繕時の費用負担は細部まで明示され、ドレスデン鉄道管理局とドレスデン鉄道博物館と修繕を行う工場で調整し、車両数が決められ、工場までの輸送費は東ドイツ国鉄、修復後の輸送費や設置費用はドレスデン交通博物館が負担するとしている。なお静態保存は所管の工場で修繕や維持を行うとし、設計図を提出し修復規模を特定させつつ決められるともあり、静態保存を行う際の整備に向けての予算化や継続した実施への道標にもなっている。

　また 1969 年の保存命令で選定された 18 010 号機が、19 017 号機の整備に転用、解体されてしまったこともあり、ドレスデン交通博物館所属となり、整備されるまでの対応についても明記されている。まず保管先は「各鉄道管理局が責任をもって担当し、機関庫や適切な保管場所で管理する」と定め、側線における留置ではなく確実な保管を求めている。さらに保管時における対処も、「保存車両、部品取り外しを禁ずる、と記載した 30 cm × 40 cm のプレートを掲げる」と指定している。これは現在も整備へ向け保管中の蒸気機関車には「保存車両、部品取り外し禁止」のプレートが掲示 [88] されるなど、強い影響が見られる措置となる。

　別紙では保存車両が列記され、蒸気機関車は 1969 年の保存命令で選定された 32 両から、18 010 号機が除かれ、31 両が選定されている [→ p.96 の 75]。基本は

[88] 現在でも修繕待ちに保存された蒸気機関車には「持ち去り禁止」の札が掲げられている（2017年、ブランケンブルク駅構内車庫）

[89] 1969年の保存命令で選定された75 501号機だが、後に製造年が見直され、先に製造された75 515号機に変更された。75 501号機は現在もドイツ蒸気機関車博物館で保存されている（2019年、ドイツ蒸気機関車博物館）

1969年の保存命令の蒸気機関車になるが、さらに2両が変更されている。75.5形の初号機とみなされ選定されていた75 501号機は、1971年の調査において、ザクセン機械工場社で1915年製造の製造番号3836であり、1911年製造の製造番号3477になる75 515号機が先に製造されたことが判明したため、保存用鉄道車両規則では75 515号機を保存対象車両としている。なお75 501号機は1977年12月に、西ドイツに同年開館したドイツ蒸気機関車博物館（Deutsches Dampflokomotiv-Museum）へ売却された [89]。また1969年の保存命令では58 201号機が選定されていたが、保存用鉄道車両規則では58 261号機へ変更されている。こちらは理由など残されておらず、後年の記録でも1969年の保存命令から58 261号機が保存車両に選定されたような記述も見られ、詳細を明らかにすることはかなわなかった。入れ替えられた理由などの記録の無さに201と261の誤植のような気すら沸いてきたほどだ。58 201号機は1918年製でドイツ南部のバーデン大公国邦有鉄道のBaden972号機として使用され、1964年5月8日にドレスデンで休車、1970年5月23日に廃車となっている。同型機はドイツ国有鉄道移管後に58 201号機から318号機になっているため初号機とも言え、1921年製の58 261号機よりも3年早い製造と、保存車両に選定されても違和感の無い履歴になる。58 261号機は1969年にマイニンゲンで修理され、1971年10月に廃車となっているため、1964年休車後放置されてきたであろう58 201号機よりも状態は良かったため、保存対象に変更されたのかもしれない [90]。

[90] 58 201 号機から保存用鉄道車両規則にて変更された 58 261 号機（左）。現在はザクセン鉄道博物館で保存されている（2015 年、ザクセン鉄道博物館）

「保存用鉄道車両規則」制定の効果

　1975 年 3 月 1 日に保存用鉄道車両規則が出されると、交通省大臣オットー・アルントの名前で 1975 年 4 月 28 日に復元指示が東ドイツ国鉄関係各所とドレスデン交通博物館に出された。保存車両に選定された蒸気機関車 31 両のうち、24 両が静態保存になり、うち 17 両の整備を指示している。指示から漏れた 7 両には、すでに整備済みだった先述の 17 1055 号機、19 017 号機、ドレスデン交通博物館に収蔵済みの 98 7056 号機ヘーゲルや 99 535 号機、すでに各地の展示会に出品もされている 99 162 号機、そしてハルツ山地周辺の軌間 1,000 mm の狭軌路線で使用中だったマレー式の 99 5901 号機の 6 両が含まれている。残り 1 両の 98 001 号機のみが静態保存整備の対象から漏れているが、1971 年の廃車以前からアルトシュタット機関区に所属し、各地の車両展示会では必ず姿を見せており、1972 年 7 月に開催されたドレスデンから 400 km 以上離れた北海の街ロストック（Rostock）で開催された車両展示会にも参加している。回送とは言え、長距離の走行に堪えられる、比較的良好な状態だったため、取り急ぎの整備が除外されたと推測される。98 001 号機は、1979 年 5 月から 10 月にかけて静態保存車両として整備されるが、1975 年当時は整備に急を要さないとの判断だったのだろう。こうして、一部例外はありつつも、これまで一部のみ行われ、大半の車両は機関区などで保管、留置されていた静態保存車両としての整備が 1975 年以降は本格的に実施され、1976 年 43 001 号機、92 503 号機 [91]、

1977年01 005号機、91 134号機[92]、1979年58 261号機、先述の98 001号機と、毎年2両から3両が1982年まで継続的に整備されるようになっている[→ p.96 の 75]。

1969年の保存命令では目立った対応が取られなかった動態保存も、1975年の保存車両規則では7両選定され、すでに整備済みの89 6009号機を除く6両が整備されることになる。1975年の62 015号機、1978年の03 001号機[93]と毎年のように定期的に行われ、1982年までに完了している。静態用、動態用整備いずれも、保存用鉄道車両規則の制定によって保存状態の指針が示され、また管理者が定まったことにより、各車の状態に応じた作業計画が立案され、予算が確保しやすい環境が整った効果と言えよう[94][95]。なお整備作業は、蒸気機関車の改造や整備を行っていたマイニンゲンの蒸気機関車工場で19 017号機同様に専門的に行われるようになる[96]。ディーゼル機関車整備に特化されつつある他工場とは異なり、蒸気機関車用の設備や技術が残されていた点は東ドイツの蒸気機関車保存の継続性の確保に向けて非常に大きかっただろう。このマイニンゲンの蒸気機関車工場は人

[91] 1976年に静態保存車両として整備された92 503号機（2014年、アルトシュタット機関区）

[92] 1977年に静態保存機として整備された91 134号機は後に動態保存機になっており、しっかりとした整備がなされたことがうかがえる（2019年、ザクセン鉄道博物館）

[93] ベルリン・リヒテンベルク駅を出発する特別列車に運用される03 001号機。1978年に動態保存機となって以来2003年まで運用された（1997年）

[94]

[95]

[94]（上）[95]（下）　1975年9月開催のカール・マルクス・シュタット - アウエ間開通100周年記念の車両展示会でも東ドイツ国鉄とドレスデン交通博物館の共催になっている

[96]

[96] マイニンゲン蒸気機関車工場では蒸気機関車修繕の設備と技術が保持されており、今日まで続くドイツの蒸気機関車保存を支えている（2019年、マイニンゲン蒸気機関車工場）

員削減や作業場所の縮小などをしつつも、1994年にドイツ鉄道へ引き継がれた後も蒸気機関車や除雪車など事業用車両の整備工場として継続して運営され、1997年からはドイツ鉄道のみならず、ヨーロッパ全域の博物館や保存鉄道のあらゆる種類の蒸気機関車の修繕や整備も行う工場となり、今にいたっている。

　1975年以降に静態保存、動態保存へと整備された車両の外観だが、17 1055号機のような原型や邦有鉄道時代の姿ではなく、主に現役時代最後の姿に復元されている。当時の東ドイツの事情は分かりかねるが、ドイツ蒸気機関車博物館でも同じように現役時代最後の姿に復元をされており、担当者に理由などを聞いたことがある。その際にうかがったのは、設計図など根拠が比較的残されており、部品の入手も容易なことが多いためだそうだ。また外観の色の特定は、残された写真が白黒であり、書籍やカタログに記載されている絵も色落ちなどをしており、非常に難しいとおっしゃっていた。色については、部分的にこすれば下から出てくることもあるそうだが、車体を傷つけることになり、またごく一部しか判明しないため、あまり意味も無く、最近で

はAIなどを使って再現も試みたそうだが、くすんだ色になってしまい、違和感を覚える結果に終わったとのことだ。根拠が曖昧な復元は行わないことが原則になり、現役最終時代が最も明らかなための措置と言えるが、アルントをはじめとするドレスデン交通博物館の関係者も同じ気持ちだったのではないだろうか。

保存対象車両の拡大

　保存用鉄道車両規則の一番の目玉は、これまで蒸気機関車のみを保存対象としていたが、「すべての現有車両」と定め、範囲を大幅に拡大していることだ。保存車両は別紙1から5までにわたって車種ごとに区分けされ、別紙1は前述した蒸気機関車、別紙2は [97] 電気機関車、ディーゼル機関車、気動車が8両、別紙3は標準軌間の客車、貨車が28両、別紙4は狭軌路線の客車、貨車が26両、別紙5はベルリンのSバーンの車両3両が選定されている。別紙2にはディーゼル機関車が2両選定され、入換用として1958

[97] マイニンゲン蒸気機関車工場では蒸気機関車修繕の保存用鉄道車両規則別紙2。電気機関車5両とディーゼル機関車2両、狭軌用気動車VT137 322号機が列記されている（ドレスデン交通博物館収蔵）

年に試作されたV60形の初号機で、1962年に廃車となった後、ドレスデンの交通学校で展示されていたV60 1001号機、幹線用ディーゼル機関車V180形の量産型初号機V180 005号機 [→ p.88の63] と動力近代化に大きく貢献した車両が選ばれている。また気動車は、1938年製の軌間750 mmの狭軌路線で使用され、1964年6月1日廃車後、ドレスデン近郊のラーデボイル東駅から出る狭軌路線で保存されていたVT137 322号機1両になる。電気機関車は5両が選定され、ドレスデン交通博物館で展示されているE71 30号機に加え、1921年製のE77 10号機、1927年製で全長20.9 mの巨大なE95 02号機、1975年時点で、他の同型機が廃車となっている中、すでに動態保存機として運用されていた、1932年製急客用電機E04 01号機 [98]、1937年製のE18 31号機 [99] の5両になる。なかでもE77 10号機はアルトシュタ

[98] E04 01 号機は後述するライプツィッヒ中央駅の
24 番線、通称博物館ホームで保存されている（2023 年）

[99] E18 31 号機。最速 180km/h を誇る急客機とし
て 1977 年末まで定期運用された後、2002 年まで動
態保存機になる（2017 年、ハレ鉄道博物館）

ット機関区で今日も動態保存機として活躍するなど、ザクセンを代表する古典電気機関車になる。

・電気機関車E77 10号機 [100] [101]［口絵p.11の**X**］

　E77 形は全長 16.25 m、2 つの関節部分を持つ軸配置 1BB1 式の 3 連接構造で、前部と後部、それぞれに 2 つのモータを搭載、ロッドで 4 つの動輪とつなげられた動力部で、最高速度は 65 km/h になる。

　電気機関車 E77 10 号機は 1924 年に車体はミュンヘンのクラウス社（Krauss）の製造番号 8134/24 として、電気機器はベルリンのベルクマン電機社（Bergmann-Elektrizitats Werk）の製造番号 37 として製造され、1924 年に EG3 22010 号機としてドイツ南部のミュンヘン（München）機関区で運用を始め、1925 年ドイツ国有鉄道へ移管されると今の形式名になっている。1933 年にアウグスブルク（Augsburg）- ウルム（Ulm）- シュトゥットガルト間が電化されるとアウグスブルク機関区へ移り、1943 年まで所属した。そしてベルリンに近いビターフェルト機関区にて、特に被害も無く第二次世界大戦終戦を迎え、1946 年 3 月 29 日まで運用されている。1946 年 3 月にソ連へ賠償品として運ばれ、1952 年 9 月 18 日に返却されると、マグデブルクに運ばれ、保管されている。

　1955 年より東ドイツ国鉄における電化が再開され、徐々に拡大するに伴い、E77 形も 10 両の再使用が計画された。E77 10 号機は 1960 年初頭、マグデブルクからデッサウ修理工場に運ばれ、修理完了後、1960 年 4 月 28 日よりマグデブルク・ブッ

カウ（Magdeburg-Buckau）機関区に所属し、以降、ライプツィッヒやビターフェルトの機関区に所属し貨物列車を牽引している。1966年から予備車になり、1967年の秋よりハレ駅で移動式のポイントの凍結防止ヒーターとして使用された。この頃には東ドイツ国鉄に残された唯一のE77形機関車となり、1971年初頭にドレスデン交通博物館に引き渡され、車両展示会にて展示されている。1969年の保存命令では対象とされていなかったが、かねてよりそれに準じる扱いを受けてきた機関車と言えよう。

ドイツ鉄道電化100周年記念に合わせ、1979年にE77 10号機は動態復元を行うことになり、保管されていたアルンスドルフ（Arnsdorf）から1978年11

[100]（上）[101]（下）　3連接構造が特徴的なE77 10号機。前後の車体にモータが搭載されロッドで動力が伝達される（上はアルトシュタット機関区、2015年、下はザクセン鉄道博物館、2019年）

月2日にアルトシュタット機関区に移動され、11月11日に作業が開始された。最初に中間部と両方の車端部の間にある接続ジャバラを取り外され、修繕が唯一可能なコトブスの修理工場に運ばれている。全ての電気機器類の取り外しも、代替パーツは無かったので、注意深く行われ、1959年3月に完了している。メインスイッチや高圧トランスは、性能テストを行っている間、紛失する事件が起きたが、数日後に見つかっている。隣に置いてあった修繕中の電気機関車に間違えて取り付けてしまったことが原因だったそうだが、古い機器でも使用できることが証明されたと、すんでの所で笑い話になったそうだ。E77 10号機は新製時、先頭部に貫通扉があったが、1960年のドレスデンでの作業時に塞がれている。原形への復元が目指され、運転台の配線を変更し貫通扉を復元し、また運転席窓にはつらら切りが取り付けられた。これらは新製造時の図面が無かったため、古い写真を参照にしている。なお運転台には現在の運転規則に即した新たな信号装備を搭載し、フロントガラスには発熱装置を付けた。

ロッド式の走り装置はマイニンゲンの蒸気機関車工場で整備されている。電気関係はアルトシュタット機関区にて、関係者を集めて行われ、重量感のあるモータの修復作業を実施した。3つに分離した車体は錆と古い塗料を取り除いて再塗装している。そして修理の済んだモータ部分を取り付け、仕上げ作業として、メインスイッチと高圧トランス、ジャバラを取り付け、電気機器の接続を行った。

　1979年8月31日に試運転が行われ事故無く走行し、1,730時間に及ぶ作業、試運転で復元作業が終えられた。ピカピカに磨かれ、1979年9月12日に車両展示会の行われているデッサウへ向け運転され、9月15日から23日まで開催されたドイツ鉄道電化100周年記念で公開されている。なおE77 10号機は動態保存機として東ドイツ国鉄の形式204 740号機が付与されたが、E77 10を通り名として使い続け、のちに形式名77をL、1をIと置き換えエリー（Elli）呼ばれている。1996年の運行期限満了後、数年間は静態保存状態で展示されたが、2004年10月13日より運行を再開している。ドイツの全般検査L6は8年ごとであり、2012年10月に期限後は2014年4月から再び稼働し、2022年4月に再び期限を迎えた後も再び検査を受けた。所有者であるDB博物館から、最高速度55 km/h、上限250 t牽引と制限されるなど、大事に扱われ、今日も特別列車に運用されている[102]。

[102]

[102] 製造90周年記念の特別記念を牽引するE77 10号機。ザクセンを代表する動態保存電気機関車になる（2014年）

「保存用鉄道車両規則」の改定

　1978年、交通省大臣オットー・アルントは、1981年までに東ドイツ国鉄の標準軌間における蒸気機関車定期運行の全廃を行うと述べ、急客用蒸気機関車の運用では、1977年9月24日にアルトシュタット機関区で担当していたドレスデン - ベルリン間

の 01 形、1978 年 9 月 30 日にライプツィッヒ周辺の 03 形、1979 年 9 月 30 日にベルリンからポーランドの街で東ドイツとの国境沿いに位置するシュチェチン（Stettin）までの 01 形、そして 1980 年 5 月 31 日にベルリンとバルト海に面したシュトラールズンド（Stralsund）までの 03 形が、それぞれ定期運用を終了している。

　1979 年 2 月 5 日付で保存用鉄道車両規則の改正が行われ、選定車両は変更ないが、組織名の変更やドレスデン交通博物館へ引き渡すまでの管理を「責任を持って担当する」から「管理担当をする」といった表現の変更が見られる。ベルリンの S バーンの保管場所は「ベルリンに保管」から「現在ある場所に保管」へと変更されている。当時東西ベルリンの S バーンは、いずれも東ドイツ国鉄による運営になっており、変更前の表現だと西ベルリンでも保管は可能となってしまうため、あえて現行の東ベルリンでの保管継続を明確にするための措置とも思われる。そして 1979 年 12 月 18 日、交通省は保存車両について鉄道車両保存規則に即すものとして保存車両の強化策を通達している。その内容は「東ドイツ国鉄により認められた歴史的な車両を通じ、社会主義における鉄道知識や鉄道に関する作業を啓蒙する」と価値や保存への意義を掲げ、「保存蒸気機関車は 40 両ほどとして、超えることなく、半分強は動態に復元をすること」、「保存車両を他の用途やスクラップなどにする時も許可制とする」と保存用鉄道車両規則で定めた蒸気機関車 31 両からの増加や動態保存の促進、入れ替えも視野に入れ、これを機にふたたび動態保存を中心とした保存対象車両は拡大する。

　また東ドイツ国鉄の蒸気機関車廃止は、1980 年初頭、ソ連が石油増産を行わないことを決定した影響により、東ドイツを襲った石油危機で棚上げとなる。国家をあげて石油の節約に乗り出し、東ドイツ国鉄もディーゼル機関車に代わり、廃車や休車措置をとっていた蒸気機関車 40 両から 50 両ほど整備し、定期運用に戻している。1981 年以降は電化も促進され、徐々に蒸気機関車の運用範囲は狭められたが、蒸気機関車牽引の列車本数は 1980 年で 8.8 %、1985 年で 2.7 % を占め、1988 年 10 月 29 日まで運行が続けられた [103] [104]。この動力近代化の遅れは運行可能

[103] 東ドイツ国鉄最後の蒸気機関車定期運行時に付けられた記念マーク（2017 年、ブランケンブルク駅構内車庫）

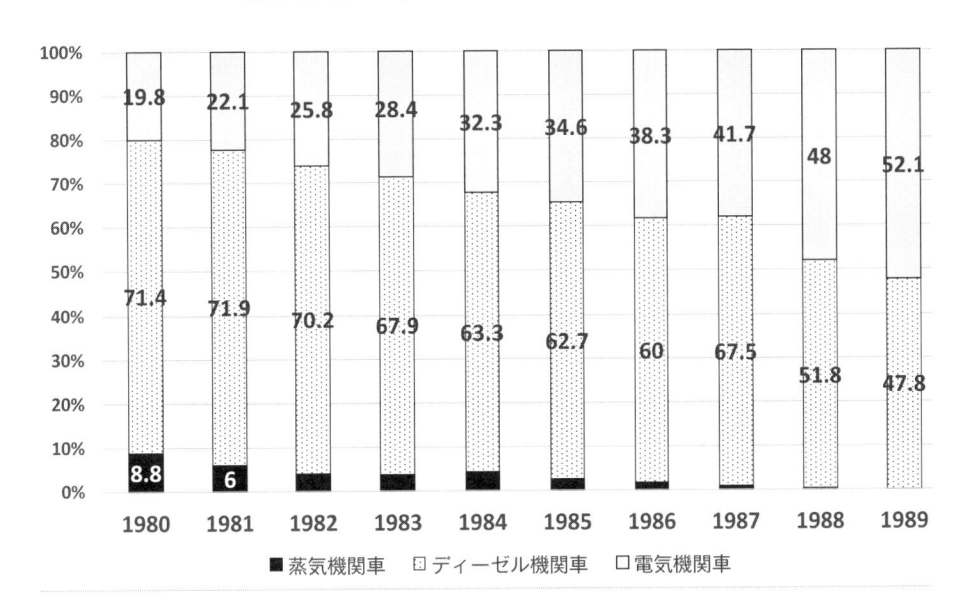

[104] 1980 年以降の牽引本数別東ドイツ国鉄使用機関車割合推移
（標準軌間用のみ）

■蒸気機関車　▢ディーゼル機関車　□電気機関車

な状態で保持することが継続されたことになり、マイニンゲンの蒸気機関車工場にお
ける動態保存車両の整備が進められやすい環境が保持されることになったと言える。
そして保存用鉄道車両規則の車両選定にも影響しており、蒸気機関車は動態保存機
の追加が目立つようになる。

　保存用鉄道車両規則への車両の追加は 1983 年に行われ、「*Modelleisenbahner*」1983
年 4 月号に掲載された対象リストでは、蒸気機関車は先の通知にあるように 38 両を
占め、あらたに加わった蒸気機関車はすべて動態保存機になる [105]。定期運用さ
れていた 03 1010 号機 [106]、改造高速蒸気機関車 02 0201 号機（1970 年まで 18 201
号機）[107]、旅客用新造機関車 35 1113 号機（1970 年まで 23 1113 号機）、客貨用制式
蒸気機関車 41 074 号機、貨物用制式蒸気機関車 44 1093 号機 [108]、50 849 号機、
戦時型貨物用制式蒸気機関車 52 6666 号機、改造貨物用蒸気機関車 58 3047 号機
[109]、タンク式新造蒸気機関車 65 1049 号機、タンク式制式蒸気機関車 86 001 号
機 [110] といったドイツ国有鉄道時代に製造された制式蒸気機関車や東ドイツ国鉄
により製造、改造された蒸気機関車がようやく保存車両に追加されている。選定の

［105］1975 年時選定車両から 1983 年再選定時の
蒸気機関車保存対象変更点

新規保存対象

機名	製造年	備考	動態保存終了年
03 1010	1940年	ドイツ国有鉄道03.10形	2019年
18 201	1961年	ドイツ国有鉄道61形から1961年改造	2018年
23 1113	1959年	東ドイツ国鉄23.10形	1992年
41 074	1939年	ドイツ国有鉄道41形	不明
44 1093	1942年	ドイツ国有鉄道44形	2000年
50 849	1940年	ドイツ国有鉄道50形	1994年
52 6666	1943年	ドイツ国有鉄道52形	1994年
58 3047	1920年	ドイツ国有鉄道58形から1961年改造	1999年
65 1049	1956年	東ドイツ国鉄65.10形	2011年
86 001	1928年	ドイツ国有鉄道86形	2000年
94 1292	1922年	プロイセン邦有鉄道T16.1形	2005年
95 027	1923年	プロイセン邦有鉄道T20形	2023年現在継続中

対象を外れた機関車

機名	製造年	状態
18 314	1919年	高速試験用機関車で静態保存、18 201号機に変更
89 008	1938年	静態保存、89 1004号機動態保存整備のため変更
94 249	1908年	静態保存、94 1292号機に変更
98 7056	1886年	ドレスデン交通博物館展示中
99 535	1898年	ドレスデン交通博物館展示中
E71 30	1921年	ドレスデン交通博物館展示中

［106］定期運用から動態保存機となった 03 1010 号機（2002 年、アルトシュタット機関区）

［107］試験用として改造され、最高速度 200km/h を誇る 18 201 号機も、1983 年より動態保存機の仲間入り（2014 年、ドレスデン郊外）

[108]

[108] 44 1093 号機は 2000 年 5 月まで動態保存機として運用されている（2019 年、マイニンゲン蒸気機関車工場）

[109]

[109] 1983 年より動態保存機として東ドイツ国鉄の改造蒸気機関車も続々と保存用鉄道車両規則に選定され、58 3047 号機もその 1 両になる（1996 年、マイニンゲン蒸気機関車工場）

[110]

[110] ドイツ国有鉄道の制式蒸気機関車の代表 86 形の初号機も動態保存が進められた（2023 年、ザクセン鉄道博物館）

基準などは初号機や初期に製造されたものに加え、東西ドイツ統合後も 1990 年代でも動態保存機として運用されていることから、その形式でも状態の良い機関車が選ばれたと見て良いだろう。これまで所属車両数の多かった貨物用蒸気機関車も含まれるようになり、蒸気機関車の運転が継続されつつも、減少しつつあり、物珍しさを感じるようになってきた様子もうかがえる。

　保存用鉄道車両規則は 1986 年 1 月 3 日に最終版が出されており、機関車、気動車は 66 両が選定され、蒸気機関車は 50 両を占めている [111]。動態保存機は 1983 年のリスト選定分から継続され、新たに 01.5 型の 01 1531 号機 [112] や狭軌機関車が加わり 29 両になる。

　当初は文化財や歴史の証人として収集され、保存を目的としていた機関車だったが、動力近代化の遅れという、幸か不幸か蒸気機関車の状態を保ちやすい環境が保たれてしまったこともあり、かつての時代そのままに残しやすい環境が維持され、動態保存がなされるようになっている。ただそれはあくまでも現在から見た結果論であり、明文化し、担当部署や作業を明らかにし、対象を更新してきた保存用鉄道車両規則に従い、東ドイツ国鉄が行ってきた対応であることを忘れてはならないと思う。特に静態保存

［111］1986 年時の蒸気機関車保存対象変更点

新規保存対象

機名	機種	製造年	備考	状態
01 531	蒸機	1964 年	東ドイツ国鉄改造機関車	D（＝動態保存）
52 9900	蒸機	1947 年	粉炭式テンダー装備	S（＝静態保存）
99 539	蒸機	1899 年	軌間 750mm、王立ザクセン邦有鉄道 IV K 形	D
99 713	蒸機	1927 年	軌間 750mm、王立ザクセン邦有鉄道 VI K 形	D
99 2323	蒸機	1933 年	軌間 900mm、ドイツ国有鉄道 99.32 形	D
99 3352	蒸機	1907 年	軌間 600m（*1）	D
99 4633	蒸機	1925 年	軌間 750mm（*2）	D
99 6001	蒸機	1939 年	軌間 1000mm（*3）	D
99 7247	蒸機	1956 年	軌間 1000mm、東ドイツ国鉄 99.23-24 形	D
Muldenthal	蒸機	1861 年	ドレスデン交通博物館展示	S

（*1）私鉄メックレンブルク・ポメルシェン狭軌鉄道（Mecklenburg-Pommersche Schmalspurbahn）
（*2）私鉄リューゲン狭軌鉄道（Rügensche Kleinbahn）
（*3）私鉄ノルドハウゼン・ヴェルニゲローデ鉄道（Nordhausen-Wernigeroder Eisenbahngesellschaft）

再指定機関車

機名	機種	製造年	状態
98 7056	蒸機	1886 年	ドレスデン交通博物館展示中
99 535	蒸機	1898 年	ドレスデン交通博物館展示中
E71 30	電機	1921 年	ドレスデン交通博物館展示中

［112］

［112］蒸気機関車の保存車両としては最後の追加となった 01 1531 号機。状態は良く、ドイツ鉄道移管後も 2000 年まで動態保存車両として運用されている（1996 年、マイニンゲン蒸気機関車工場）

における状態として定められた、移動可能な状態の保持は、ある程度良好な保存状態であることが求められる。貴重な車両であっても、整備されること無く劣化が進み、移動が難しいほど荒れた状態になると、広くその価値を認識されること無く、お荷物になってしまうだろう。文化財としての価値を広く認識されるためにも、活用も図りやすく、外観も維持される、移動可能な状態を基準にしたことは意義深い。現在のドイツでも静態保存において、移動可能な状態を保持した保存車両は数多く目にするこ

とができ、規則として制定し、広まったこの保存基準こそ、現状の保存活動や活用を形成する一助になったと言えよう。また動態保存も様々な苦労を乗り越えて、積極的に実施をされている。これらはこの規則により道筋を付けられた保存活動の延長線上にあると思われる。ザクセンのみならず、ドイツで行われている車両保存活動の活発さを目の当たりにするたびに、規則が出され、運用されてきたことの意義の重さを感じることができるのではないだろうか。

補足メモ
官製蒸気機関車撮影旅行 Garantiereisen

　1985年4月14日、東ドイツ国鉄が関係部署に配布した「歴史的機関車展示施設の発達のあゆみ」において車両保存を「今では過ぎ去ってしまった最後の瞬間」へ対応する歴史文化財としての認識とともに、「多くの機会を通じて、二次的な資源として増収に結びつくのに、この歴史的な蒸気機関車へはさほどの多くの考慮がされていない」とし、経済面における価値を明記している。増収を目的とした活用策として、1982年より東ドイツ国鉄は、社会主義国以外の外国人を対象とした、鉄道愛好家向けのパック旅行（Garantereisen）を実施している。

　この旅行は7回企画され、6回はライプツィッヒ中央駅を起点としており、1982年12月開催の2回目のみ、西側諸国からの参加者への配慮からか、出発地と最終地が西ドイツとの国境駅プロブスツェラ（Probstzella）駅となる。ザクセン、チューリンゲン（Thüringen）など、東ドイツ南部の景色の良い路線を、様々な動態保存の蒸気機関車牽引による特別列車で、3泊4日ほどかけてまわるコースがとられ、宿泊は外国人向けの宿泊施設である「インターホテル(Inter Hotel)」が使われている。旅行中、案内担当者が常に同行し、参加者の世話と共に監視も行っていたそうで、単独行動が制限され、窮屈さも感じられるが、牽引する蒸気機関車は、動態保存蒸気機関車が、およそ50kmから150kmの走行区間ごとに変更され、時には重連も行い、所々で写真撮影用の停車時間も設けられるなど工夫が施されている。また特別列車は、東ドイツ国鉄の他の列車よりも優先的に扱われ、故障などに備え、機関区では代わりの機関車も準備されたそうだ。第1回目は、1982年9月25日から28日まで実施され、150人以上が参加するなど非常に高い人気を示し、以降、1982年12月、1983年4月、

9月、1984年4月、9月、そして1985年8月と年間2回ほど実施されており、行程もドレスデン、マイセン（Meissen）などでの観光も含むなどの変化が見られる [113]。

　西ドイツ、アメリカ、そして日本などから参加があったそうで、東ドイツの外貨獲得の目的は、ある程度は達成できたと思われる。これまでの調査で、行程やスケジュール、使用車両などの沿革は判明したが、参加者が多かったという割には不思議と費用や車両の状態、案内担当者の様子などは残されていないようだ。行程における雰囲気など気になるところであり、新たな発表に期待したい。

[113] Garantiereisen 実施記録

	開催期日	起点駅	牽引機関車
1	1982年9月25日-28日	Leipzig	03 1010号機、94 1292号機、38 205号機、50 849号機、38 1182号機、62 015号機、03 001号機
2	1982年12月27日-31日	Probszella	41 1150号機、38 1182号機、95 027号機、38 1182号機、74 1230号機、38 205号機、44 1093号機
3	1983年4月16日-19日	Leipzig	03 1010号機、94 1292号機、38 205号機、50 849号機、38 1182号機、62 015号機、01 137号機
4	1983年9月22日-25日	Leipzig	03 1010号機、94 1292号機、38 205号機、50 849号機、38 1182号機、62 015号機、23 1113号機
5	1984年4月10日-13日	Leipzig	23 1113号機、74 1230号機、58 3047号機、50 849号機、38 205号機、86 501号機、03 001号機
6	1984年9月19日-22日	Leipzig	23 1113号機、74 1230号機、50 849号機、38 205号機、86 001号機、03 001号機
7	1984年9月19日-22日	Leipzig	23 1113号機、50 849号機、38 1182号機、01 137号機、03 001号機

4.
東西ドイツ統合後の車両保存
アルトシュタット機関区を通じて

1990 年 10 月の東西ドイツ統合後、保存用鉄道車両規則は効力を失うが、1986 年の最終版に選定された車両は、1987 年 11 月 12 日に廃車となり、同年末に解体された蒸気機関車 41 074 号機以外は、DB 博物館や各地の鉄道博物館に所有が移管され、現在まで保存されている。東ドイツ時代、保存車両の管理はドレスデン交通博物館や東ドイツ国鉄が行ってきたが、ドレスデン交通博物館を管轄する東ドイツ交通省が無くなり、東ドイツ国鉄も 1994 年に西ドイツ国鉄と統合されるなど、保存車両どころではない混乱期でも鉄くずになること無く、継続して保存され、今日でもその姿を目にすることができるのは、鉄道車両の文化的な価値を十分に理解させ、浸透が図れた結果と言えよう。東西ドイツ統合時に車両が引き継がれ、活用されてきた様子を、アルトシュタット機関区のケースを例として、冒頭紹介した蒸気機関車フェスティバルの会場として発展してきた様子を見ていきたい。

東西ドイツ統合前の保存車両と作業を担った東ドイツ鉄道模型協会

アルトシュタット機関区は 1977 年に蒸気機関車の所属が無くなり、暖房用の蒸気機関車や周辺地域からドレスデンへやってくる蒸気機関車の整備のほか、空いたスペースを使い、保存用鉄道車両規則に選定された静態保存車両を保管している。また 6 月 1 日の子供の日や 10 月 7 日の建国記念日などの祝祭日に定期的な公開も行い、扇形庫での車両展示や、蒸気機関車 89 6009 号機の運転室へ希望者を乗せての構内運転、そして小さな軽食スタンドによる飲食物の販売など、後の蒸気機関車フェスティバルに似た活動がなされている [114][115]。

この活動をサポートしたのは東ドイツ鉄道模型協会（Deutscher Modelleisenbahn-Verband der DDR）になる。東ドイツ鉄道模型協会は、ヨーロッパ鉄道模型協会「MOROP」へ参加をするため、交通省が主導となり、個人や学校、職場単位で活動

[114][115] カール・マルクス・シュタット - アウエ間開通 100 周年記念に開催されたツヴェーニッツでの車両展示会には 4 万人が訪れた。こうした周年行事や定期的な公開は東ドイツ各地で開催されている（1975 年）

してきた鉄道模型愛好家の各団体を、東ドイツの国際交流組織としてまとめ、1962 年 4 月 7 日にライプツィッヒで成立し、本部はベルリンに置かれた。東ドイツ国鉄の車両保存の広がりとともに、東ドイツ鉄道模型協会を通じての市民の参加が見られ、1982 年には会員数が 7,600 人になり、うち 2,000 人がワーキンググループとして実作業を行っている。これは展示会開催の手順など、ノウハウの蓄積に結びついたと思われ、特にドレスデン周辺では、保存車両の特別運転や車両展示会が頻繁に行われていたため、経験は豊富だったようだ。

　東ドイツ模型協会の書記長は交通省の幹部が務め、運営は東ドイツ国鉄が行い、主要部門の会員は無賃での鉄道利用も可能であり、沿線での写真撮影への便宜も図られるなど、政府に近い機関とも言える。1991 年 2 月 23 日に東ドイツ鉄道模型協会は解散するが、以降も市民参加の保存活動は形を変えて継続されており、底辺拡大に大きく貢献したと言えよう。先の保存用鉄道車両規則にならび、現在のドイツで見られるような、市民が参加して行われる鉄道保存活動の礎の一つになったと思われる。

東西ドイツ統合後のアルトシュタット機関区

　東西ドイツ統合後、東ドイツ国鉄も合理化が進められ、人件費や修繕費などは削減され、保存活動を実施するための組織、場所の確保については見直しが求められた。アルトシュタット機関区では、地域住民、時には豊富な保存車両に注目した旧西ドイツの強い資金力と豊富なアイディアを持った愛好家たちによって、保存活動が継続

された。また東ドイツ国鉄も
余剰人員対策として、アルト
シュタット機関区での蒸気機
関車保存に積極的な姿勢を打
ち出し、動態復元を行う作業
班を作り、暖房用に転用され
ていた蒸気機関車 50 3663 号
機、50 3688 号機、50 3694 号
機を修繕、また各地域におけ
る展示用蒸気機関車の整備を
行うなどしている [116]。機

[116] アルトシュタット機関区で整備され、現在は静態保存されている 50 3688 号機（2023 年、アルンシュタット鉄道博物館）

関区の設備や施設についても歴史的価値を考慮し、再整備が行われ、扇形庫など煉瓦でできた建物を清掃し、環境汚染や石炭、石油による汚れを落とし、建屋の塗り替えも行われた。さらに継続的な蒸気機関車の運転が行えるよう、1991 年 2 月にディーゼル機関車や電気機関車の運転士を集め、蒸気機関車の機関士や機関助士の養成を実施し、8 人が新たに機関士、機関助士となっている。

　このような中、1991 年 5 月 18 日から 20 日まで、アルトシュタット機関区の一般公開が行なわれた。1 号扇形庫では蒸気機関車 8 両と入替用ディーゼル機関車数両と慎ましい規模であったが、3,000 人ほどの来場者が記録されている。開催の宣伝も小規模で、来場者の多数は鉄道関連の職員や OB、その家族であったそうだ。

　蒸気機関車の特別運行が行われるようになると、アルトシュタット機関区に残された扇形庫や転車台、石炭用クレーン、給水塔などは使用可能であり、保管スペースも広いことが利点とされ、蒸気機関車の点検や簡単な修繕などを行うため、ドレスデンを目的地として運転されるようになる [117][118]。そして 1991 年 10 月 2 日から 6 日まで、のちの蒸気機関車フェスティバルの礎となる大規模な蒸気機関車展示会が行われることになる。この際、従来から保存されている蒸気機関車に加え、各地の鉄道愛好家団体によって、8 両の蒸気機関車が客車を牽引しながら、ドレスデン周辺にやってきている。運行の合計距離は 4,297 km に及び、いずれもアルトシュタット機関区で整備を受けている間、展示され、古き良き時代を彷彿させる盛況を見せた。

[117][118] アルトシュタット機関区の使用可能な設備も保存活動を後押しした（2002 年、アルトシュタット機関区）

第1回蒸気機関車フェスティバル開催と転換期

　1992 年、第 1 回蒸気機関車フェスティバルが 5 月 1 日から 3 日まで行われ、10 両の蒸気機関車が展示され、6,000 人ほどの来場者があった。第 2 回目は翌 1993 年 4 月 30 日から 5 月 3 日の 4 日間にわたり、チェコからの蒸気機関車 2 両も含め 23 両が展示され 7,500 人が来場した。1994 年は蒸気機関車 14 両に加え、ライプツィッヒからかつて保存用鉄道車両規則で保存車両に選定されていた電気機関車 E44 046 号機［口絵 p.27 のⓇ］と E94 056 号機［口絵 p.27 のⓈ］も加わり、4 月 30 日から 5 月 2 日まで開催の第 3 回目は 3 日間で 6,500 人の来場者になっている。

　転換期となったのは 1995 年の第 4 回開催時であり、4 月 29 日から 5 月 1 日の 3 日間で、来場者は 28,600 人と大幅に増加した。以降 1996 年の第 5 回目は 52,600 人が訪れるなど、大規模な催しへと成長をしている。大幅な来場者増加の背景には、まずドイツ鉄道の協力体制の確立がある。1994 年に設立したドイツ鉄道は、1995 年開催より、初めて企画立案から協力しており、これまで蒸気機関車を中心とした展示で、ディーゼル機関車は使用されなくなった入替用の小型ディーゼル機関車が、添え物程度に置かれていたが、電気機関車 2 両やディーゼル機関車 8 両も展示されている。以降もドイツ鉄道からの参加は積極的に行われ、2002 年 5 月開催時には構内に架線がひかれていないにも関わらず、ドイツ鉄道所有の電気機関車の初号機が列をなして置かれるなど、毎年違った展示は強く目を引いた [119]。これはリピーターの確保に

加え、鉄道車両の変遷を見せることも可能とし、新旧バラエティー豊かな展示に発展をしたと言えよう。

また、家族向け展示、催事の充実も見逃せない改善点になる。鉄道愛好家や関係者向けを対象とした催しであったが、1995年はテーマを「みんなの鉄道（Eisenbahn für alle）」とし、子供向けには、大きな鉄道模型のジオラマの展示や、ミニ汽車の運転などを行っている。また家族向けとして

[119] ドイツ鉄道の協力は現役機関車の参加も可能とし、電気機関車の初号機が展示もなされた（2002年、アルトシュタット機関区）

は、演奏会や軽食、アイスなどの出店も充実させるなともしている。以降毎年の再訪を期待し、機関車展示会に加え、家族向けの祭りとしての色合いも濃くなり、こちらも継続的な開催に向けた強化がはかられている。この方針は現在の蒸気機関車フェスティバルへも受け継がれ、2024年開催時のモットーは「Ein Fest für die ganze Familie（家族全員で楽しめるフェスティバル）」となっている。

そして最後は広報の強化になる。インターネットの無い時代でもあり、情報の入手方法が限られる中、宣伝方法は地道な手段が求められていた。個人的な印象だが、このドレスデン蒸気機関車フェスティバルの開催は、鉄道雑誌に掲載された広告や特別列車の運行日から知るものであったが、鉄道愛好家以外、アンテナを張っていない人たちに広く知らしめる手段としては弱かったと思われる。そのため開催に先立ち、ドレスデン周辺地域の広報誌に開催広告を掲載、また多くのマスコミに興味を持ってもらうよう、アルトシュタット機関区の職員用食堂で飲食つきの記者会見を開催している。またドイツ鉄道協力のもと、ポスターを、ドレスデン近辺のみではなく国内各地の駅構内で提示できたことも、宣伝効果として大きかっただろう。筆者自身、南部のミュンヘンの駅構内で大型のポスターが貼られているのを目にしたことがある。ミュンヘンとドレスデンは450 kmほど離れており、東京から米原や金沢までに相当する。距離が離れており、効果は微妙に思えるが、こうして印象には残っており、意義はあったと思われる。

アルトシュタット機関区の試作ディーゼル機関車
V240形 V240 001号機 [口絵p.11の**Y**] [120]

アルトシュタット機関区では、19 017号機や03 001号機など、1969年の保存命令に選定された蒸気機関車に加え、ディーゼル機関車なども保存展示を行っている。中でも唯一の存在になるV240 001号機について紹介をしたい。

V240 001号機は1965年、バベルスベルク社で、製造番号652010として製造が計画されている。当初は

[120]

[120] 試作ディーゼル機関車V240 001号機の復元と動態保存もアルトシュタット機関区で行われた（2004年、アルトシュタット機関区）

2,000馬力、最高速度120 km/hを誇るV180.2形の2号機、V180 202号機になる予定だったが、更なるパワーアップを目差し、2,400馬力で最高速度140 km/hの試験用機関車V240形1号機として製造されることになり、1,200馬力モータ2機を装備して完成した。特別な試験用機関車であることをアピールするため、通常とは異なり銀色車体に青線2本の塗装をまとい、早速1965年2月28日から3月9日まで、ライプツィッヒ博覧会で展示されている。

V240 001号機は、試験用であったため、東ドイツ国鉄ではなく、特別に製造会社であるバベルスベルク社の所有として、試運転が終了した後、1965年10月8日より試験運転に用いられた。しかし1966年に2,000馬力以上のディーゼル機関車はソ連から輸入する方針を受け、1968年に試験が打ち切りになっている。メーカのバベルスベルク社の1965年頃のカタログを見ると2,400馬力の試作機V240形も掲載されており、輸入措置への移管が急であったことがうかがえる。なおカタログを見ると、V180.2形は実質2,000馬力であり、カタログ上でもV200として紹介されている。実際東ドイツ国鉄でV200を名乗ったのでは、ソ連からの輸入機関車枠に入ってしまうため、1,800馬力のV180形の後継機としてV180.2形が便宜上降られた形式名になるのだろう。1966年から1970年にかけ、輸入措置移管の後も206両が製造されていることから、例外措置が適用されたように思われる。

V240 001 号機は、1968 年 11 月より V180.2 形へ改造され、一部、事故機の V180 081 号機と V180 343 号機の部分品も使用し、また銀色塗装も通常の赤色車体にクリーム色線 2 本に変更され、1971 年 7 月 1 日より東ドイツ国鉄所属の 118 202 号機となり、ノイシュトレーリッツ（Neustrelitz）機関区に配属されている。1986 年 5 月 30 日まで所属した後、1986 年 5 月 31 日から廃車となる 1991 年 9 月 24 日までドレスデンに近いカメンツ（Kamenz）機関区所属となった。1984 年 3 月 30 日から 5 月 28 日に行われた全般検査において、塗装が一部省略、横のライン無くなり、廃車までこの塗装とされた。暖房機器の破損と合理化による運用の縮小により、1991 年 7 月 5 日に休車、1991 年 9 月 24 日に廃車となり、ライヘンバッハ（Reichenbach）機関区に移送、教育用教材として活用された後、1994 年 1 月よりドレスデン交通博物館が試験用に製造された歴史的なディーゼル機関車としてアルトシュタット機関区で保存することになった。1995 年の第 4 回蒸気機関車フェスティバルでは 118 202 号機として、色あせた通常の赤色塗装のまま展示された。その後、当初決まっていたとおり、V240 001 号機へ復元されることになり、1995 年夏にケムニッツの修理工場に入場、1996 年早々にかつての形式名表示、塗装など、原形の外観になって出場している。機関車側面にある 4 つの固定窓を、エンジン冷却用の空気取入口として上げ窓に復元、また運転席の前部窓下に設置されていた長い手すりの撤去などが行われている。また新製当初はアルミの装飾が車体裾部周辺や窓枠に施されていたが、強い腐食の原因となっていたため、1970 年代半ばに除去されており、復元時には銀色の粘着テープが代用され、可能な限り V240 001 号機へと近づけている。その他は、1991 年に休車時のままである。

　復元された V240 001 号機は、1996 年 5 月 15 日から開催された第 5 回蒸気機関車フェスティバルで公開されている。その後、動態復元が検討されたが、営業路線の走行には、無線や列車自動制御装置の装備が必須であり、また走行部分の復元なども合わせると、当時 25 万マルク（約 2000 万円）が必要と見積もられている。ドレスデン交通博物館のみでは対応できなかったため、フリードリッヒシュタットト（Friedrichstadt）の機関車修繕工場に相談、2000 年 11 月からこの工場における実習の一つとして、ディーゼルエンジンの修復が行われている。徐々に整備が進むにつれて、工場職員全般の関心が深まり、助言や自由時間における作業の手伝いなどがされるようになったそうで、金銭的な援助以上に、V240 001 号機の動態復元の大きな原動

力となっただろう。そして 2001 年 4 月 25 日、鉄道局（Eisenbahn-Bundesamt）による検査を経て、構内などに限定された運行許可が得られ、2002 年 5 月開催の蒸気機関車フェスティバルにおいて、構内で希望者を搭乗させて運転するデモンストレーション運転がされている。鉄道無線や列車自動制御装置は装備していないため、単独での本線での運転は不可であるが、他の場所での展示会や機関車の催しにも参加するなどの活動が見られる。

ドレスデンの展示をきっかけに [121]

東ドイツにおける歴史的な鉄道車両の保存は、ドレスデンの交通高等学校の関連施設として計画された、ドレスデン交通博物館開館やアルントによる古典機関車ムルデンタールの収集、展示により始められている。その後、技術史の教育資料を目的として、特徴ある動力部を持った機関車が収集されるが、文化面での価値も考慮されるようになると、バウムベルクの提案による 1969 年の命令をき

[121] ドレスデン蒸気機関車フェスティバル時の 1 号扇形庫。広く愛されている蒸気機関車こそ保存活動の原動力なのではないだろうか（2013 年、アルトシュタット機関区）

っかけに方向性が示されている。1975 年の規則制定で必要対応など運用が明確になり、東ドイツ国鉄の協力による車両展示会の開催など、活用策の広がりと共に、東ドイツ鉄道模型協会を通じての市民の参加も見られるようになっている。以降、1980 年の石油危機時において、蒸気機関車の再活用がはかられ、保守、修繕を行う環境が保持され、東ドイツの経済的な事情もあり、蒸気機関車の売却や外国人向けのツアーの企画、開催による外貨の獲得など、国家の要請が色濃くなる。

車両の保存活動には、多くの関係者の協力や理解のもと、それぞれの役割を明確にした組織的な運営が不可欠であろう。命令の通達や規則の制定は、保存活動に対する方向性の明示、東ドイツ国鉄やドレスデン交通博物館における意志の統一、そして組織構築や社会的な認識の広まり、活動への参加をはかるにあたっての土台と

して、重要な役割を果たしたと思われる。そして様々な立場にいる知識や技術も持った関係者と鉄道に対する愛着や興味を持った市民が協調する、現在のドイツで見られる車両保存体制を形成する一助になったのではないだろうか。また東ドイツは社会主義国家であり、個人の志向や意思による社会的活動への参加動機など、現在の感覚や習慣による単純な比較や考察は避けるべきだろう。ただ蒸気機関車を中心とした歴史的な車両に親しむ環境は、あくまでも一側面ではあるが、展示会の開催や構内での体験乗車などの記録を見ると、ある程度は整っていたように思える。さらに車両保存への参加は、長年にわたりノウハウとして積み重ねられ、それらを原動力として、車両保存の継続性が東西ドイツ統合による東ドイツ国鉄消滅、そして1991年2月の東ドイツ鉄道模型協会解散後も保たれ、現在の鉄道関連の展示施設の隆盛へと結びついたとのではないだろうか。ただ現在までのきっかけや指針としてはドレスデンにおける活動は重要だが、広まりはどうだったのだろう。次章以降ではザクセン州内の広まりを見ていきたい。

第2章
エルツ山地の鉄道博物館
【シュヴァルツェンベルク
鉄道博物館】

Eisenbahnmuseum Schwarzenberg

1.
シュヴァルツェンベルクをめぐって

鉱石と歴史が詰まったエルツ山地

　ザクセン州とチェコとの国境に横たわるエルツ山地（Erzgebirge）。エルツ（Erz）とはドイツ語で鉱石、原鉱を意味するように、1168年頃に銀鉱床が発見されて以来、錫・銅・鉄・鉛・水銀・石炭・ウランといったさまざまな鉱物の採掘が行われている。産業革命時に炭鉱の開発が進み、19世紀末には世界初のウラン鉱採掘地が、チェコ側の街ヤーヒモフ（Jáchymov）に開かれ、ここで採掘されたウラン鉱から、キュリー夫人によりラジウムとポロニウムが発見されている。また麓の街フライベルク（Freiberg）には、フライベルク鉱山大学（Technische Universität Bergakademie Freiberg）が1765年に開校しており、明治時代に来日したお雇い外国人にも当大学の関係者が含

まれ、また多くの日本人も留学するなど、日本との関係も深い。1990 年にエルツ山地・フォクトランド自然公園（Naturpark Erzgebirge/Vogtland）に指定され、2019 年にはザクセンとチェコ一帯の鉱業地域がユネスコの世界遺産にも登録されるなど、近年では観光地としての整備も進められている。

シュヴァルツェンベルク（Schwarzenberg）は、エルツ山地西部に位置しており、標高 400 から 823m と起伏に富んだ人口 16,000 人ほどの街になり、市街地の丘上に建つ古城と教会が印象深い。第二次世界大戦下において、1945 年 5 月 8 日のドイツ降伏時、東方のアナベルク（Annaberg）に司令部を設置したソ連軍、シュヴァルツェンベルク西方まで進軍していたアメリカ軍は、それぞれがシュヴァルツェンベルクへの駐留を控えたことから、5 月 11 日から 6 月 25 日まで 42 日間に渡りシュヴァルツェンベルクは「無人地帯（Niemandsland）」、「未占領地（ein unbesetztes Gebiet）」となっている。その際、管理委員会が結成され、「Freie Republik Schwarzenberg（シュヴァルツェンベルク自由共和国）」として公共事業を組織化して行い、市民や難民のために食料品や医薬品の確保、新聞の発行、切手や紙幣の発行など独立した運営がなされている。この活動は作家シュテファン・ハイム（Stefan Heym）により、小説「Shwarzenberg（原題、日本語へは未翻訳）」として 1984 年に発表された。この作品は市民一人一人が政治に参加する姿勢こそ、社会主義の影響を受けつつも、当時の東ドイツでは全体主義を特徴とするスターリン主義には反するものと見なされ、ハイムの他作品同様に出版許可が得られず、西ドイツ内のみで出版されている。作品内における登場人物はすべて架空であり、近年では物語と現実が混合した作品と捉えられているが、「Der Krieg war aus und keiner kam（戦争は終わった、そして誰も来なかった）」などの一文を通じ、当時の様子がうかがえる。なお作品内で、コイントスで決められたと描写されているアメリカ軍、ソ連軍がシュヴァルツェンベルクへの進軍、占領を控えた理由は様々な説があり、ベルリンを目指す中、さほど重要視されず単に忘れられたとする説や、ウラン鉱をめぐっての戦闘を避けるため休戦地帯とした説などが見られる。当時ツヴィッカウ・ムルデ（Zwickau-Mulde）川近郊に住んでおり、後に連邦憲法擁護庁（Bundesamt für Verfassungsschutz）の長官になるギュンター・ノラウ（Günther Nollau）は回顧録において、第二次世界大戦後に住民に広まった話として、あらかじめアメリカ軍とソ連両軍で「ムルデ川」を境界線とする占領を決めていたものの、支流の西側ツヴィッカウ・ムルデ川、東側のフライベルク・ムルデ川をそれぞれ本流ムルデ川と勘違いしたた

め偶然空白地帯が生まれたとの説を記している。

　この自然も歴史も豊かな街、シュヴァルツェンベルクには、かつての機関区跡を転用した展示施設、シュヴァルツェンベルク鉄道博物館（Eisenbahnmuseum Schwarzenberg）がある。文字通り、扇形に角度 60 度ほどに広がった 5 庫 10 線のレンガ作りの扇形庫や転車台、管理棟や信号所が残された山の中の機関区跡を博物館にしており、蒸気機関車はじめ様々な車両を展示している [1]。当館は社団法人ザクセン鉄道愛好会（Verein Sächsischer Eisenbahn-freunde e. V.）により運営されており、訪問のたびに会長のトーマス・シュトレムスデルファー（Thomas Strömsdörfer）氏よりお話をうかがいつつ、館内を見学することができた。広い館内をめぐりつつうかがった、シュトレムスデルファー会長からのご説明も交えつつ紹介したい。

シュヴァルツェンベルクまでの道

　シュヴァルツェンベルクへの入口はツヴィッカウ（Zwickau）になる [2]。炭鉱を初めとした鉱山地帯の集積地として発展し、1936 年 12 月 17 日に完成した、現在のツヴィッカウ中央駅駅舎の正面ホールから、各ホームを結ぶ地下道入口の両脇には鉱山の測量士と鉱員の石像が並べられている [3]。東ドイツ時代は大衆車トラバント（Trabant）の生産拠点として知られ、州都ドレスデンから州内最大の都市ライプツィッヒ間、ライプツィッヒからツヴィッカウ間、そしてドレスデンから第三の都市カール・マルクス・シュタットを通りツヴィッカウまで結ぶ区間をザクセンの三角形（Sächsisches

Dreieck）と名付け、重要路線として東ドイツ国鉄が 1963 年から 1970 年にかけ電化を進めている。東西ドイツ統合後もドレスデンとドイツ南部のバイエルン州を結ぶ本線の主要駅として、長距離快速列車インターレギオ（Inter Regio）や高速気動車 ICE-TD の停車駅だったが、現在はそれらも廃止され、2 両編成や 3 両編成の近、中距離の電車、気動車による普通列車のみの発着になる [4]。

　ツヴィッカウからシュヴァルツェンベルク、さらにチェコとの国境の街ヨハンゲオルゲンシュタット（Johanngeorgenstadt）まで 56 km は非電化路線であり、時刻表番号 535 が付与されている。ドイツ鉄道の路線は、JR のように「東海道本線」や「関西本線」といった正式名称を定めておらず、ハンブルクからコペンハーゲンを結んでいた路線に「渡り鳥コース（Vogelfluglinie）」やライン川を挟み左右に沿って敷設された路線に「ライン左路線（Linke Rheinstrecke）」、「ライン右路線（Rechte Rheinstrecke）」など観光用や昔からの通称がごく一部に使われているにすぎない。その代わり「時刻表番号（Kursbuchstreckennummer）」が路線や運行区間ごとに付与されている。ドイツ鉄道は 2008 年に冊子による時刻表の発行を取りやめているが、時刻表

[2] ツヴィッカウ中央駅駅舎（2023 年）

[3] 鉱山の街ツヴィッカウ。中央駅駅舎内にある鉱山の測量士と鉱員の銅像（2023 年）

[4] かつての本線の名残から広い構内と長いホームが目立つツヴィッカウ中央駅（2017 年）

番号はまだ運用されており、現在でもドイツ鉄道のホームページを通じて時刻表を
ダウンロードする際には、時刻表番号による検索も可能である。近年は列車の系統
別に付与された番号が主に使用されており、この路線は、ドイツ鉄道の関連会社と
して 2002 年に設立した DB レギオネッツ(RegioNetz)のエルツ山地鉄道(Erzgebirgsbahn)
によって運行され、エルツ山地鉄道の「RB（Regional Bahn）95」として日中 1 時間に
1 本の各駅停車が、2 両 1 編成の 642 形気動車により運行されている [5]。エルツ山
地鉄道は 642 形気動車を 15 編成所有しており、それぞれに沿線の街名と紋章が貼
付されている。

　シュヴァルツェンベルクへはツヴィッカウ中央駅南端の 8 番線ホームからの出
発になる。アウエ（Aue）まで 27 km は複線になり、地方路線とは思えない立派な
作りの中、ツヴィッカウ市内を見下ろすように走行すると、廃止された工場への専
用路線と既存の路面電車の路線を使い、普通鉄道の気動車が市内中心部まで直接
乗り入れる「ツヴィッカウモデル（Zwickauer Modell）」を採用したフォクトランド鉄
道（Vogtlandbahn）の路線が左へ分岐する。そして中央駅から 3 分ほど、距離にして
2 km ほどにある、市の中心部からも近く住宅地が並ぶ中、殺風景な屋根の無い単式
ホームが向かい合わせにのびる、ツヴィッカウ・シェーデヴィッツ（Zwickau-Schedewitz）
駅に到着する。ここから右に折れ市街地から遠ざかると、左側に第二次世界大戦時
にアメリカ軍が停戦ラインと勘違いしたと噂された、ツヴィッカウ・ムルデ川が沿
うようになり、アウエまで川沿いに遡る経路を進み始めたところで、カインスドルフ
（Cainsdorf）駅に到着する [6]。カインスドルフには、ツヴィッカウ周辺で産出され

[5] シュヴァルツェンベルクへはドイツ鉄道のエルツ山
地鉄道による 2 両 1 編成 642 形気動車で向かう（2023
年）

[6] カインスドルフ駅周辺は工業地帯であり専用線がい
くつか分岐している（2023 年）

る石炭や石灰を使う製鉄所が1839年に設立され、1842年より操業を開始している。操業開始時のザクセン王妃マリア・アンナ（Maria Anna von Bayern）にちなんで、マリエン製鉄所（Marienhütte）と命名されたこの製鉄所へは、ツヴィッカウ中央駅からの専用線が1854年11月1日に敷設されており、シュヴァルツェンベルクへの路線は、この専用線を延長する形で建設が始められている。カインスドルフ駅周辺は現在でも工場が並び、工場内へは専用線も延び、取り扱いのため駅員の姿も見える。工場地帯を抜け、川沿いに林の中を走ると、ヴィルカウ・ハスラウ（Wilkau-Haßlau）駅に到着する。現在は1面2線だが、1973年6月まで南のカールスフェルト（Carlsfeld）まで、軌間750 mmでザクセン州最長の42 kmにわたる路線が分岐していた。かつては貨物取扱施設が設置されていたが、2000年以降解体され、枕木や線路などの資材置き場になっている。

　ヴィルカウ・ハスラウ駅を過ぎ、アウトバーンの下をくぐると徐々に人家も少なくなり、風力発電の風車が目に付くようになる。川に沿うように複線路線が右に左に曲がり、勾配も感じるようになるが、スピードは落ちない[7]。カーブが多いため、シュヴァルツェンベルクまでの表定速度は50 km/hに満たず、平地であれば最高速度100 km/h超えも珍しくないドイツ鉄道では遅い方になってしまうが、景色の移り変わりが多いからか、あまり遅くは感じない。ヴィーセンブルク（Wiesenburg）駅は、2016年に道路から入りやすい場所へ700 mほど移動しており、ホームからツヴィッカウ側に旧駅舎、貨物用ホームの跡が見られたが、2018年に解体されている。現在その場所には東ドイツ国鉄にて1969年より使用された幹線用ディーゼル機関車118

386号機（完成時はV180 386号機）が置かれ、機関車内部を宿泊施設に改装したホテルV180（Lokhotel V180）になっている。ヴィーセンブルクを出ると勾配も始まり、車窓も牧場や草原が広がり、キツネも見られる。ドイツの鉄道に乗っていると牧草地帯や畑が広がる沿線から、列車に驚いて逃げるシカやウサギなどを目にすることが多い[8]。か

[7] ツヴィッカウ・ムルデ川に沿って列車はエルツ山地の奥深くへと進む（2023年）

つてザクセン州で蒸気機関車の牽引する列車を撮影しようと、住宅が点在する田舎駅からほど近い場所で用意していると、後ろか気配を感じた。警察か住民かと思い、蒸気機関車が来るので写真を撮っているとの説明を、と思い巡らせていると、顔を出したのはシカであった。目が合い、睨み合いとなればそれなりの武勇伝になるのだろうが、お互いに予想しなかった展開に驚き、すっかりたじろいでしまったことは間違いないようで、シカは引き返し、こちらも何やら怖くなって駅での撮影に切り替えたことがある。公園などを歩くとリスや野ネズミを見つけることも多く、安易に比較はできないが、日本よりも動物を見かける機会はドイツ滞在中の方が多いように感じている。

　シュヴァルツェンベルクへ向かって、左に沿っているツヴィッカウ・ムルデ川も速い流れになり、屋根の無い2面のホームが並ぶファーブリュッケ（Fährbrücke）駅を過ぎると【9】、いよいよ山間部の曲線の多い川の流れには付き合いきれなくなったようで、長めの橋で3度ほど渡河して、ハルテンシュタイン（Hartenstein）駅に到着する。ここからハイキングコースがのびているのか、ハイキング客が多く下車し、屋根が木製で1面2線のホームが賑わいを

[8] 進むにつれ車窓は自然豊かになり、なだらかな丘陵地帯には草原が開ける（2023年）

[9] 待合場所以外は屋根のないファーブリュッケ駅（2023年）

[10] 木製の屋根が美しいハルテンシュタイン駅はハイキングコースの起点にもなる（2023年）

見せている [10]。駅舎跡はレストランに改装されているらしいが人気（ひとけ）も無く、また看板や案内も見当たらずで、営業中ではないようだ。ハルテンシュタイン駅を出ると、急峻になり場所が限られてきたのか、ツヴィッカウから沿いつつも木々で見えなかった道路が近づき、山間部だが時速 70 km/h 制限の標識が見える。ハルテンシュタインから 3.3 km ほどの地点には、かつてポッペンバルト（Poppenwald）駅があり、ウラン鉱採掘の縦抗 371 号が 1960 年の稼働開始にともない、同年 7 月 18 日に設置された。1990 年に廃坑となった採掘施設の鉄塔は現在も車窓から見えるが、廃止された駅は停留所（Haltstelle）扱いで規模も小さかったことから、現在は山間部でわずかな空き地が残るに過ぎず、気がつかないで通過をしてしまうほどだ。次のバート・シェルマ（Bad Schlema）駅より、ドイツ鉄道の時刻表には標高が記載されるようになり、標高 332 m になる。2009 年にシェルマ下（Schelma unt）駅から改名され、駅名板にはラドン温泉（Radonbad）の表記も加わり、Bad（温泉地）であることをアピールしているが [11]、温泉は駅から離れているようで、観光駅らしさの無い 1 面 2 線のホームが広がるのみになる。バート・シェルマ駅を過ぎると、シュヴァルツェンベルクまででは唯一となるトンネル、シェルマトンネル 347 m を通過し、ケムニッツからのびる路線が左から近づくとアウエ（Aue）駅に到着する。ツヴィッカウ中央駅から 27 km を 32 分かかり、標高は 347 m あり 72 m を登ってきたことになる。アウエ駅はかつて扇形庫 2 庫を持つ大きな機関区があり、エルツ山地の鉄道の中心地であったが、現在はすべて撤去されている。駅舎も無く、広さばかりが目立つ構内には冬季用のラッセル車が置かれ、ホームが 2 面あるのみになる [12]。

[11] ラドン温泉（Radonbad）の表記が見られるも周囲は寂しいバート・シェルマ駅（2023 年）

[12] かつては機関区も置かれ、扇形庫が 2 庫あったアウエ駅は広い構内が目立つのみ（2023 年）

アウエ駅からは単線になり勾配が明らかにきつくなるが、速度も下がらず登っている。ツヴィッカウ・ムルデ川からの支流、シュヴァルツヴァッサー（Schwarzwasser）川を左に見ながらラウター（Lauter）駅に到着する。駅舎は残るが人気も無く、窓が割れ、放置されているようだ。そしてさらに勾配を登り、周辺に人家が見えるようになると、シュヴァルツェンベルクの入口に位置するシュヴァルツェンベルク・ノイベルト（Schwarzenberg-Neuwelt）駅になる [13]。目的地である鉄道博物館が右手に見え [14]、景色が広がると標高 427 m のシュヴァルツェンベルク駅に到着する [15]。ツヴィッカウから 37 km、50 分ほどの行程になり、ツヴィッカウ・シェーデヴィッツ駅の標高 275 m との標高差は 150 m ほどになる。なお通常であれば、主要駅を起点としているため、この路線であればツヴィッカウを起点とし、遠ざかるにつれてキロポストは加算されていくが、シュヴァルツェンベルク駅を起点としているため、近づくにつれて徐々に減少している。主要駅を起点とする考えにも例外はあるようだ。

[13] シュヴァルツェンベルク・ノイベルト駅は街の入口（2023 年）

[14] 博物館の敷地が見えるとシュヴァルツェンベルク間近（2023 年）

[15] 山を抜け、景色が開けるとシュヴァルツェンベルク駅に到着。列車はさらに南のヨハンゲルンゲンシュタットを目指す（2023 年）

補足メモ　ツヴィッカウモデルとは

　ドイツでは、路面電車が普通鉄道や地下鉄路線に乗り入れる方式はかねてより行われてきたが、普通鉄道の気動車が路面電車の軌道に乗り入れる方式は、現在ツヴィッカウで唯一取り入れられていることから、ツヴィッカウモデルと名付けられている。フォクトランド鉄道により運用され、チェコのクラスリツェ (Kraslice)、またはヘプ (Cheb) からの2路線をツヴィッカウ中央駅から市内中心部のツヴィッカウ・ツェントルム（Zwickau-Zentrum）停留所まで、シュヴァルツェンベルクへの路線から分岐する工場への専用線と、道路中央に位置する路面電車の専用線を使用して結ぶ4kmの路線になり、1999年5月28日より運用を開始した。ツヴィッカウの路面電車の軌間は1,000mmであり、ドイツの標準軌間1,435mmとは異なるため、路面電車の併用区間は3線軌道に改装され、車体幅も異なるためホームは共用していない。そのため乗り入れた気動車は、途中路面電車やバスのターミナルになるツヴィッカウ・シュタットハレ（Zwickau-Stadthalle）駅に停車するが、同区間にある路面電車の2停留所は通過している。

　運行を行っている気動車は路面電車の仕様にあわせ、ブレーキランプや方向指示器、ベルなどを取り付けている。2021年には運行区間で集中制御が行われるようになったため、搭載が必要だった軌道切り替え装置が不要になるなどの改善も行われている。フォクトランド鉄道の2路線がそれぞれが1時間に1本設定されているため、約30分に1本の運行になる。ツヴィッカウ中央駅ではシュヴァルツェンベルクへ向かう列車の隣の7番線ホームから発着する [16]。気動車はゆっくりと発車し、中から職員が見守る信号所が普通鉄道と路面電車の運行区間の境界線になる。シュヴァルツェンベルクへ向かう路線が右手に分れ、工場建屋が並ぶ中を走り、

[16] ツヴィッカウ中央駅から市街中心部ツェントルム停留所へ出発する気動車（2023年、ツヴィッカウ中央駅）

右手に路面電車の方向転換を行う環状線が見えると、道路の中心付近に入り、路面電車との併用区間への合流になる。街中をしばらく走り、唯一の途中駅となるツヴィッカウ・シュタットハレ駅に到着する [17]。この駅は開業当初、1990年代の炭鉱停止後、石炭工場と貨物駅跡地の建物をすべて撤去して2000年にオープンした大型ショッピングモール、

[17] グリュック・アウフセンター付近を走行。路面電車との併用区間は3線軌道（2023年）

グリュック・アウフセンター（Glück-Auf-Center）の近隣に設置されたことから、開設当初はツヴィッカウ・グリュック・アウフセンター駅だった。ただ更に近くに路面電車の停留所が開業したため改名し、現在の名前になっている。このセンターの名前「グリュック・アウフ」は鉱山の職員が坑道へ入るときにかけられる挨拶文になる。エルツ山地が発祥と言われているが、西部ドイツの炭鉱でも使用されており、ドイツのサッカークラブで西部の炭鉱の街ゲルゼンキルヒェン（Gelsenkirchen）を本拠地とするシャルケ04（Schalke）の応援やグッズにも、このグリュック・アウフの文言は多用されている。

　駐車場の広がるショッピングセンターを左手に見つつ走り、周囲に建物が建ち並ぶ中心街に入ると、ほどなくツヴィッカウ・ツェントルムに中央駅から8分ほどで到着する [口絵 p.13 の**C**]。全長25.5 m の普通鉄道の気動車が街中を進む様子に鉄道の利便性を常に追求するドイツの姿勢がうかがえ、路面電車やバスへの乗り換えにも便利なツヴィッカウモデルは、日本の地方都市、例えば宇都宮や高岡なども検討されて良いのかもしれない。

2.
シュヴァルツェンベルク周辺の鉄道史

エルツ山地奥深くまでの開業まで

　現在はシュヴァルツェンベルク鉄道博物館となっている旧機関区は、この地の鉄道のあゆみと深く関係している。1839 年 4 月 7 日にドレスデン－ライプツィッヒ間を開業させたライプツィッヒ・ドレスデン鉄道は、ドレスデンへの路線が全通する前から、ライプツィッヒから南下する路線も計画し、バイエルン王国の北端の街ホフ（Hof）までの建設許可をザクセン王国から得ていた。しかし鉄道の利便性や収益性は不透明であったため出資が集まらず、資金面から実現の目処が立たず破棄され、その後建設に向けてライプツィッヒで委員会を結成したものの、ルートの調査が行われたに過ぎず、建設に向けての動きは鈍かった。しかし、ライプツィッヒ－ドレスデン間の全通と営業面における成功を受け、建設へ向けた機運が一気に高まり、1841 年 1 月 14 日にザクセン王国、ザクセン・アルテンブルク公国（Herzogtum Sachsen-Altenburg）、バイエルン王国（Königreich Bayern）により、ルートについての条約が締結され、1841 年 6 月 12 日に設立したザクセン・バイエルン鉄道（Sächsisch-Bayerische Eisenbahn-Compagnie）によって、7 月 1 日より建設が開始されている。ライプツィッヒから部分開業を繰り返し、ツヴィッカウへは 1845 年 9 月 6 日に開通した。

　路線開通後、ツヴィッカウの石炭採掘量は増加の一途を見せ、1845 年は 43 万 t 弱だったが、1860 年には 146 万 t になっている。1851 年にザクセン王国よりツヴィッカウ周辺の炭鉱鉄道の建設許可がなされ、1854 年 11 月 1 日に最初の路線が開通して以来、ドレスデン交通博物館に保存中の蒸気機関車ムルデンタールはじめ、蒸気機関車の投入も進められ、鉄道による輸送割合も開通当初の 1846 年こそ 8 ％弱だったが、1860 年には 82 万 t と 56 ％ほどに伸びている。しかしエルツ山奥地とツヴィッカウ近辺との利便性の差が顕著に表れたことから、ツヴィッカウからエルツ山地内部への鉄道の敷設が望まれるようになる。1851 年よりザクセン王国における鉱山長官を務めていたフリードリヒ・コンスタンティン・フォン・ボイスト（Friedrich

Constantin von Beust）は、1852 年に「地域の製鉄産業の衰退に際する救済策としてのツヴィッカウとエルツ山地における鉄道接続について」を発表し、1854 年 3 月にはシュヴァルツェンベルク市長フリードリヒ・グスタフ・ヴァイダウワー（Friedrich Gustav Weidauer）は「エルツ山地奥地における鉄道問題（Die obererzgebirgische Eisenbahnfrage）」を記し、いずれも鉄道によりカインスドルフの製鉄所へ木材を安価に輸送できることや旅客輸送収入などを根拠に、ザクセン王国に対して建設を強く要求をしている。エルツ山地奥地の様子は、1855 年 2 月 23 日のエルツ山地周辺の週報（Obererzgebirgische Wochenblatt Obererzgebirgische Wochenblatt zunächst für Eibenstock, Johanngeorgenstadt, Schönheide und deren Umgebung）の記事によると「そこでは生活必需品すべてが欠けている。パン、小麦粉、ジャガイモは貧乏人には手が届かない高級品で、貧乏生活を強要されており、空腹を満たすことをあきらめざるを得ない。切実な思いとともに、政府から山地のツヴィッカウ － シュヴァルツェンベルク鉄道を提案する」とあり、鉄道建設への強い思いが見て取れる。

　このような中、1855 年 8 月 7 日にザクセン王国議会は、官営のエルツ山地鉄道（Obererzgebirgischen Eisenbahn）によるツヴィッカウ － シュヴァルツェンベルク間の路線建設を許可し、同年 10 月 15 日に工事が開始されている。すでに 1854 年に開通していたカインスドルフの製鉄所専用線を延長する形で工事が進められ、輸送力も考慮して勾配は 10 ‰を最大としつつも、曲線も半径 170 m までにおさえるなど、現在のツヴィッカウ・ムルデ川をさかのぼる自然の地形に沿ったルートの起源がうかがえる。工事は順調に進み、完成済みの路線を資材輸送に使用するため、1856 年夏からリヒャルト・ハルトマン社で製造された製造番号 74 の蒸気機関車も導入された。この機関車は、ドレスデン交通博物館のムルデンタールと同型で、この形式における初号機になり、シュヴァルツェンベルクと命名され、開通後もツヴィッカウ － シュヴァルツェンベルク間で運用され、1892 年に廃車となっている。そして 1858 年 5 月 11 日にシュヴァルツェンベルク駅まで開通し、シュヴァルツェンベルク駅では盛大な式典がシュヴァルツェンベルク市長やボイストはじめ、来賓出席のもと開催され、数千に群衆が押し寄せた。

　現在のシュヴァルツェンベルク駅舎は 1858 年の開業時に建設されており、ザクセン州では最古の駅舎になるそうだ [18]。現在は Depot Bahnhof N° 4 と名付けられ、市博物館の保管庫、展示場になっており、毎月第一火曜日のみ公開されてい

る。鉄道関係の常設展示の他、東ドイツ時代に国内最大の電気洗濯機の製造会社だった人民公社シュヴァルツェンベルク洗濯機工場（Waschgerätewerk Schwarzenberg）があった関係から、洗濯関連の展示も充実しているようだ。なおシュヴァルツェンベルク洗濯工場は、東西ドイツ統合に際して民営化され洗濯機会社（Washgeräte GmbH）になったが、何度かの組織変更を経て2000年に倒産している。

[18] 1858年の開業時に建設されたシュヴァルツェンベルク駅舎はザクセン州最古の駅舎となる（2017年）

さらに延長されチェコとの国境まで

　開業式典後の5月15日より通常運転が始まり、朝、昼、夕刻の3往復がツヴィッカウからシュヴァルツェンベルクまでを最短115分で結んでいる。開業に際し、リヒャルト・ハルトマン社からシュヴァルツェンベルクやムルデンタールと同型の機関車を1858年に4両導入している。同社の製造番号100になるフンデルト（Hundert、ドイツ語で100を意味する）の他、製造番号101のヴィーセンブルク（Wisenburg）、102のハルテンシュタイン（Hartenstein）、103のアウエと製造番号の連番と沿線の街名が付与され、いずれも1890年代まで使用された。開業当時は客車18両だが、有蓋貨車30両、無蓋貨車150両の所属が見られ、貨物輸送を主体とした路線だったことがうかがえる。開業当初はシュヴァルツェンベルクが終着駅であり、構内には5線敷設され、路線終端部付近で1線にまとまり、全長約10mの転車台へとつながっている。またシュヴァルツェンベルク駅手前で路線が分離し、駅構内の機関庫につながり、その付近には石炭庫や給水塔も設置されていた [19]。

　シュヴァルツェンベルクまでの開通に前後して、エルツ山地をさらに南下し、オーストリア・ハンガリー帝国（Österreichisch-Ungarische Monarchie、以下「オーストリア」）のカールスバート（Karlsbad、現在はチェコのカルロヴィ・ヴァリ〔Karlovy Vary〕）方面への延長が計画され、1857年には早くも建設促進を唱える論文が発表されている。し

かし 1866 年のプロイセン・オーストリア戦争の影響もあり、オーストリアにおける路線建設許可が下りなかったため、1873 年より国境に近いヨハンゲオルゲンシュタットまで 17 km が、単線、距離を短くするため急カーブや急勾配も経路に選び、構造物や駅は簡易にする建設費をおさえた路線として計画された。1880 年 6 月 1 日にザクセン王国議会による建設許可なされ、同年 11 月にシュヴァルツェンベルクで建設工事が開始され、1883 年 9 月 20 日に開通した。ツヴィッカウからの直通列車は設定されず、シュヴァルツェンベルクからヨハンゲオルゲンシュタットまでの区間列車が 4 往復設定されている。さらにザクセン王国とオーストリアの国際条約によって、1884 年 5 月 5 日にヨハンゲオルゲンシュタット以南の路線建設が許可されたが、建設開始まで時間を要し、1897 年にオーストリア側でようやく建設が始まり、1898 年 11 月 28 日にザクセン王国との国境までの路線が完成した [20]。すでに 1898 年春にザクセン王国側でも路線の建設が始められており、ヨハンゲオルゲンシュタット駅も国境の駅として 1897 年 10 月から改築され、1898 年には完成している [21]。そしてヨハンゲオルゲンシュタットからオーストリアへ、1899 年 4 月 1 日に貨物

[19] シュヴァルツェンベルク駅からヨハンゲオルゲンシュタット方面。開業時は行き止まりになっており、終端部に転車台が設置されていた。ただ駅舎などは頭端式ではなかったことから路線延長が当初から見込まれていたことが分かる（2023 年）

[20] シュヴァルツェンベルクからヨハンゲオルゲンシュタット間も川沿いをたどるカーブの多い区間になる（2023 年）

[21] ヨハンゲオルゲンシュタット駅舎。チェコとの国境駅になり 1898 年のチェコへの路線延長時に建設されている（2023 年）

列車が、5月15日に旅客列車の運行を
開始している。開通当初は4往復だっ
たが、1902年には7往復まで増加した。

また、これまではエルツ山地の麓から、
主に川沿いを南下して敷設されていた
鉄道路線だが、鉄橋架設の技術の向上
もあり、渓谷に鉄橋を渡し、エルツ山
地内を東西に横断する路線も計画され
るようになり、シュヴァルツェンベルク
から東方のアナベルク・ブッフホルツ
(Annaberg-Buchholz) 間 24 km の建設が

[22] シュヴァルツェンベルクとの起点駅となるアナベ
ルク・ブッフホルツ南駅。町外れにあるため周囲は寂し
い（2017年）

1886年に許可、1889年12月1日ブッフホルツ駅（Buchholz、現在は改称されアナベルク・
ブッフホルツ南駅〔Annaberg-Buchholz Süd〕）まで開業している [22]。さらにはシュヴァ
ルツェンベルク – アナベルク・ブッフホルツ間にも標準軌と軌間 750 mm の支線が
いずれも 1889 年に開通しており、エルツ山地の鉄道網は広がりを見せている。

鉄道の街としての発展

　相次ぐ周辺路線の開業により、1898年にシュヴァルツェンベルク駅は鉄道の一大
拠点として機能強化を図ることになる。シュヴァルツェンベルク駅からツヴィッカウ
寄りにあるシュヴァルツェンベルク・ノイベルト駅との中間地点にある空き地へ新た
な機関庫が作られることになり、1899年1月7日に王立ザクセン邦有鉄道が認可し
ている。まず駅構内の改装が1899年4月より開始され、1901年3月に終わると[23]、
続いて1902年に現在シュヴァルツェンベルク鉄道博物館の主要施設になる転車台
や扇形庫、管理棟、石炭庫などが完成した。蒸気機関車の運転に欠かせない水源の
確保も、扇形庫の後ろを流れるニックスバッハ（Nixbach）川よりなされ、容積 90 ㎥
のタンクまで運ばれ、地下水路を通じて検査線や出発線の給水塔や管理棟、扇形庫
につながっている。こうした設備の完成を経て、1902年11月より機関庫（Heizhaus）
として使用が開始された [24]。

　扇形庫は硬質レンガ積構造になり[25]、5つの庫に2線ずつ、計10線配列さ

[23] シュヴァルツェンベルク駅の貨物取扱所跡。1898年からの増設時に建設された（2017年）

[24] 1902年間製のシュヴァルツェンベルク機関庫の扇形庫と全長18mの転車台。館の主要建築物になる（2023年）

[25] 硬質レンガ構造が特徴的な扇形庫の側面。明かり取りの大きな窓が目立つ（2017年）

[26] 1庫あたり2線ずつの配置になっている。扉が内向きに開くため、全長23mまでの車両が収容可能（2023年）

れている [26]。転車台側となる前面の全長は37.11 m、後面は67.61 m、奥行き26.6 m になる。屋根は最大高7.5 m、面積は約1500㎡、鉄骨の支持物と木製の覆いでできている [27]。扇形庫から延びる転車台は全長18 m、130 t まで使用することができた。当時王立ザクセン邦有鉄道では18 m 以上の大型機関車は、幹線用として1900年から製造されたXV 形（ドイツ国有鉄道加入後14.2 形）が全長19.485 m と最も長く、それ以外には18 m を超える機関車はまだ無かったため、当時は十分だったと言えよう。この転車台から2線がシュヴァルツェンベルク駅へと延び、うち1線は管理棟の前を通る保守点検用、2線目は出発線に使われている。また管理棟の逆側にも1線敷設されており、石炭庫、砂置場と接している。開業当初は、ツヴィッカウの技術機械局（Technisch dem Machinenamt in Zwickau）の管理下にあり、シュヴァルツ

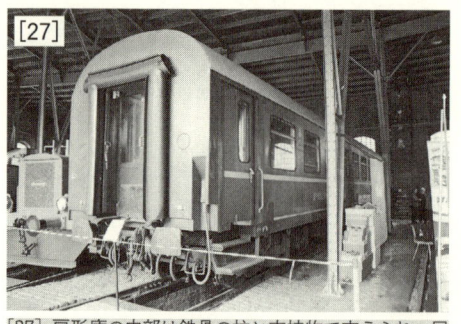

[27] 扇形庫の内部は鉄骨の柱と支持物で支えられ、屋根は木製になる（2023年）

ェンベルク駅により運営されていた。所属する機関車の保守や修繕など、運行全般を管理する機関区（Bahnbetriebswerk）[28]とは異なり、機関車を留め置く機関庫として扱われたため、1919年の記録では、2人の工員のみ所属しており、大きな修理は主力工場へ回送されて行われている。

1920年に王立ザクセン邦有鉄道からドイツ国有鉄道に移管されると、1928年より、以前はプロイセン邦有鉄道に所属していた貨物用蒸気機関車G10形（ドイツ国有鉄道57.10-35形、第1章 p.[79]）も滞在し、1930年代半ばまでヨハンゲオルゲンシュタットやアナベルク・ブッフホルツへ運転されている。G10形の全長はテンダー式機関車で18.912mになるが、前後のバッフ

[28]　シュヴァルツェンベルク機関区配線図

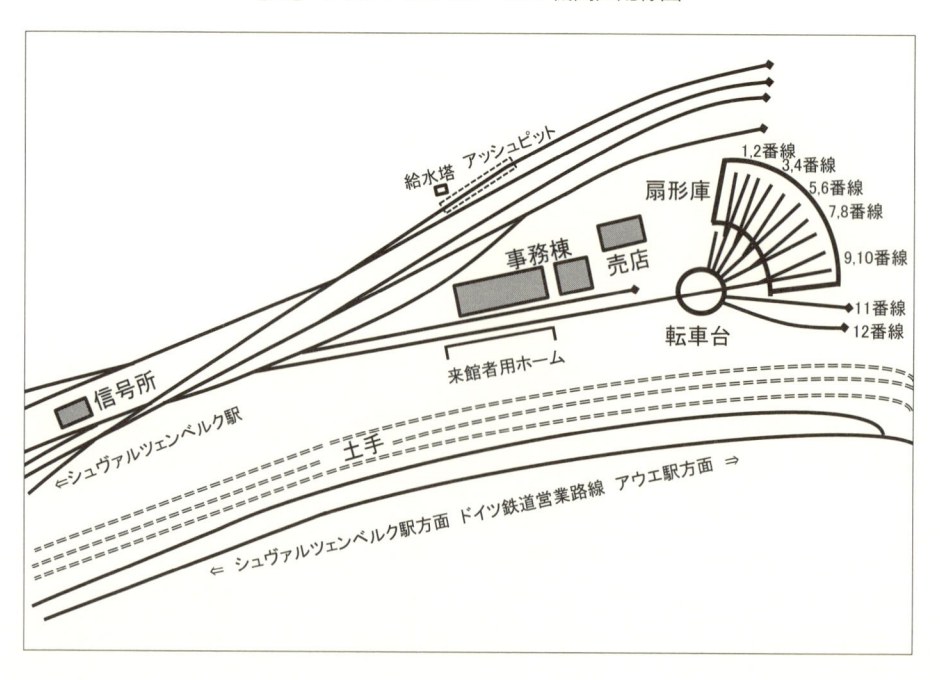

ァーを合わせた長さになり、先頭の動輪から後部炭水車の車輪までの固定軸距 14 m ほどであったため、全長 18 m の転車台でも取り扱いができたのだろう。しかしテンダー式機関車は山間部の路線では小回りが利かず、歓迎されなかったようで、1932 年からはドイツ国有鉄道が設計した制式蒸気機関車でタンク式の 86 形 5 両が代わって所属している。86 形は 1928 年から 1943 年ま

[29] エルツ山地と縁の深いドイツ国有鉄道の制式蒸気機関車 86 形。シュヴァルツェンベルク鉄道博物館には開館以来 86 049 号機が静態保存されている（2023 年）

でに合計 774 両製造された軸配置 1D1 式で、全長は 13.82 m と使いやすかったため継続して使用され、東ドイツ国鉄最後の 86 形の定期運用を終える 1987 年末まで、シュヴァルツェンベルク周辺の路線で姿を見ることができた [29]。

わずかな期間の最盛期と2階建て客車の登場

　第二次世界大戦の被害を受けなかったシュヴァルツェンベルクの機関庫は、ヨハンゲオルゲンシュタットからチェコとの国境を越える区間が 1945 年から運行中止になり [30]、担当区間が減ったこともあり、当時ザクセン州内にはりめぐらされていた狭軌路線の蒸気機関車の修繕も担当するようになる。これは、本来行うべきだった修理工場が、1945 年 10 月時点でソ連への賠償品や輸送用に必要とされた 800 両以上の機関車の修繕に追われたための措置になり、1946 年から 1948 年まで 7 両の狭軌用蒸気機関車 99.6-7 形が扇形庫 9 番線と 10 番線で整備されている。

　1946 年初頭、かねてよりエルツ山地

[30] ヨハンゲオルゲンシュタットからチェコへは 1945 年から運行休止となったが、1992 年 4 月 17 日より再開された。現在方面表記にもヨハンゲオルゲンシュタットとならびチェコのカールロイバレーが記載されている（2023 年シュヴァルツェンベルク - ヨハンゲオルゲンシュタット間のアントンスタール〔Antonsthal〕駅）

で採取されてきたウランをソ連が注目するようになり、1946年4月1日にソ連によりザクセン鉱山探査班（Sächsische Gewinnungs- und Erkundungsgruppe）が結成され、ヨハンゲオルゲンシュタットなどで廃坑となっていた銀鉱床の調査が行われた。その結果、ウラン鉱床があることが判明し、1947年11月4日、ソ連管轄のヴィスムート社（Wismut AG）がアウエに設立され、採掘が行われるようになる。このウラン鉱開発により、大量の移住がはじまり、ヨハンゲオルゲンシュタットは1946年10月に人口6,559人だったが、1950年8月には32,870人に、最盛期となる1953年は約45,000人と大幅に増加した [31]。アウエやシュヴァルツェンベルクから多くの鉱員を乗せた各列車は大混雑をするようになり、東ドイツ国鉄は1952年より二階建て客車DB13形を製造、投入し対応を図っている [32]。この二階建て客車DB13形は4両1編成で全長は73.4 m、二等車のみで構成され、一部はロングシートを採用した輸送力重視の内装で定員436人になる。当時東ドイツ国鉄で広く運用されていた、1両あたり18.4 mの邦有鉄道時代以来の客車4両分の定員270人ほどと比較すると、1.5倍以上の収容力を誇った。また3カ所の車体間には3軸ボギーの連接台車

[31] 広い構内と現在はソーラーパネルが目立つヨハンゲオルゲンシュタット駅周辺だが、1950年代前半は周囲に炭鉱住宅が軒を連ねていた（2023年）

[32] 1952年より製造が開始された東ドイツ国鉄の二階建て客車DB13形（2017年、ワイマール鉄道博物館にて。現在はアルンシュタット鉄道博物館にて収蔵）

[33] 3軸ボギーの連接台車を採用している（2023年、アルンシュタット鉄道博物館）

を採用するなど、資材不足に悩む東ドイツ国鉄ならでは構造も特徴であり、東ドイツ国鉄最高の発明はこの2階建て客車との評価もあるほどだ[33]。

さてシュヴァルツェンベルク機関庫もウラン鉱運搬への対応が求められるようになり、1949年3月1日に機関区へ格上げされている。それにより機関車も所属するようになり、1949年7月1日の所属機関車数は86形11両、タンク式蒸気機関車84形7両の18両だったが、1951年1月1日には86形2両とテンダー式蒸気機関車58形18両が加わり、合計38両まで増加している[34]。職員も急激に増え、1951年に扇形庫裏に住居やホールが建設されるまでの間、構内に客車を置いて、移住者のための住居とした[35]。1953年の記録では、機関士34人、火夫43人、機関車整備工39人をふくめ238人が所属している。客車の整備も行われ、客車整備工4人、客車清掃担当者23人が確認でき、さらに1951年には800食を供給できる台所、90人が使用できる食堂も用意され、食堂長以下コックなど関係者13人の所属が見られる。また4つのシャワーがついたシャワールーム、3つの浴槽のある浴室2つも備えられるなど、賑わいがうかがえる。

ツヴィッカウからアウエまでの複線部分は、1946年にソ連により賠償品として撤去されていたが、1948年12月1日に再建工事が行われることになり、側線などを解体して揃えた中古の資材を用いて、1949年6月に再び複線化されている。さらにシュヴァルツェンベルクからヨハンゲオルゲンシュタットまでの複線化も計画され、1951年4月29日にはヨハンゲオルゲンシュタットからブライテンブルン

[34] 1950年のシュヴァルツェンベルク機関区の様子。拡大工事が行われるとともに所属車両も増加し、テンダー式機関車の姿も見える

[35] シュヴァルツェンベルク機関区拡張により増加した職員のため、側線に客車が置かれ仮の宿舎とされた（1953年）

（Breitenbrunn）までが部分開業した。シュヴァルツェンベルク市内を縦断する路線は拡幅スペースも限られていたため、市街東方に迂回するルートを新たに敷設されることになった。これによりシュヴァルツェンベルク駅から 1.6 km 地点にあるシュヴァルツェンベルク停留所駅（Schwarzenberg Hp）を通り、エルラ（Erla）駅まで 3 km ほどが新路線になり、1951 年 11 月 1 日よりヨハンゲオルゲンシュタットまで複線運行が開始されている。

[36] 1940 年よりドイツ国有鉄道で使用されていた貨物用電気機関車 E94 形を導入しての電化計画も進められたが、資材不足で実現しなかった。写真は E94 106 号機、1970 年より 254 106 号機に改番（2017 年、ワイマール鉄道博物館）

　さらに 1949 年 7 月にツヴィッカウからヨハンゲオルゲンシュタットまでの電化も計画され、56 km ほどの区間に 35 から 40 m ごとの 4,000 本の電柱と 16 両の電気機関車 E94 形が必要と見積もられた [36]。しかし東ドイツ地域に残されていた電気機関車や設備は賠償品としてソ連に持ち去られており、線路のように他から持ってくることもできず、最終手段としてベルリンの S バーンからの移管による電化も計画したが、ベルリンの交通網弱体化を引き起こす懸念もあり、1947 年 7 月末に断念されている。

衰退期から閉鎖へ

　ヨハンゲオルゲンシュタット周辺のウラン鉱は、はやくも 1950 年代半ばには掘りつくされ、閉山が相次ぎ、1959 年 12 月末のヨハンゲオルゲンシュタットの人口は 10,763 人と最盛期の 3 分の 1 まで落ち込んだ。シュヴァルツェンベルク機関区も 1955 年 12 月 31 日に機関区から格下げされ、1956 年 1 月 1 日からアウエ機関区の出張所（Einsatzstellen）となり、58 形 6 両、84 形 3 両、86 形 6 両の 15 両が引き続き滞在した。またシュヴァルツェンベルクからヨハンゲオルゲンシュタットまでの複線も 1970 年代には単線に戻されている [37]。1960 年代半ばから、東ドイツ国鉄では動力近代化がすすみ、ディーゼル機関車への置き換えにより、1975 年 9 月 27 日にシ

ュヴァルツェンベルク出張所は蒸気機関車の運用を終え、同年末 12 月 31 日にアウエ機関区の出張所としての役割も終えている。

　シュヴァルツェンベルク機関区は、小型ディーゼル機関車が所属する作業用施設になり、この状態は閉鎖される 1990 年まで続くことになる。またツヴィッカウ修理工場から回送されてくる貨車の修理も扇形庫で行っていたが、1981 年に終了すると、シュヴァルツェンベルク駅へとつながる路線から、転車台を回すこと無く直接入庫できる 9 番線、10 番線以外は線路が撤去され、扇形庫の 1 番線から 6 番線があった場所は、自動車修繕場所やアウエの高圧電流担当部門（Starkstrommeisterei）が使用している。管理棟は近隣の信号、電信部門（Signal und Fernmeldemeisterei）の見習工住居になり、1 階の 3 部屋はアウエ機関区の職員用に使われた。またか

[37] 現在は単線のシュヴァルツェンベルク － ヨハンゲオルゲンシュタット間には撤去された複線区間の敷地跡や橋梁が残されている（2023 年）

[38] 王立ザクセン邦有鉄道の XI HT 形 94 2105 号機は 1923 年製造以来、一貫してザクセン内で運用されている（2023 年、シュヴァルツェンベルク鉄道博物館）

つて音楽隊や演劇など職員の文化活動を行っていた扇形庫裏のホールは子供向けキャンプ活動に使われている。

　扇形庫の 10 番線はタンク式蒸気機関車 94 2105 号機の保管庫になった **[38]**。この機関車は、王立ザクセン邦有鉄道では、山地の路線が多いため、勾配に強く、支線でも運用できる 5 輪のタンク式機関車を必要としていたのを受け、ザクセン機械工場社により 1910 年から 1923 年までに 163 両製造された XI HT 形になり、ドイツ国有鉄道へは 133 両が引き継がれ 94.19-21 形機関車になっている。94 2105 号機は、1923 年 2 月 25 日に製造番号 4561 として製造され、同年 4 月 25 日より XI HT2129 号機として王立ザクセン邦有鉄道で使用されている **[39]**。シュヴァルツェンベルク

鉄道博物館に残された車歴簿には [40]、罐の交換を 1931 年に 94 2131 号機から、1963 年に 94 2036 号機から行ったとの記載がある。現在搭載されている罐になるが、もともとは 1921 年 10 月に 94 2087 号機に製造されたものであり、1930 年 7 月に 94 2036 号機へ搭載されたことが車歴簿に記録されており、罐は 94 2105 号機登場より 2 年早い製造になる [41] [42]。94 2105 号機は新製後、アルトシュタット機関区に所属して以来、一貫してザクセン州内で使用された。最後は 1973 年 12 月 19 日よりアウエ機関区所属として、アイベンシュトック（Eibenstock）の支線 3.1 km、50 ‰ の急勾配がある路線で使用されている。この路線は 1975 年 9 月 27 日に廃線となり、94 2105 号機も解体予定だったが、ドレスデンの鉄道愛好家たちの反対により免れ、1977 年 6 月休車、1978 年 10 月 3

[39] ザクセン機械工場 1923 年製が明記された 94 2105 号機の製造銘板（2023 年、シュヴァルツェンベルク鉄道博物館）

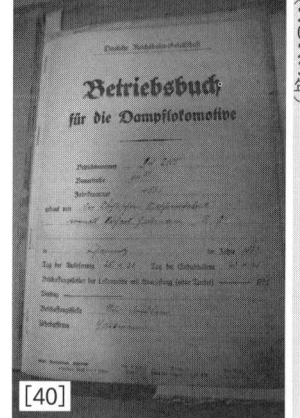

[40] シュヴァルツェンベルク鉄道博物館に保存されている 94 2105 号機車歴簿。この機関車の所属、運用、検査、修繕などすべてが網羅されている（2023 年）

日に廃車後、11 月 30 日よりドレスデン交通局（VEB Verkehrsbetriebe Drsden）が同量の鉄くずと引き換えに譲り受けている。前述の保存用鉄道車両規則では選定外になるが、保存された唯一の 94.19-21 形として注目を集め、1982 年 12 月にドレスデンで外面を修復し、1983 年 7 月 2 日から 9 日までアウエ機関区 75 周年記念で初めて一般公開された。1983 年 11 月以降はシュヴァルツェンベルクの扇形庫を保管場所として、東ドイツ各地の車両展示会や催事でその姿が見られている。そして 1993 年に社団法人ザクセン鉄道愛好会へ永久貸与され、静態保存機として展示中だ。なおシュヴァルツェンベルク鉄道博物館では車歴簿を金庫で保管をしているが、この金庫も 100 年前に作られた年代物になるそうで、取り扱いには気を使うそうだ。

　1980 年代前半、ソ連からの石油供給が制限されたため、ディーゼル機関車に替わ

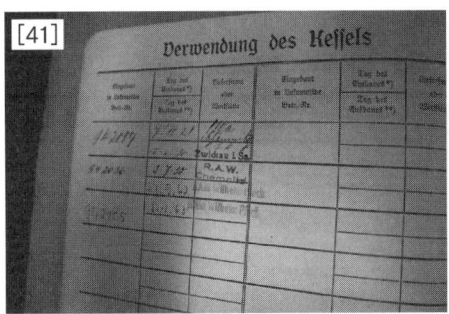

[41] [42] 車歴簿に残されている 94 2105 号機の罐の交換履歴と罐の設計図。罐は他の同型機から転用された
ことや時期が記録されている（2023 年）

り蒸気機関車が再運用されることになった。シュヴァルツェンベルクにも、1984 年
1 月 11 日よりツヴィッカウ機関区（Bahnbetriebswerkes Zwickau）のディーゼル機関車に
代わり蒸気機関車 50.35 形がツヴィッカウからヨハンゲオルゲンシュタットまでの区
間に運用され、貨物列車 4 往復と週末のみ旅客列車 2 往復に使用された。50.35 形
は全長 22.94 m あるため 18 m の転車台の使用はできなかったが、給炭や給水などの
補給基地として使用されている。しかしこの地域における蒸気機関車も、1987 年 5
月 31 日にツヴィッカウ 10 時 17 分発、シュヴァルツェンベルク 12 時 10 分着の貨物
列車で定期運用が終わり、不定期運行も 1987 年 12 月に終えられ、以降は蒸気機関
車の特別列車の運行時に転車台の使用や給水、給炭などの補給で使われるにととま
り、荒廃が進んだ [口絵 p.14 の**F**]。

3.
シュヴァルツェンベルク鉄道博物館の成立に向けて

きっかけは蒸気機関車の特別運用

　東西ドイツ統合直後、東ドイツ国鉄では、標準軌の蒸気機関車の定期運用こそ 1988 年 10 月 29 日に終了したが、予備機として保持しており、1990 年 12 月 31 日時点で、休車中含め 279 両が所属していた。暖房用やポイント凍結防止に蒸気機関車の使用も続けられたことから、設備や保守部品が残されており、定期列車の速度も現在と比較すれば遅かったため、定期列車を通常使用しているディーゼル機関車や電気機関車に代わり、費用を負担して蒸気機関車にけん引させる、「プランダンプ（Plandampf）」と呼ばれる特別列車が多く企画されている。1989 年 10 月にドレスデン周辺で行われたプランダンプが最初とされており、当時の記録を読むと、費用も安い区間では 1 km あたり 16 ドイツマルク（当時のレートで日本円にして 1200 円ほど）とあり、1991 年は約 300 列車ほどが企画されている。

　シュヴァルツェンベルク鉄道博物館を運営する社団法人ザクセン鉄道愛好会は、1990 年 3 月 8 日、会員数 20 人でドレスデンにて設立された。設立当初は主にプランダンプを企画、実施しており、1991 年 10 月、ザクセン州東部のポーランド国境に近い路線で旅客列車や貨物列車を牽引する「オーベルラウジッツ（この地域の呼称）における蒸気機関車運転（Volldampf in der Oberlausitz）」では、近郊列車や貨物列車を好天のもと運転している。プランダンプの実施は好評を博したことから、ザクセン鉄道愛好会では、定期的な蒸気機関車の運行をするため、蒸気機関車の保有が計画されるようになり、プランダンプで頻繁に使用していた馴染みあるテンダー式蒸気機関車 50 3616 号機を、東ドイツ国鉄より購入した。1991 年 12 月 6 日の売買契約締結後、全額支払われるまでの間、保管場所として廃墟となっていたシュヴァルツェンベルク機関区跡地を使うことが決められ、1991 年 10 月より東ドイツ国鉄から貸与を受けている。この時、近隣のアウエ機関区であれば扇形庫が 2 庫あり、うち一つの転車台は長さ 20 m で大型蒸気機関車の対応もできるため、なぜ保管場所として選ばれなか

ったのか、疑問に感じていた。しかし今回調べてみると、シュヴァルツェンベルク機関区跡地が貸与された 1992 年 1 月時点、アウエ機関区にはディーゼル機関車が所属しており、1994 年末に機関区から車庫へと格下げされる直前でも 35 両が所属するなど、車両置き場程度だったシュヴァルツェンベルクとくらべると、活気ある現役の機関区だったことが分かった。アウエ機関区は 2001 年に閉鎖され、現在は更地が広がっており跡形も無いため、タイミング一つでシュヴァルツェンベルクとは対照的な展開になったと言えよう。

　ただシュヴァルツェンベルクの扇形庫も恵まれた環境にあったとはお世辞にも言えず、シュトレムスデルファー会長にうかがうと、シラカバが屋根まで届くほどのびており、扇形庫の屋根には 50 ㎡の穴があくなど荒れ放題だったそうだ。50 3616 号機の寝床作りがシュヴァルツェンベルク博物館のはじまりになる。

扇形庫を補修し展示施設へ

　1992 年 3 月 28 日より、扇形庫を中心に改修作業がシャベルやクワ、手押し車といったわずかな器具、そして館のパンフレットによると「無限の楽観主義」を持った 4 人のメンバーによって始められた。扇形庫前の転車台の周囲を覆った植物やゴミを除去したところ、古い枕木が姿を現し、路線の復元に用いられている。また 50 3616 号機に続いて、アウエ機関区で 1992 年 3 月 6 日廃車になった、小型ディーゼル機関車 100 537 号機を同年 4 月 30 日に入手し、扇形庫近くまで残されていた路線を使った建設資材の輸送に使用している [43]。そして同年 6 月には扇形庫前に最初の枕木がおかれ、扇形庫の 1 番線、2 番線に線路が敷設された。100 537 号機はヘンシェル・ウント・ゾーン社（Henschel und Sohn）で製造番号 22334 にて 1934 年に製造され、1951 年よりアウエ機関区に所属し続けた、エルツ山地に縁の深

[43]

[43] 扇形庫周辺の整備時に購入され運搬に活躍した 100 537 号機。現在もシュヴァルツェンベルク鉄道博物館で動態保存されている（2023 年、シュヴァルツェンベルク鉄道博物館）

い機関車になる。製造からアウエ機関区に来るまでの履歴は長い間不明になっていたが、最近になり、1942 年 11 月 21 日までアウエ機関区に所属し、その後ドイツ陸軍総司令部（Oberkommando des Heeres）所有になりベラルーシのミンスク（Minsk）で使用されていたことが分かっている。その後の足取りは 1945 年 10 月からデッサウ修理工場での使用など、徐々に明らかになってきている。

　1993 年には 3 番線と 4 番線の改修工事がはじまり、扇形庫外の本線側にあった 11 番線のさらに本線側に、10 cm の表土に埋もれた 12 番線を見つけ出した [44]。50 3616 号機は 1993 年 5 月 16 日廃車後、翌 5 月 17 日にザクセン鉄道愛好会に引き渡され、最後の所属先だったケムニッツのヒルバースドルフ機関区（第 4 章参照）からシュヴァルツェンベルクに移された。1993 年 5 月 20 日から 23 日まで、初めて一般公開が行われ、1,000 人の訪問者が訪れている。50 3616 号機は全長 22.94 m あり、先輪から炭水車の最後尾車輪の長さも 18 m を超えるため、機関車と炭水車を切り離さない限りはシュヴァルツェンベルクの転車台により向きを変えることができない。転車台を回転させること無く入庫が可能な 9 番、10 番線での保管が必要なため [45]、6 月 25 日から 7 番線から 10 番線までの屋根の修理が開始された。スチールの骨組みを修繕し、屋根の貼り換えを行い、秋には 9 番線、10 番線の扇形庫内に機関車を保管できる状態にまで整備している。50 3616 号機も 1993 年 6 月 15 日より再び東ドイツ国鉄の路線における運行許可を、私有の蒸気機関車としては初めて取得し、9 月 24 日シュヴァルツェンベルクからヨハンゲオルゲンシュタット間開通 110 周年の

[44] 修復作業を通じ、扇形庫外の本線側から 11 番線と 12 番線が掘り起こされた（2023 年、シュヴァルツェンベルク鉄道博物館）

[45] シュヴァルツェンベルク駅への接続線から扇形庫 9 番、10 番までは転車台を動かすこと無く直接入出場できるため、保管場所として早めの整備が行われた（2023 年、シュヴァルツェンベルク鉄道博物館）

記念運行で使用された。そして 1993 年から 1994 年にかけてはシュヴァルツェンベルク扇形庫の 10 番線で保管をしている。扇形庫は作業場所としては非常に寒かったそうだが、冬の運休期間における 50 3616 号機の作業場所確保は意義深く、塗り替えや車両の整備が進められている [46]。扇形庫内と転車台までの線路敷設作業は継続され、1993 年 11 月には 5 番線と 6 番線が、1994

[46] シュヴァルツェンベルクの扇形庫内に並ぶ修繕用の機器類（2017 年）

年 1 月には 7 番線と 8 番線が完成し、続々と収集される機関車の収蔵庫として活用されている。この時期の作業は、ザクセン鉄道愛好会会員の他に、雇用創出対策として週末に 6 名を受け入れても行われたそうで、雇用問題が顕在化した旧東ドイツ圏の状況がうかがえる。

　扇形庫の補修は継続し、1999 年まで屋根の鋼鉄部分と木製の屋根カバーの修復も続けて行われ、さらに石積みの修理、そして作業場所の設置などもなされている。近年では屋根の再改修を 2013 年に実施し、さらに床の大部分を改装し、段差をなくすバリアフリー化がされている。シュトレムスデルファー会長が「毎年の課題を決めて、できることを積み重ねていった。冬は積雪で屋外の作業ができないので、春から秋にかけて行っている。扇形庫は冬の間の作業場としても使用できるようになっている」と語っているように、継続した作業の積み重ねが現在に姿になっていると言えよう。

　現在、扇形庫内はコンサートや会合などイベントスペースにも使われ、約 800 ㎡に 350 人まで収容可能だそうだ。この扇形庫の整備は、館の象徴や機関車の保管場所に加え、作業場として活用できたことに大きな意味があると思われる。1 番線を作業場とし、旋盤、工作台、堀削機が設置されるなど、館内における修復体制の確立は、展示車両の状態維持の大きな原動力になっている。続々と収集された車両が整備不足で、年々見るに堪えない状態へ悪化するようなら、文化的価値を認知されることも無く、厄介者扱いされてしまっただろう。良好な状態を保った車両が、保存をはじめとした館の活動への理解形成を生み、価値向上に大きく寄与したことは明白であり、

扇形庫の修復と作業場としての充実こそ、現在に続く当館の保存活動の原点と言えるのではないだろうか。

運営に欠かせない会員制度と資金調達

シュヴァルツェンベルク鉄道博物館の常時開館の始まりは明確ではなく、1994 年頃は 5 月末から 6 月の聖霊降臨（Pfingsten）の祝日と 9 月末から 10 月の週末の年 2 回ほど事前の予約による見学が可能とされている。1997 年発行の図録には「週末と祝日の 10 時から 17 時まで開館」となっているが、2002 年発行の案内では「土曜、日曜、祝日は 10 時から 16 時、平日は 10 時から 14 時まで開館」と現行（現行は土日祝は 17 時まで）とほぼ類似したスケジュールへ移管されているため、1998 年から 2002 年にかけて常時開館が始まったものと思われる。

館の活動を支える社団法人ザクセン鉄道愛好会の会員数は、1990 年発足時の 20 人から順調に増加しており、1995 年は 130 人、2000 年は 150 人、2014 年は 160 人、そして 2020 年現在は 170 人ほどになっており、うち 25 人ほどが実際に作業を行っているそうだ [47]。2024 年現在、会費は通常会員が 80 €（ユーロ）、学生、高齢者は 30 €、子供が 10 € となっている。会員登録の呼びかけは、当館のパンフレットやホームページなどで常に行われており、仕事を行う義務はなく、協会の活動は会員の自発的な参加に基づいていることなどが説明されている。ただ会費のみによる運営はやはり難しいそうで、特別列車の広告作成や予約への対応、切符の発送などの業務、また常時開館している当館には常勤職員は不可欠であり、シュトレムスデルファー会長も「シュヴァルツェンベルク市やスポンサー数社の支援を受けて、雇用の創出をしている。これは館の運営を円滑に進めるために不可欠である」と語っている。また資金援助の必要性も頻繁に訴えられており、車両や施設の改修、館が主催する特別列車の運用にあたり不可欠であることの説明と

[47] 信号所の機器の説明を行う会員。シュヴァルツェンベルク鉄道博物館内では説明や案内も会員を中心に行われている（2017 年）

[48]

[48] 2007 年のシュヴァルツェンベルク鉄道の日には開館15 周年を記念して他館からも蒸気機関車が出張展示された

ともに、寄付口座や 50 € を超える寄付は控除を受けられることや、税務署に提示する領収書の発行も行うことが紹介されている。1993 年より毎年 5 月末から 6 月の聖霊降臨（Pfingsten）の週末に行われている特別展示「シュヴァルツェンベルク鉄道の日（Schwarzenberger Eisenbahntage）」には、シュヴァルツェンベルク駅から館までレールバスが運行されるが、車内でも「館の維持に皆さんのご協力を」と声をかけつつ、募金箱を持った会員が募金をつのるなど積極的な呼びかけが行われている **[48]**。

4.
展示施設としての充実と発展

なんでも直し、保存する

　東ドイツ国鉄から貸与されていた館の敷地も、2002年に購入、2003年に土地登記所にて所有者として正式に登録されている。もともと早い時期より東ドイツ国鉄との間で用地の取得に向けた交渉がなされていたが、1994年にドイツ鉄道へ移管後、交渉窓口が変更され、思いのほか時間を要してしまったそうだ。なお当館の運営を行っている社団法人ザクセン鉄道愛好会も、2005年に設立場所のドレスデンから登記場所をシュヴァルツェンベルクへ移転しており、地域や現場との緻密な関係を構築している。

　敷地内にあるかつての管理棟は、地元企業の援助により修復作業が行われ、新しい外装、窓、近代的な衛生設備、訪問者用トイレ、新しい暖房システムへと改装され、館の事務を行うオフィス、宿泊施設、倉庫などの目的で使用されている [49]。屋外の扇形庫や転車台といった設備以外にも、給水塔や石炭庫など、蒸気機関車の運行に不可欠な補給設備も整えられた [50]。

　機関区時代そのままの館内には、1950年代初頭のウラン鉱開発に伴う運行の増加

[49] 博物館の活動の中心を担う管理棟。1902年建設だが美しい外装と様々な機能が内装されている（2023年）

[50] シュヴァルツェンベルク鉄道博物館内には、動態保存されている蒸気機関車の運行に欠かせない設備も整備されている（2023年）

により、シュヴァルツェンベルク駅から
の接続線に新たに設置された信号所が、
2003 年の廃止時に貸与され、2011 年に
購入後、現在も使用している [51]。電
気式の信号システムは 1940 年代にシー
メンス社で開発され、第二次世界大戦
後も西ベルリンのシーメンス社より、東
ドイツとなる地域へ部品の供給が継続
されていた。しかしドイツ分断が明確に
なりつつあった 1948 年より供給が難し
くなり、1949 年に東ドイツ地域での国
産化が計画され、1950 年にガセラン人
民公社（Volkseigener Betrieb Gaselan）によ
る代替部品や新たな電気式の信号機器
ガセラン形（Bauart Gaselan）が開発され
ている。この信号所はガセラン形を配
備し、館内やシュヴァルツェンベルク
駅へ向かう路線を見渡せる信号所の 3
階に置かれた制御ボードに 2 列 16 個、
合計 32 個のレバーがならび、操作する
前にレバーを押し下げ解除し、レバー
を回すと表示も変わり、ポイントが切り
替えられる [52]。レバーは 2 階の配電
盤につながっており、3 階のレバーから
つながるロッドの動きに合わせ、40 V
の電気で切り替え信号が流れ、136 V
でポイントや信号が遠隔操作されてい
る [53]。現在でもシュヴァルツェン
ベルク駅から館内までの路線の制御に、
この信号所を使用しており、入替作業

[51] シュヴァルツェンベルク駅方面にある信号所。現
在も稼働状態にある

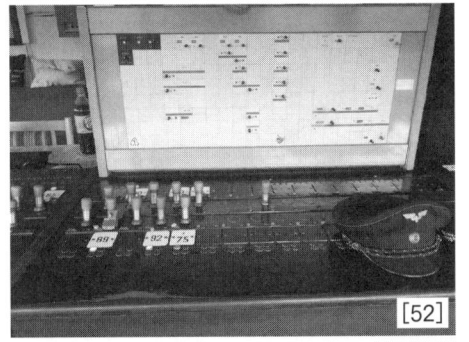

[52] 信号所 3 階に設置された制御ボード。レバーがな
らびポイントの切り替えが行われる（2017 年）

[53] 3 階の制御ボードのレバーは 2 階の配電盤につ
ながっており、信号やポイントの切り替えが行われる
（2017 年）

や運行について説明を行いつつの展示は、設備の動態保存と言えよう。鉄道は車両、設備など複合的な設備が合わさり運用されるものであり、それらを包括して理解する実地資料として非常に貴重なものと思われる。

ドイツの鉄道の制服コレクション

シュヴァルツェンベルク鉄道博物館では、ドイツ国有鉄道時代からの制服や制帽もオリジナルで保管しており、シュヴァルツェンベルク鉄道の日など催事において会員が着用するファッションショーを行っている [口絵 p.16 の**V**]。コレクションは王立ザクセン邦有鉄道時代までさかのぼり、襟章や制帽のあごひもなど、同時代でも地位や使用場所による違いが比較できるほどの豊富さを誇っている。部門長など高い地位にある者の制服は装飾も多く、現在では考えられないほど重く、また実に煌びやかである。かつては駅が街の顔であり、社交場でもあり、その部門の長は社会的な地位も高かったのだろう。また機関士など現場の作業者の制服も同様に保管されており、厚手の作業服は所々が油染みで黒ずんでいる [口絵 p.16 の**L**]。東ドイツ国鉄の制服は男性用と女性用に分かれており [54]、時代によって青ラインや赤ラインになり、女性用のハイバック帽は今見ても新鮮であり、お洒落に感じる [口絵 p.17 の**P**]。

[54]

また東ドイツ国鉄の食堂などで働く女性用のエプロンは化学繊維で薄く、雑に扱うと破れてしまいそうな脆さがある。ドイツでも有数の制服コレクションを誇っているのではないだろうか。近年コスプレという言葉も一般的になっているように、制服に対する注目が増しているようで、ドイツでも鉄道イベントでは制服姿の人が目に付くようになっている。細部の違いや時代ごとに比較ができるほど揃えられた事例は他所では見られず、これらも館のかけがえのない財産と感じている。

[54] 季節別にも収集されており、これは東ドイツ国鉄駅職員の冬用。生地が厚く、耳当てのある制帽になる（2023年、シュヴァルツェンベルク鉄道博物館）

観光鉄道路線の運行の手伝い

　2009 年より、沿線自治体が主導し、ドイツ鉄道のエルツ山地鉄道やエルツ山地観光協会 (Tourismusverband Erzgebirge)、そしてシュヴァルツェンベルク鉄道博物館などが協力するプロジェクト「エルツ山地観光鉄道 (Erzgebirgische Aussichtsbahn)」が運営されている。このプロジェクトは、1997 年 9 月 27 日に旅客輸送が廃止され、以降は不定期の貨物列車などが運転されていた、シュヴァルツェンベルク駅からアナベルク・ブッフホルツ駅間 27 km で、5 月から 12 月までの週末を中心に観光列車を走らせるものであり、年間 6 回ほど計画されている。週ごとに、蒸気機関車とレールバスが交互に使われ、1997 年 9 月の定期列車運行の最終期は 1 時間前後で 10 往復ほど設定されていた同区間を、レールバスは同等の 1 時間弱ほどで 1 日 3 往復、蒸気機関車使用時は 1 時間 35 分から 45 分ほどで 2 往復が設定されている [55]。蒸気機関車は表定速度 15 km/h ほどと、ゆっくりとした速度で運転されており、沿線で列車を撮影しようとカメラを構えていると、遠くに盛大に上がる蒸気が見え、汽笛やドラフト音も聞こえつつも、なかなか近づいて来ず、間延びしてしまほどだ。

　シュヴァルツェンベルク駅の標高 427 m から、最高 623 m まで上がり、534 m のアナベルク・ブッフホルツまではトンネルも無く、なだらかな稜線を沿うように敷かれた路線のため、大きく蛇行した個所がいくつもある。特に途中駅マルカースバッハ (Markersbach) 付近の路線は直線距離 180 m ほどを、勾配を緩やかにするため、馬蹄状に 1.5 km ほどかけて結んでいる。シュヴァルツェンベルクからアナベルク・ブッフホルツ両駅間を国道 110 号線では約 20 km で結んでいるのと比較すると、27 km におよぶこの路線の遠回りぶりがお分かりいただけよう。

　1997 年 9 月の旅客列車運行廃止を伝える当時の鉄道

[55]

[55] アナベルク・ブッフホルツまでの配線を利用した観光路線では、蒸気機関車とレールバスが交互に運用される

雑誌でも、観光路線や保存鉄道用の路線としての活用を求めているように、沿線には景勝地が連なっている。ザクセン州最高峰の標高 1,215 m のフィクテルベルク山（Fichtelberg）も見え、季節の花や緑で覆いつくされる丘を越え、針葉樹の森林を横切り、ゆっくりと移りゆく車窓は彩り豊かだ [56]。ハイライトは長さ 236.5 m、最大高 36.5 m の 8 橋脚のマルカースバッハ高架橋（Markersbacher Viadukt）になり、一気に視界も広がりエルツの山々が一望できる [口絵 p.18 の❷]。沿線にはハイキングコースが設定されており、途中駅からの山歩きや村々への探訪、そして養蜂体験など、ドイツの田舎体験コースと共に紹介されている。

[56] 馬蹄状の路線にあるマルカースバッハ高架橋からは、通ってきたマルカースバッハ駅を見下ろすことができる（2012 年）

5.
蒸気機関車 50 3616 号機の動態保存

ドイツのデゴイチ50形

　1930 年代半ばより急激に増加した貨物輸送量に対応するため、ドイツ国有鉄道は 1937 年 4 月、牽引力不足が目立ってきた各邦有鉄道時代に製造された蒸気機関車の置き換えを目的として、幹線から地方路線でも運用できる軽量級 5 動輪貨物用テンダー式機関車の製造計画を立て、1938 年より軸配置 1E の 50 形として製造を開始している。第二次世界大戦開戦に合わせるように、1939 年 3 月 17 日にヘンシェル社 (Henschel und Sohn) から 12 両が引き渡され、この年だけで 228 両が製造された [57]。占領地域の広がりもあり、機関車不足への対応が急務となっていたことから、1941 年よりドイツ国有鉄道は機関車の発注を旅客用は取り消し、大型貨物用の 44 形、タンク式蒸気機関車 86 形、そして 50 形の 3 形式に限定している。また 1941 年から、50 形機関車の製造は運転室の横窓を塞ぎ、給水温め器や給水ポンプ、除煙板など装備の簡略化、砂箱・蒸気溜カバーの角型化といった製造の簡易化を図った準戦時型機関車 (Übergangskriegslokomotive) となり、1945 年までにドイツのみならず、ヨーロッパの機関車製造会社 12 社にわたり合計 3,164 両が製造された。製造数は 3,159 両や 3,450 両など諸説あるが、それは戦後東ドイツで製造された 50.40 形を含める、含めないなどの解釈の違いや、さらに装備を簡略化させた戦時型 52 形との混在も見られ、範囲が不確定なためと言えよう [58]。

　50 形はテンダー式機関車のため直径 20 m の転車台が必要だが、シュヴァルツェンベルク機関区のように持たない拠点も少なくなかったため、方向転換無しに運転が可能なよう最大運転速度は前進、後進ともに 80 km/h に保たれた。貨物用としては比較的速度も高く、運用場所を限定させないことから、日本で言えば D51 形に相当する、ドイツで最もポピュラーな蒸気機関車になっている。第二次世界大戦後は 354 両が東ドイツ国鉄所属になったが、戦時中の悪条件下で製造された罐の破損が問題視され、前述のように 1957 年から大幅な改造が行われることになり、11 月 12 日に

[57] 50形初号機となる50 001号機。（2019年、ドイツ技術博物館〔Deutsches Technikmuseum Berlin〕）

[58] 50形準戦時形を簡素化した戦時形52形。第二次世界大戦後に多くは廃車か改造されたが、オーストリア国鉄で1974年まで使用された52 5804号機は、復元されドイツ蒸気機関車博物館に展示されている（2019年）

[59] 改造機50 3501号機は動態保存機だが、たまに改造前の旧形式50 380号機のナンバープレートを付け運転されている（2019年マイニンゲン蒸気機関車工場）

シュテンダルの修理工場で50 380号機が50 3501号機になり **[59]**、以降1962年9月18日に完成した50 3708号機まで改造が実施された。また1966年から1971年にかけては50.35形の72両が重油燃焼方式を装備し50.50形になり、50 0001号機から0072号機へと変更され、主に東ドイツ北部で使用されたが、1981年にソ連が東ドイツへ石油の供給を制限すると一気に廃車が進んでいる。反面、石炭炊きの蒸気機関車は運用が増加し、50形も各地で使用が続けられている。しかし1987年より廃止が進み、エルツ山地における使用も1988年5月28日が定期列車としては最後になる。そして1988年10月29日に東ドイツ国鉄最後の標準軌間の蒸気機関車牽引の列車を50 3559号機が行っている。現在ドイツ各地の鉄道博物館で50形が見られ、状態の差こそあるが、115両が保存されている。

蒸気機関車50 3616号機のあゆみ [60]

　50 3616 号機は、1940 年 9 月 16 日に 50 453 号機として、現在はポーランド北部の都市だが、当時ドイツの飛び地であったバルト海沿いのエルブロンク（Elblag, ドイツ語では Elbing）のシーヒャウ社（Schichau）で、製造番号 3415 として製造されている。第二次世界大戦の影響で車歴簿は失われており、最初の 5 年の所属先については殆ど分かっていないが、新製後はドイツ北東のシュトラールズント（Stralsund）機関区に所属、1941 年 6 月 19 日よりドイツ北東で、ポーランドとの国境に近いアンガーミュンデ（Angermünde）機関区に所属し、終戦を迎えたと推察されている。車歴簿は 1945 年 9 月 21 日から記録され、ベルリンから北西 130 km にあるヴィッテンベルク（Wittenberg）機関区で、ソ連軍により作られた第 18 作業グループ（Kolonne18）に所属し、ソ連への賠償品をポーランド国境まで輸送する運用についている。1946 年 7 月 4 日にその任も終わり、数回の配置換えはあったが、主に東ドイツ中西部のアッシャースレーベン機関区（Aschersleben）機関区に所属し、貨物列車を牽引している。

　1960 年 7 月から 4 週間かけてシュテンダル修理工場で 50.35 形への改造が行われ、8 月 2 日より 50 3616 号機へ改番され、東ドイツ中西部の各機関区に再び所属、運用についている [61]。1967 年 9 月 20 日からはシュテンダル修理工場で煙突を従来の円筒形ではなく、前後に細長い長円形をしたギースル（Giesl）式誘導通風装置に付け替え、30 ％ ほどの燃費の節約が図られ、1981 年 2 月 3 日まで使用した。1970

[60]

[61]

[60] シュヴァルツェンベルク鉄道博物館の 50 3616 号機（2017 年）

[61] 製造銘板は無いが改造時にシュテンダルの修理工場にて銘板が付与されている（2017 年、シュヴァルツェンベルク鉄道博物館）

年半ばよりディーゼル機関車の導入により、徐々に運用範囲も狭められ、1977年11月22日より所属した東ドイツ北東部のパーゼヴァルク（Pasewalk）機関区では、重油燃焼方式の50形が十分にあったため、石炭炊きの50 3616号機はほとんど運用についていない。1978年10月25日より、カール・マルクス・シュタット機関区所属となりザクセン州にやって来るが、1981年3月12日に運用を外れ、蒸気暖房機器としてアルトシュタット機関区に置かれている。

　しかしソ連の石油供給縮小による、東ドイツ国鉄の石炭炊き蒸気機関車の運行再開にともない、50 3616号機も1984年2月15日マイニンゲン修理工場で整備され、[60]1984年3月16日よりカール・マルクス・シュタット機関区で運用についている。ザクセン州を中心に運用され、アウエ機関区など何度か州内の機関区を移動後、1987年4月9日に再びカール・マルクス・シュタット機関区に戻っている。1988年6月12日にザクセン州における蒸気機関車の最後の定期運用が行われた後も、50 3616号機は他の11両の50.35形とともに車籍は保持され、特別列車の運行に用いられた。なお1990年12月17日に1961年製の50 3696号機の罐に載せ替え、使用期限も1997年まで延長されている [62]。

[62]

[62] 50 3616号機の炭水車は新製以来何度か変更され、現在は1941年製を使用している（2017年、シュヴァルツェンベルク鉄道博物館）

動態保存機として

　1991年12月6日にザクセン鉄道愛好会が売買契約を締結した後も、購入価格が全額支払われる1993年5月16日まで、50 3616号機は東ドイツ国鉄の管理下に置かれている。主にザクセン州内の特別列車に使用され、1992年の年間走行距離は680kmほどになっている。

　シュヴァルツェンベルク鉄道博物館所属になると、改修作業中のシュヴァルツェンベルクの扇形庫に保管され、ザクセン州をはじめとして各地の特別列車に運用、年間走行距離は、1993年1,100km、1994年2,240km、1995年2,170kmにのぼる。

1996 年に行われた検査では、罐の熱管の損傷が見つかり、交換が行われる間運休され、走行距離は 300 km ほどとなっている。1997 年 9 月にはシュヴァルツェンベルクからアナベルク・ブッフホルツ間の廃止を前にした特別運転に使われたが、同年 12 月に 50 3616 号機は運行可能期限をむかえるため、あらかじめ検査費用の助成をザクセン州に申請しており、1997 年 12 月初めに認可が出された。これを受け、1997 年 12 月 6 日にドイツ鉄道のマイニンゲン蒸気機関車工場に入場し、検査、罐の修繕、熱管の交換、ブレーキの修復などが行われた。1998 年 12 月 1 日より試運転が行われ、1999 年 3 月 13 日に動態保存機として復帰している [63]。

　現在でも蒸気機関車 50 3616 号機の動態保存活動は当館の目玉事業として行われている [64]。2017 年 4 月 18 日に運行期限切れを迎えるに先立ち、当館は 2016 年より、動態保存機への修復の可否や複数の工場から見積もりを入手し、全般検査の助成金申請の準備に取り掛かっている。筆者が 2017 年 5 月に訪問した際には館内で保管されており、シュトレムスデルファー会長によると、期限切れ前から圧力が上がりにくくなっており、見積もりを数社からもらい、修繕も行ったが思いのほか効果が見られなかったそうだ。2017 年 9 月にザクセン州より、技術遺産として助成金が認められたことを受け、2017 年 10 月 28 日にマイニンゲン蒸気機関車工場へ回送され、状態や修復箇所の確認が行われている。2019 年 9 月にマイニンゲンの蒸気機関車工場を訪問した際には、台枠と罐と走行部が分離されており、修繕ラインに掲げられた黒板への 50 3616 号機の手書きが無ければ、とても分からないほどの姿をしていた [65]。2020 年 8 月現在の予定では、作業箇所や費用を工場側と話し合いつつ、2020 年末まで全般検査を行い、2021 年から動態保存機として復帰する予定だったが、

[63] シュヴァルツェンベルク鉄道の日で運転される 50 3616 号機（2014 年）

[64] 12 月にもみの木の飾りを付けシュヴァルツェンベルク駅から特別列車を牽引（2015 年）

[65] 台枠のみの 50 3616 号機（2019 年、マイニンゲン蒸気機関車工場）

[66] 破損が見つかったシリンダー（2020 年、マイニンゲン蒸気機関車工場）

[67] 新製された煙室（写真右、2021 年、マイニンゲン蒸気機関車工場）

[68] 走行部は修繕し、上部搭載部を新たに製造し載せ替えた炭水車（2021 年、マイニンゲン蒸気機関車工場）

[69] 2023 年運行再開後、館内の路線で希望者を乗せて走る 50 3616 号機（2024 年、シュヴァルツェンベルク鉄道博物館）

9 月にシリンダーの破損が見つかり [66]、さらに煙室、炭水車にも損傷が見つかるなどしたため、それらへの対応も新たに必要となっている。費用も 1.5 倍以上に増えてしまったが寄付とザクセン州からの援助によりまかない、シリンダーと煙室は新製

し [67]、テンダーの走行部は修繕し、上部搭載部のみ載せ替えている [68]。そして 2022 年 9 月には作業が完了し、2023 年 1 月にシュヴァルツェンベルクに帰還した。しばらくは調子が上がらず、再度の検査を実施するなど気をもませたが、2023 年 8 月 10 日最終試験運転を経て、8 月 24 日より動態保存機として念願の運行再開を果たしている [69]。

6.
個性豊かな保存車両

　シュヴァルツェンベルク鉄道博物館にはザクセン州内で使用されていた車両を中心に蒸気機関車、ディーゼル機関車、客車から貨物、事業用車両まで保存されており、全てを紹介するだけで1冊できてしまうほどだ。その中から、他では見られない、開発初期のディーゼル機関車や事業用車両に焦点を当て紹介したい。

ディーゼル機関車Kö0049号機 [70]

　1930年、ドイツ国有鉄道は各車両メーカに小型ディーゼル機関車の製造を指示しており、1938年までに300両近くが製造され、うち100両ほどが東ドイツ国鉄に移管、1979年まで使用されている。Kö0049号機はユング社（Jung）にて1932年12月、製造番号5396として製造、全長5.075m、最高速度8km/hの20馬力であり、他の7両と共に1932年12月31日にドイツ国有鉄道へ供給されている。1933年には試験運転を行い、ドイツ国内で使用後、1934年から1936年までアルトカルベ（Altkarbe、現在はポーランドのスタレ・クロボ〔Stare Kurowo〕）で運用したが、1936年にライプツィッヒに近いハレ機関区に移され、1939年11月20日より構内入替に使用された。

1945年11月4日と1955年にそれぞれ、東ドイツ国鉄の車両数集計では記録されているものの、1939年から1965年までの所属先は残されておらず、おそらくハレ機関区内でつづけて用いられたと推察されている。1965年頃から、東ドイツ南部のバート・ケストリッツ（Bad Köstritz）にある人民公社鉄板包装材工場（VEB Blechverpackungswerk）の専用線で、1992年まで使用された。輸送がト

[70] 今日も動態保存機として館内の路線で運転されているディーゼル機関車 Kö0049号機（2023年、シュヴァルツェンベルク鉄道博物館）

ラックに置き換わると余剰になり、貸与品として1995年8月4日当館に加わった。1992年の扇形庫補修時に購入した100 537号機をはじめ、小型ディーゼル機関車への礎となった歴史的に貴重なドイツ最初期のディーゼル機関車なため動態保存機として整備されたが、非力なため入替作業には用いておらず、シュヴァルツェンベルク鉄道の日などの催事に構内で運転されている。鉄道誌によるとヨーロッパに限らず、同時代のディーゼル機関車で動態保存機は無いそうだ。

ディーゼル機関車A4M420号機 [71]

1939年から1943年の間、ケルン（Köln）のクレックナー・フンボルト・ドイツ社（Klöckner-Humboldt-Deutz）で当機と同型の全長6.89 m、102馬力のディーゼル機関車が24両製造された。うち6両はブルガリア国鉄へ、2両はルーマニアに輸出され、残りはドイツの工場専用線で使われている。

[71] 1941年製ディーゼル機関車A4M420号機（2017年、シュヴァルツェンベルク鉄道博物館）

当機は1941年に製造番号36871として製造され、同年12月16日より中部ドイツ製紙工場（Mitteldeutschen Papierwerke）の専用線で使用されている [72] [73]。東ドイツでは当形式唯一の車両になり、定期検査を行う拠点探しには苦労したようで、ドレスデン近郊のターラントやデッサウやベルリン近郊などを転々としており、最後はアウエ機関区で行われている。交換用部品の確保が難しいため標準化が推進され、1967年10月に変速装置を、1972年と1986年にディーゼルエンジンを、他機種で使用されている汎用性ある東ドイツ国内メーカ製へと交換している。その後、シュヴァルツェンベルクにほど近いラショウ（Raschau）のエルツ地方人民公社段ボール箱工場（VEB Erzgebirgische Pappen- und kartonagenkombinat）で使われ、1990年に廃車となった。

1993年5月19日、シュヴァルツェンベルク鉄道博物館へ貸与品として譲り渡され、1994年早々、外装が整えられ、展示されている。2004年4月に動態保存機への復

[72] ドイツ社と製造番号が記載された製造銘板（2017年、シュヴァルツェンベルク鉄道博物館）

[73] 両側に積んだ 200L の燃料タンクには国防軍 1944 年「危険燃料火災」の記載がある（2017 年、シュヴァルツェンベルク鉄道博物館）

元が開始され、2007 年 5 月に動態保存機となっている。

ディーゼル機関車N4形 [74]

この形式は東ドイツ国鉄が本格的にディーゼル機関車の開発に乗り出す前、1950 年から 1958 年にかけて、バベルスベルクの人民公社カール・マルクス・バベルスベルク社で 253 両製造され、一部はコメコン諸国や中国へ輸出もされている。全長 6.455 m、102 馬力で最高速度 30km/h になり、工業地帯の専用線で使用されている。

[74] ディーゼル機関車 N4 号機、正面のライトはトラバントからの転用と言われている（2023 年、シュヴァルツェンベルク鉄道博物館）

当機は 1955 年 11 月に製造番号 251082 として製造された [75]。ハイデナウ（Heidenau）の人民公社段ボール製造工場（VEB Kartonfabrik）の 1 号機として使用され、1971 年から 1988 年までは同社のグローセンハイン（Großenhain）工場、1988 年から 2003 年 6 月まではラーショウ工場とザクセン州内で使用されている [76]。1989 年にエンジンの交換、1998 年にターラントで全般検査がなされるなどされ、良好な状態で保たれている。なお前面のライトは東ドイツの自動車トラバントからの転用になるそうで、当時の部品供給事情が

[75] バベルスベルク社と製造番号、製造年が記載された製造銘板（2017年、シュヴァルツェンベルク鉄道博物館）

[76] 2003年まで使用されていたラーショウのPAKA（人民公社段ボール製造工場の後身）のロゴが側面にある（2023年、シュヴァルツェンベルク鉄道博物館）

垣間見られる。2003年6月20日にシュヴァルツェンベルク鉄道博物館へ来ており、動態保存機として、館内での運行が可能である。

　このN4形の後継機として1958年よりV10B形が製造されており、後述するように、シュヴァルツェンベルク鉄道博物館ではシュヴァルツェンベルク城付近にモニュメントとして置かれている。さらに第1章第3節で記述したV15形へと連なり、東ドイツ国鉄のディーゼル機関車開発へとつながっている。

客車sächs.189Di [口絵p.20の**Ⅴ**] [77]

　オープンデッキ式の4等車で1884年に王立ザクセン邦有鉄道のケムニッツの工場で製造されている。全長10.4 m、定員50人の小さな車体で、館では最も古い客車になり、王立ザクセン邦有鉄道の文言が刻まれた走り装置部分など、かつての姿を色濃く残している [78]。ハンドブレーキで制御され、暖房と石油式のランプが装備されていた。ドイツ国有鉄道設立直後の1925年すぐに廃車となり、事業用客車としてジッタウ（Zittau）の信号通信技術局（Signal-und Fernmeldmeisterei）所属になり、作業時の移動や休息に使用された。原型は木製車体だったが、1960年頃に鋼鉄製に変わり、最後はベルリンのテンペルホフ（Tempelhof）の保線作業場で使用され、1993年3月16日に、低床車に載せられシュヴァルツェンベルクへ輸送されている。2002年に修復作業が行われ、外側はドイツ国有鉄道時代以来の緑色から茶色になり木製車体時代に近づけている。そして今では「ウエディングカー（Königlich-Sächsischer

[77] 客車 sächs.189Di、オープンデッキ式の4等車でシュヴァルツェンベルク鉄道博物館では最古の客車になる（2023年、シュヴァルツェンベルク鉄道博物館）

[78] 台車に王立ザクセン邦有鉄道の略称（Königlich Sächsische StaatseisenBahnen）の刻印がのこされている（2023年、シュヴァルツェンベルク鉄道博物館）

Hochzeitswagen）」としてシュヴァルツェンベルク戸籍所からも認可され、最大24人を招いての結婚式を行うことができる。暖房装置が無いため、5月から10月までの使用になり、シュヴァルツェンベルク駅から館内までの運転を行っている。ちなみにエルツ山地観光鉄道の運行に際しても、自治体や関係会社を集めての契約もこの客車で行われたそうで、シュヴァルツェンベルク鉄道博物館の応接車とも言えよう[口絵 p.20 の W]。

荷物車

　荷物車は2両あり、木製車体の Pwgs-44 形は、1944年より有蓋車をベースに1,780両が製造された [79]。全長は10mで、内部は車掌スペースと積載スペースに分かれており、積載量は15t、積載スペースは14.7㎡と6割ほどを占めている。東西ドイツ両国鉄には1,644両引き継がれ、車掌車兼任の荷物車として用いられた。この車両の製造社や製造年は不明であり、事業用車両に改造され、ドレスデンで倉庫に使われていたところを入手している。静態保存になり、館の倉庫として使われている。

　この木製車体の荷物車から鋼鉄製として普及したのが Pwgs-88 形で、1956年に人民公社バウツェン客車工場で新たに開発され、239両を製造した [80]。完全溶接性の台車に全長8.94mと Pwgs-44 形から一回り小さくなる全鋼鉄製の車体で、積載量は13.5tで8.68㎡の貨物室やトイレがあり、階段を上がると車掌室が設置されている。

[79] 木製車体の Pwgs-44 形は戦時形と呼んでも差し支えないシンプルな構造が特徴（2023 年、シュヴァルツェンベルク鉄道博物館）

[80] 木製車体の荷物車から鋼鉄製として普及したのが Pwgs-88 形（2023 年、シュヴァルツェンベルク鉄道博物館）

特に目立つのは車掌室上部のシールドで、ここから編成全体を見渡すことができる。内装には気が配られ、床は厚さ約 45-50 mm のマツ板で覆われ、車掌室には石炭ストーブ、パッド入りの座席、折り畳み式のテーブル、小型ランプが配置され、壁のくぼみに電気ホットプレートがある。階段に設けられたキャビネットには、バケツ、消火器、レスキューボックス、工具、暖房器具が収納されていた。東ドイツ国鉄は貨物列車や旅客列車の荷物車として運用し、ドイツ国鉄移管後の 1995 年に全車廃車になっている。

シュヴァルツェンベルク鉄道博物館は 1993 年に、アナベルク・ブッフホルツに留置されていた Pwgs-88 形を獲得、1994 年、1995 年に外装が整備され、1996 年、40 年前に製造したバウツェン客車工場 150 周年記念に公開のため貸与された。以来、特別列車で自転車などを運ぶ荷物車として使用している。普段関係することの少ない荷物車だが、木製や鋼鉄製など材質が異なり、進歩をしてきた様子が両車両の比較から見て取れよう。

暖房車 [81]

日本における暖房車は、耐性のある良質な鋼鉄が使われており、屑鉄としての価値も高かったため廃車後、全車が解体されている。車両保存に積極的なドイツも同様なのか、現在残されている暖房車は数両と限られている。ドイツの暖房車「Heizwagen」はいくつかのタイプがあるが、シュヴァルツェンベルク鉄道博物館で

見られる２軸ボギー台車の
形式は 1941 年から 1943 年
にかけ 180 両ほどが製造さ
れており、第二次世界大戦
下の東部戦線において軍用
列車や病院列車に使われ
た。蒸気機関車牽引時は、
通常であれば、機関車から
供給された蒸気を客車の暖
房に使用するが、輸送力を
重視した長編成を極寒の東

[81] 暖房車外観。屋根左側が石炭積み込みのためスライド式になる
（2023 年、シュヴァルツェンベルク鉄道博物館）

部戦線で温めるには、機関車の蒸気だけでは不足してしまうため、暖房車が使われ
ている。また蒸気機関車と客車の間に、蒸気管の無い貨車が組み込まれた場合、さ
らに後ろの客車へ蒸気がまわらないことから、暖房車を最後尾に連結し、蒸気の供
給もしたそうだ。目立った活躍とは言いがたいが、第二次世界大戦時の輸送を陰で
支えた車両と言えよう。

　第二次世界大戦後は東ドイツ国鉄に所属し、質の悪い石炭により蒸機が不足しが
ちな蒸気機関車牽引の旅客列車や、再建中の機関区や車庫など、暖房設備が装備され
れていない現場での暖房供給設備に使われている。また暖房設備の無い電気機関車
やディーゼル機関車の後ろに付き、1970 年代まで使われた。

　暖房車は全長 17.1 m と全長 26.4 m の客車が主流のドイツでは小さく感じ、外観
も窓があるため、一見すると荷物車のようだ。実際、シュトレムスデルファー会長に
内部を見せていただくまで、客車や荷物車と同じ緑色のため、そう思い込んでいた。
しかし屋根から出ている煙突や石炭庫の上部の屋根は、積込のため、歩み板とスラ
イド式の扉になっており、側面に書かれた石炭 7 t、水 15 ㎥までと搭載量を示す表
記から、この車両が他とは違う異なった装備を持っていることがうかがえる [82]。
両側の前後にある扉から中に入ると、四角い貯水槽、蒸気機関車の罐そっくりの蒸
気発生機、その後ろに石炭置き場がある [83]。いずれも使用されていた当時の状態
で残されており、貯水槽には、ご丁寧にも「飲み水ではない」との注記やドクロマ
ークがある [84]。蒸気発生機は、煙突の突き出た前部から投炭口や調整バルブがな

らぶ後部まで、見れば見るほど車輪の無い蒸気機関車そのままの形をしている [85]。製造銘板の刻印はつぶれており読み解くことはできないが、機関車メーカとして有名なオーレンシュタイン・コッペル社（Orenstein&Koppel）による 1941 年製で、製造番号は 13684 になることは判明している [86]。客車ではなく機関車に近い構造は製造者からもうかがえ、普通であれば列車の先頭で客車を引く機関車が客車内に鎮座している様子は、なんともおかしいものがある。

　この暖房車の履歴は 1948 年までの記録が失われているため、運行場所などは不明だが、ポーランドのオポーレ（Opole, ドイツ語読みではオペルン Oppln）で使用された記録がある。第二次世界大戦後は、東ドイツ国鉄でポーランドとの国境に近い地域で使用され、いずれも機関区に所属するなど、客車ではなく機関車に近い扱いを受けている。1970 年代末からは交通省大臣直属の車両になっており、大臣の許可を得たときのみ使用ができるなど大事に扱われ、1987 年 10 月 15 日には全般検査が、

[82] 側面下部に書かれた石炭 7.0t と水 15㎥の表記（2023 年、シュヴァルツェンベルク鉄道博物館）

[83] 手前から貯水槽、罐が置かれており、奥が石炭庫になる（2023 年、シュヴァルツェンベルク鉄道博物館）

[84] 飲料水ではないことを意味するドクロマーク（2023年、シュヴァルツェンベルク鉄道博物館）

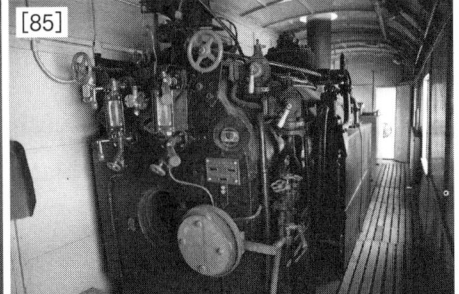

[85] 罐は動輪の無い蒸気機関車そのもの（2023 年、シュヴァルツェンベルク鉄道博物館）

1989 年 12 月 15 日にはボイラーテスト
が行われている。東西ドイツ統合後用
途が無くなり、ザクセン州東部のポー
ランドとの国境に近いホイエルスヴェル
ダ（Hoyerswerda）で留置されているとこ
ろを、2000 年に当館で入手し、展示品
として整備された。

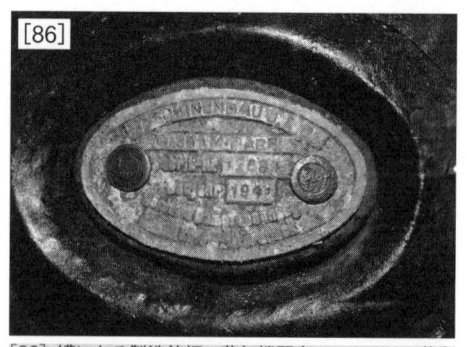

[86] 罐にある製造銘板。蒸気機関車メーカとして著名
なオーレンシュタイン・コッペル社製になり、製造年
1941 と製造番号 13684 はかろうじて読める（2023 年、
シュヴァルツェンベルク鉄道博物館）

シュヴァルツェンベルク博物館
からの風景

　鉄道のシステムで利用者の目に触れる場所や機能は非常に限られる。例えば車両
では先頭と側面、そして客室くらいで、走り装置や天井はさほど気にすることはなく、
さらにホーム据え付けられるまでの整備や信号システムまで考えることすらないと思
われる。利用者との関わりを持つ個所は限定されるが、普段目にすることの無い、車
庫における保守、また安全な運行を支える信号所などの設備は不可欠であり、それ
らに関係する施設や作業を、過去からのあゆみも含め、目にすることで、これまで見
えてこなかった、鉄道を動かす関係者の働きに気づくきっかけになるのではないだろ
うか。シュヴァルツェンベルク鉄道博物館は日々安全に、かつ快適に運行するため
の過程を知るには、最適な展示環境と言えよう。

　また当館では、動態保存車両による特別列車の運転を、地域観光と組み合わせつ
つ行っていることも特徴としてあげられよう。エルツ山地といった絶好の環境におい
て、沿線自治体などと関係し、その魅力を発信する手段として、観光列車を走らせ、
より多くの観光客に来ていただく。その関係性の構築は相互の理解が欠かせず、20
年以上にわたり保存活動をしてきた当館への信頼性の高さがうかがえる。

　最後にあげる特徴は、地域に関連した保存車両の選定になる。多くの車両が展示
されているが、そのほとんどがザクセン州で製造や運用されてきた車両になり、使用
されていた時代も、王立ザクセン邦有鉄道時代からドイツ国有鉄道、そして東ドイ
ツ国鉄と、それぞれで使用された車両が網羅されている。100 年以上にわたるザクセ
ン州の鉄道車両のあゆみを、外観の変化や大きさ、出力などを比較することで、忠

実にたどることができよう。特にディーゼル機関車は各年代揃えられており、当初は小型車で、専用線など、目立たないところで使用されていたが、徐々に大型に、強力になり、入替用から、支線や本線へと用途が広がる様子が実感でき、非常に興味深い。また蒸気機関車や客車といった、乗客として接することの多かった車両だけではなく、荷物車や暖房車、そして貨車といった目立つことの少なかった車両にいたるまで保存、展示を行うことで、鉄道の果たしてきた役割の広さも実感できるのではないだろうか。

補足メモ　廃線跡への説明板、モニュメント設置

　1883 年 9 月 20 日に開通した、シュヴァルツェンベルク － ヨハンゲオルゲンシュタット間は建設費抑制のため、シュヴァルツェンベルク駅から市内を迂回することなく線路を延ばすコースが取られ、市街地には 3 つの鉄道橋を架け、城のそびえる丘には長さ 102 m におよぶ城トンネル（Schlosstunnel）が掘られている。ヨハンゲオルゲンシュタットまでの区間でトンネルはここ城トンネルのみになり、山間部の路線としていかに予算が抑えられたかがうかがえる。城トンネルの建設工事は 1881 年早々に開始されたが、工期を守るため、夜中や早朝でも発破をかけることが求められたが、住民からの抗議により夜中 21 時から翌 3 時までは行わないようになった。ヨハンゲオルゲンシュタットまで 1951 年に複線化された際に廃止となった後、市内に残されていた廃線跡はシュヴァルツェンベルク鉄道博物館も協力して整備されている。実際に廃線跡を歩いてみた。

　まずスタート地点はシュヴァルツェンベルク駅前になる。駅前からヨハンゲオルゲンシュタット方面を見ると、20 m ほど先にゆるやかに右折した歩行者、自転車用の石橋が目に入る [87]。橋のたもとにはシュヴァルツェンベルク鉄道博物館と市の名前で説明板が設置されており、ここが「学びの小道（Lehrpfad）」と題された「シュヴァルツェンベルクの古い鉄道（Alte Eisenbahn in Schwarzenberg）」の跡地であると記され [88]、橋脚には「1883 年建設、2013 年修復」のプレートも掲げられている [89]。4 経で構成された全長 82.6 m で乱積みの石橋になり、ツヴィッカウ・ムルデ川へアウエで合流するシュヴァルツヴァッサー川を渡河している。4 経のうちシュヴァルツェンベルク駅側の 3 経は河原の公園をまたいでおり、ベンチやドイツでは公園でよ

く見かける卓球台が置かれ、市民の憩いの場となっている。公園にある3つの橋脚には装飾が施されており、渡河する4経目の橋脚のみ太く補強をされている。1951年の廃線後、歩行者用の橋に転用されており、プレートにあるように、2013年にこの場所を公園に整備するに伴い、改修が行われている。2008年頃撮影された写真を見ると全般的に黒ずんでいるが、現在は白っぽい色になり、公園の芝生部分は盛り土がなされ、橋脚の足下も土で盛り上げられている。ただ4経目の太く補給された橋脚は、増水時の水流の影響を少しでも軽くするため、基板が上流に向けて鋭角になっていたが、2013年の改修で埋められてしまったのは、足元の小さな工夫が隠されたようで、なんとも惜しくも感じている。

この橋を渡ると廃線跡は無くなり、スーパーや店舗がぽつぽつと並ぶ道を700mほど歩き、山上に城が見えたところで、再びシュヴァルツェンヴァッサーを渡河する歩行者用の鉄橋が現れる[90]。全長18mで川からの高さは7mほどの鉄桁橋になり、かつて線路が渡されていた場所には板が敷かれている[91]。橋の真ん中付近には、両側に1枚ずつプレートが掲げられ、1892年建設、2007年改修と記され、橋のたもと

[87] シュヴァルツェンベルク駅からすぐに延びる歩行者用の橋梁から路線跡巡りが始まる（2017年）

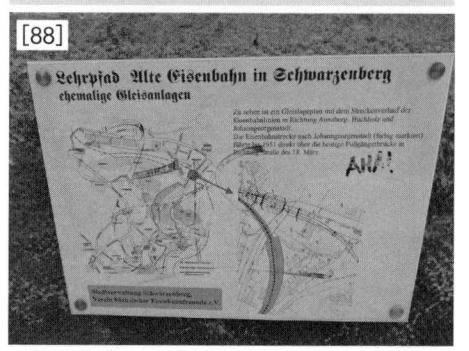

[88] シュヴァルツェンベルク鉄道博物館と市の名前で掲げられた説明板（2017年）

[89] 建設年1883年、改装年2013年が刻印されたプレートが橋脚に掲げられている（2017年）

には駅前の橋と同じようにシュヴァルツェンベルク鉄道博物館と市の名前で説明板が設置されている [92] [93]。

　橋を渡るとすぐ城トンネルが現れる。このトンネルが貫く山上にそびえるはシュヴァルツェンベルク城（Schloss Schwarzenberg）になる。12世紀に砦として建てられ、ザクセン選帝侯の狩猟用として 1555 年から 1558 年にかけて改築され、現在の姿になっている。ドイツで城近くを走る路線は数多くあるが、直下のトンネルを機関車が潜り抜ける風景はやはり珍しいようで、絵はがきや写真が多く残されている。城トンネルは全長 103.21 m になり、半径 190 m の曲線を描きつつ、シュヴァルツェンベルクからは勾配 25 ‰で登っており、ヨハンゲオルゲンシュタット側との高低差は 2.6 m になる。シュヴァルツェンベルク側のトンネル坑門には、開通年である 1882 年を記した扁額が掲げられ、城の一部を模したのか、塔のような装飾が施されている [94]。坑道部分の高さは 5.6 m、下部は 4.6 m、広がりは最大 5 m までで、山裾近くに単線

[90] ２番目の橋梁が城の手前で姿を現す。現在は歩行者用になっている（2017 年）

[91] 橋には板が敷かれ歩行者用として整備されている（2017 年）

[92]（左）[93]（右）建設年 1882 年、改装年 2007 年を記したプレートが両側に掲げられている（2017 年）

幅で掘られていることから、複線化のための拡幅は難しかったことがわかる。現在城トンネルは閉鎖されているため、城山を右手に見て道を進み、途中シュヴァルツェンベルク税務署（Finanzamt Schwarzenberg）の前を進むと、城の駐車場がひらけ、トンネルの反対側へと出る [95]。ヨハンゲオルゲンシュタット側の坑門は対照的に装飾も無くシンプルな作りになっていたが、シュヴァルツェンベルク鉄道博物館は、シュヴァルツェンベルク市と協議のすえ、2020年に鉄扉に長年エルツ山地の路線で使用され、かつては何度も城トンネルをくぐった蒸気機関車 86 056 号機を描いている。城トンネルは 1951 年の廃線後、1960 年代は野菜や果物の貯蔵庫、1970 年代は東ドイツ国鉄のトンネル内における信号技術の試験場や装置の保管庫に使用されていた。東ドイツ国鉄がドイツ鉄道になった 1994 年よりシュヴァルツェンベルク市の管理になり、普段は閉じられているが、1995 年から毎年、城周辺で開催されるクリスマス市期間中に鉄道模型愛好家たちが集まり、11 月末より 8 日から 10 日ほどかけて準備がなされ、35 ㎡ほどのジオラマが坑道に置かれている。

　蒸気機関車が描かれたトンネル坑門からはヨハンゲオルゲンシュタットへ向けて石畳みがのびており、路線跡の面影が分かるように工夫されている [96]。その敷地のすぐ側に、説明板とともに、当館所有のディーゼル機関車 V10B 形がモニュメントとして置かれている [97]。V10B 形は専用線用 1958 年から 1976 年まで 591 両が製造され、東ドイツのみならずユーゴスラビアやルーマニア、中国などへ輸出もされている。この機関車は 1962 年バベルスベルク社製で製造番号 252377 になり、1963 年

[94] 城トンネルのシュヴァルツェンベルク駅側の坑道入口。装飾が施されており、扁額には開業年の 1882 が書かれている（2017 年）

[95] トンネルの反対側は城の真下になる（2017 年）

から 1977 年までツヴィッカウの人民公社マルツィン・フープ炭鉱（VEB Martin-Hoop-Werk Zwickau）、1977 年からは人民公社シュヴァルツェンベルク洗濯機工場の専用線で 1995 年まで使用されている。シュヴァルツェンベルク鉄道博物館では 1996 年に入手後、保管されていたが、テクニックアート「Die gekippte Lok（傾いた機関車）」と題され、外装を整備の上、2005 年 3 月よりこの地に置かれている。

　石畳に路線跡は、機関車の先につづきまた橋があり、「元鉄道橋、1882 年建設」、「歩道橋、2004 年建設」とそれぞれ書かれたプレートが付けられている [98]。これまで渡ってきた鉄道橋を歩道橋にした 2 つの橋と異なり、新たに建設されているのは、橋のたもとに「2002 年大洪水」と記され、その時の水位を記録したプレートが橋の下部に付けられていることから、その時に流出してしまったためと思われる。ただ枕木を模したように、長めの木板が等間隔で置かれており、横から見ると上に線路が敷かれているよう錯覚してしまう。

　この橋を渡ると、線路跡は無くなり住宅地に入る。庭先を走り回るアヒルや花壇に目を奪われつつ歩くと、アメリカで活躍したオペラ歌手エリザベート・レートベルク（Elisabeth Rethberg）が 1894

[96] 城を抜けた逆側のトンネル、路線跡が舗装されており、次の橋へとのびている（2017 年）

[97] シュヴァルツェンベルク鉄道博物館で準備されたモニュメント、傾きの機関車（2017 年）

[98] 3 番目の橋は 2004 年に再建になり、手前の橋脚に 2002 年大洪水時の水位を示したプレートがある（2017 年）

[99] オペラ歌手エリザベート・レートベルクの生家に掲げられたプレート（2017 年）

[100] シュヴァルツェンベルク郊外のシュヴァルツェンベルク停車場。右奥がかつての複線区間跡になる（2017年）

年に生まれた家の前を通り **[99]**、抜けるとシュヴァルツェンベルク停留所駅があらわれる **[100]**。橋やトンネルは保存状態も良い。全て歩いても 30 分ほどであり、変化に富んだ、格好の街歩きと言えそうだ。

第3章
現役のターミナル
【ライプツィッヒ中央駅の流線形気動車】

*Der Reichsbahn Schnelltriebwagenverkehr
am Leipziger Hauptbahnhof*

1.
ライプツィッヒ中央駅とは

　ライプツィッヒは州最大の都市であり、世界有数の見本市（Messe）の開催都市として知られている。玄関口となるライプツィッヒ中央駅（Leipzig Hauptbahnhof）は、東西に広がる頭端式ホームが、西端の1番線から東端の26番線まで連なり、駅舎やコンコースを合わせた地上部分の面積は83,640 ㎡におよぶヨーロッパ最大級のターミナル駅になる。現在もドイツ鉄道の主要駅として、高速列車 ICE（Inter City Express）や特急列車 IC（Inter City）が発着する長距離列車専用ホームが、2015年末より10番線から15番線まで整備され、ドイツ鉄道で駅の運営を行う「DB サービス・ステーション社（Station&Service）」のカテゴリーでも最高レベル1に選定されるなど、ザクセン州のみならず、ドイツ東部の交通の要所と言えよう [1]。

ライプツィッヒ中央駅の駅舎は、1915 年 12 月 4 日開業以来使用され、外壁の造形、石造りの重厚な柱、ドーム式の天井を覆いつくす装飾など、内外とも百年以上にわたって完成当初の姿が保持されている。これまでのあゆみを今に伝える遺構も多く残されており、ドイツの他の駅での事例が思い当たらないほどだ。そして東端の 24 番線は博物館

[1] ドイツを代表するターミナル駅ライプツィッヒ中央駅。アーチ式の屋根に覆われた構内に列車の行き来が絶えない（2017 年）

ホーム（Museumsgleis 24）と呼ばれ、第二次世界大戦前にベルリンとドイツ各都市を結んだ流線型の高速気動車や、東ドイツ国鉄の保存用鉄道車両規則で選定されていた電気機関車が展示されている。現在使用されている駅を博物館と同列に扱うことに疑問を持たれる方もいらっしゃるだろうが、普段は通り過ぎてしまう駅の遺構も、展示物としての体裁を整え、価値を明確に示すことで、存在を知ってもらい、史跡として興味を持たれるきっかけにできるのではないだろうか。比較的手軽に、そして多くの方に見ていただける環境にある「えきなか博物館」として、ライプツィッヒ中央駅の歴史や遺構、そして展示されている高速気動車について紹介したい。

各地からの鉄道がライプツィッヒへ

ライプツィッヒにおける鉄道は、1835 年 5 月 6 日に設立したライプツィッヒ・ドレスデン鉄道によって、1837 年 4 月 24 日に東方のアルテン（Althen）まで 10.6 km が部分開業した際、起点駅として現在のライプツィッヒ中央駅のある場所の東端に開業したライプツィッヒ・ドレスデン駅（Leipzig Dresdner Bahnhof）が起源となる。この駅のみならず、ドイツはじめヨーロッパの起点駅の多くは各方面を駅名にしており、ライプツィッヒ・ドレスデン駅は「ライプツィッヒのドレスデン方面の駅」を意味している。ドレスデンにも 1838 年 6 月 19 日にライプツィッヒを目指す路線が部分開業

するが、駅名はドレスデン・ライプツィッヒ駅（Dresden Leipziger Bahnhof）になる。こ
こではライプツィッヒの起点駅に限定したあゆみになるため、特記以外は「ライプツ
ィッヒの」は省き「ドレスデン駅」など方面の駅名のみの記載とした。

1839年4月7日にライプツィッヒ－ドレスデン間が全線開業し、さらにライプツ
ィッヒはザクセン王国の主要都市であると同時に、ベルリンを首都とするプロイセ
ン王国（Königreich Preußen）との国境に近いことから、プロイセン王国からの路線も
延伸されている。まずマグデブルク・ライプツィッヒ鉄道会社（Magdeburg-Leipziger
Eisenbahn-Gesellschaft）は、プロイセン領内のマグデブルク（Magdeburg）からライプ
ツィッヒまでの路線を建設し、ドレスデン駅開業の3年後、1840年8月18日にド
レスデン駅の左隣へライプツィッヒ2番目の起点駅、マグデブルク駅（Magdeburger
Bahnhof）を開業した。

またザクセン南方のバイエルン王国を結ぶ路線として、1842年9月19日に、ザ
クセン・バイエルン鉄道が、アルテンブルク（Altenburg）まで38.5 kmを部分開業さ
せている。その際にはライプツィッヒの起点駅として、市街地中心部南側にバイエリ
ッシュ駅（Bayerischer Bahnhof）が開業した。この路線が延長され、1845年9月に前
章で述べたツヴィッカウへと結ばれている。

1856年3月22日、チューリンゲン鉄道会社（Thüringische Eisenbahn-Gesellschaft）が、
西方のヴァイマール（Weimar）、エアフルト（Erfurt）を結ぶ路線と接続するため、分
岐駅コルベータ（Corbetha、1934年よりGroßkorbethaから改称）からライプツィッヒま
で32 kmにおよぶ路線を開業した。ライプツィッヒの起点駅として、ドレスデン駅、
マグデブルク駅に軒を並べるように、現在の中央駅の西端部分にチューリンゲン駅
（Thüringer Bahnhof）が開業している。

1859年2月1日にはベルリン・アンハルト鉄道会社（Berlin-Anhaltische Eisenbahn-
Gesellschaft）がベルリンからライプツィッヒを結ぶ路線の起点駅として、ベルリン駅
（Berliner Bahnhof）を開業した。このベルリン駅は、すでにライプツィッヒにドレスデ
ン駅、マグデブルク駅、バイエリッシュ駅、チューリンゲン駅と、4か所もの頭端式
の起点駅が設置され、市街地近辺での用地の確保が難しかったため、市街地中心部
から4kmほど北方に通過式の駅として開業している。そして1874年11月1日にハレ・
ソーラウ・グーベン鉄道会社（Halle-Sorau-Gubener Eisenbahn）は、北東のアイレンブ
ルク（Eilenburg）やコトブスを結ぶ路線の起点駅として、アイレンブルク駅（Eilenburg

Bahnhof）を市街地東側で開業している。これによりライプツィッヒには、鉄道会社ごとに6つの起点駅が設置され、輸送量の増加に伴い問題となり、解決策が求められていた。

ライプツィッヒ中央駅建設に向けて

19世紀後半から20世紀にかけ、ライプツィッヒは工業都市として急速な発展を見せ、1871年の人口10.1万人から、1900年は45.6万人に増加し、当時のドイツ国内においてベルリン、ハンブルク、ミュンヘンに次ぐ4番目の大都市に発展した。ドイツでは19世紀から20世紀にかけて、方面別の起点駅をまとめ利便性を向上させる、中央駅建設計画が各都市で進められている。さらに王立ザクセン邦有鉄道が、1842年にザクセン・バイエリッシュ鉄道、1876年にライプツィッヒ・ドレスデン鉄道を買収。またプロイセン邦有鉄道も1879年から1886年にかけて、ライプツィッヒに起点駅を持つ、他4鉄道を買収し、それぞれにて経営の統合もはかられ、中央駅建設に向けた環境が整えられている[2]

**1888年頃のライプツィッヒ各ターミナル駅（上）と
1915年ライプツィッヒ中央駅完成時（下）**

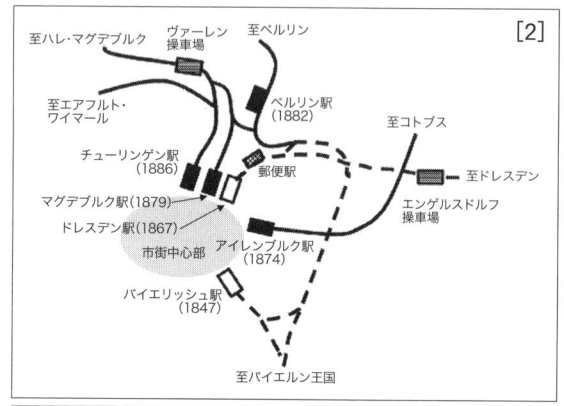

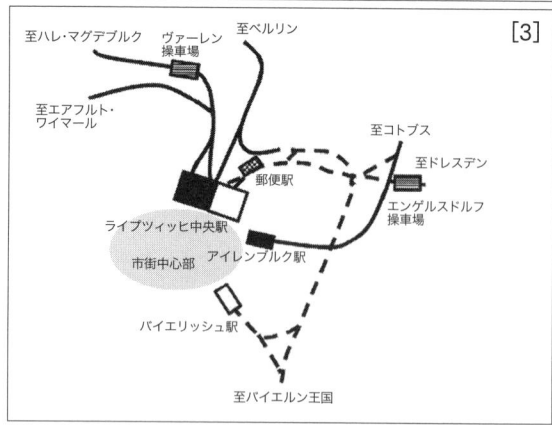

[2][3] 黒線がプロイセン、点線が王立ザクセン邦有鉄道の路線、黒四角がプロイセン、白四角が王立ザクセン邦有鉄道のターミナル駅。カッコは邦鉄道へ移管された年

[3]。なおライプツィッヒ中央駅より駅前広場を挟んで 50 m ほど先に広がる緑地帯には、ライプツィッヒ・ドレスデン鉄道の功績を残す記念碑（Denkmal der Leipzig-Dresdner Eisenbahn）が建てられ、現在も目にすることができる。ライプツィッヒの建築家カール・グスタフ・エッカーライン（Carl Gustav Aeckerlein）と彫刻家エドワード・ルーセン（Eduard Lürssen）の合作で 1878 年 10 月に建設されており、土台は斑岩、文

[4] ライプツィッヒ・ドレスデン鉄道の功績を残す記念碑がライプツィッヒ中央駅そばに建てられている（2017 年）

言記載部分は銅で構成され、銅板には「ドイツにおける最初の本格的な鉄道路線、ザクセン最初の蒸気機関車鉄道」と記され、フリードリヒ・リスト、グスタフ・ハーコート以下、同鉄道の設立から運営に貢献した主要人物名が列記されている [4] [5]。

　ライプツィッヒの中央駅建設計画は、王立ザクセン邦有鉄道とプロイセン邦有鉄道の共有を前提として 1888 年より具体的な検討が始まり、まず場所の選定が議論された。当初王立ザクセン邦有鉄道やザクセン王国は、ザクセン内に向けた路線の分岐を考慮し、市街地北方にベルリン駅のような通過式駅の設置を構想したが、確保可能な場所は市街地中心部から遠くなることが問題視された。実際、ライプツィッヒ郊外のベルリン駅は市街地から離れており、1878 年 8 月 20 日に開通した市街地を東に迂回し、バイエリッシュ駅まで結ばれる路線上にモッカウ（Mockau）駅を設置し、市電による市街地中心部との連絡の確保を行ったが、効果は限定的であった。そのためライプツィッヒ市は「この立派な駅を可能な限り市街地中心部に近く

[5] ライプツィッヒ・ドレスデン鉄道の敷設に貢献した、ドイツの経済学者フリードリッヒ・リスト（Friedrich List）と、銀行家グスタフ・ハーコート（Gustav Harkort）の胸像がコンコース西端に 1999 年より設置されている（2017 年）

し、陛下の街への入り口の門にすべし」と述べ、市街地に近い場所の設置を希望し、東西に並ぶ、チューリンゲン駅、マグデブルク駅、ドレスデン駅の土地の転用を構想している。

この議論の最中、1890 年 10 月 8 日にプロイセン邦有鉄道は、ライプツィッヒから北西 30 km ほどの場所に通過式のハレ中央駅（Halle Hauptbahnhof）を開業させ、ベルリンから当駅を通ることで、ドイツ西

[6] 通過式で 1890 年に開業したハレ中央駅（2017 年）

部や南部を結ぶ利便性が確保できたため、ライプツィッヒにおける通過式中央駅の必要性は薄れている [6]。ライプツィッヒは、首都ドレスデンと比較し、国境の近いプロイセンの影響を色濃く受けやすい環境でもあったため、結局はライプツィッヒ市が構想した 3 つの起点駅の土地を活用し、頭端式の中央駅を建設することになり、1902 年 5 月 22 日にザクセン王国、プロイセン王国、王立ザクセン邦有鉄道、プロイセン邦有鉄道、帝国郵便(Reichspostverwaltung)、ライプツィッヒ市の 6 者において、「ライプツィッヒにおける中央駅建設のための契約（Hauptvertrag zum Bau Central Bahnhof in Leipzig)」にサインがなされ、1914 年完成に向け、本格的な作業が開始された。

建設開始から完成まで

東西に広がる 3 つの起点駅、チューリンゲン駅、マグデブルク駅、ドレスデン駅の土地を転用した中央駅建設に際しては、列車の運用を確保しつつ進めることが求められた。まず、これら 3 つの起点駅で行われていた貨物の取り扱いを郊外に移すことになり、プロイセン邦有鉄道は西部ヴァーレン（Wahren）に、王立ザクセン邦有鉄道は東部エンゲルスドルフに、それぞれ貨物操車場と貨物駅の建設が行われ、1906 年に完成している。また 1906 年より中央駅予定地から北東に郵便駅(Postbahnhof Leipzig）の建設が開始、58,000 ㎡が整備され、1912 年 2 月 1 日に長さ 200 m に 16 ホーム、29 番線を配置し開業した [7]。

中央駅の建設は、使用されていた 3 つの起点駅を西から順に閉鎖し、更地にす

ることで進められている。1907年10月1日に西端のチューリンゲン駅が閉鎖され、これまで当駅に発着していた列車は、同じプロイセン邦有鉄道の管理するマグデブルク駅が一時的に引き継ぐことになり、駅名もチューリンゲン仮駅（Prov. Thüringer Bahnho）へ改名されている。1909年11月6日に旧チューリンゲン駅のあった場所で起工式が行われ、建設が開始された。1912年5月1日にライプツィッヒ中央駅として初めてのホームが2面完成し、チューリンゲン仮駅に代わって、列車の乗り入れを開始した。初列車は、西方のコルベータからの旅客列車であり、朝5時27分にライプツィッヒ中央駅へ到着している。

　1912年10月1日、更に使用できるホームが増設され、ベルリンからの列車も中央駅への乗り入れを開始し、ベルリン駅は役目を終えている。部分的な開業は続き、ドレスデン駅やバイエリッシュ駅に発着していたザクセン王国内を結ぶ列車も、1913年2月1日よりライプツィッヒ中央駅での発着が開始され、同日ドレスデン駅は廃止、解体が始まっている。また1915年5月1日にアイレンブルク駅へ入る路線から中央駅までの連絡線が開通し、乗り入れが開始され、1915年10月にライプツィッヒの6つあった起点駅から旅客列車の取り扱いの中央駅への移管が完了した [8]。

　1915年12月4日、ライプツィッヒ中央駅完成式典がひらかれ、旧ドレスデン駅駅舎の土台に使われていたレンガを用いて作られた礎石が、東側駅舎に埋め込まれている [9]。この式典は1914年7月に開戦した第一次世界大戦の影響を受け小規模に開催され、プロイセン皇帝ヴィルヘルム2世やザクセン王フリードリヒ・アウグス

[7]

[8]

[7] 8つのアーチ式屋根が並ぶ郵便駅。裏手に郵便局とは渡り廊下で接続していたが、1994年に廃止され、現在は廃墟になっている（2017年）

[8] アイレンブルク駅は1942年に旅客列車の取り扱いを停止し貨物駅になっていたが、1994年に閉鎖され、現在は扇形庫跡を残し、公園になっている（2017年）

ト 3 世の隣席もなく、式典の様子を撮影した写真も残されていない。建設責任者の祝辞でも「世界を破壊する人々の闘争により交通環境は厳しい局面を迎えている。ただ、いつの日か中央駅は平和の祝福を提供するはずだ」と述べられるなど、戦時下であることが色濃くうかがえる。

建設開始当初、1914 年完成予定だったが、1911 年に起きたストラ

[9] ライプツィッヒ中央駅開業時に埋め込まれた礎石。「SCHLUSZSTEIN 14 DEZBR 1915（礎石 1915 年 12 月 14 日）」と刻印されている（2023 年）

イキや、第一次世界大戦開戦による労働力不足のため、1 年後ろ倒しされた。建設費用は、1902 年の建設計画サイン時に 1 億 3,500 万マルクが見積もられており、現在の価値に直すと 6 億 7,500 万ユーロ、日本円に換算すると 1,000 億円ほどになる。13 年後の最終合計では工期の延長があったにも関わらず、1 億 3,705 万マルクと、計画時より 1.5 ％上昇に留められており、綿密な見積もりと計画が事前になされていたようだ。この費用は、プロイセン邦有鉄道が 5 万 566 万マルク（全費用の 40.6 ％）、王立ザクセン邦有鉄道が 5 万 453 万マルク（39.8 ％）、ライプツィッヒ市が 2 万 1,100 万マルク（15.4 ％）、帝国郵便が 576 万マルク（4.2 ％）を負担した。

共同管理駅としての運営

ライプツィッヒ中央駅はプロイセンとザクセンの邦有鉄道の共同で運営され、1915 年 12 月 4 日の開業式典において、プロイセンの公共事業省（Ministerium für öffentliche Arbeiten）大臣代理人の祝辞にて、「州や帝国の国境を越えるつながりたる交通に祝福を。建設にあたっての燃えるような友好は誇りである」と述べられている。切符売場、待合室といった構内施設のみならず、信号所や側線、機関庫、管理棟、発電所といった設備にいたるまで別々に運営されており、唯一、暖房設備のみ共用されていたそうだ。ホームも 26 番線のうち、部分開業時から使用していた西側の 1 番線から 13 番線まではプロイセン邦有鉄道、14 番線から 26 番線は王立ザクセン邦有

鉄道の管理になった。両鉄道の駅長は毎朝9時に13番線と14番線の間にある境界線で定時連絡会を行っており、見聞では、金の装飾で鮮やかな異なる制服姿の二人の男が違う方向から近づき、13番線と14番線の間で彼らは出会い、二人の紳士は眉を上げて、高貴な懐中時計をひねり、相手と時間を比較し、短い意見の交換が続き、終わると両者とも手にビールを持ち、乾杯し引き上げたとある。ビールで乾杯は装飾で、事実とは異なるだろうが、当時の様子がうかがえる。

　駅舎も西側プロイセン邦有鉄道、東側王立ザクセン邦有鉄道と別々に本屋が建設された。同じ目的地でもいずれかの邦有鉄道を使う場合で切符売場が異なり、例えばミュンヘンまで行く場合、現在のチェコとの国境に近い地域を走る王立ザクセン邦有鉄道の路線であれば東側駅舎で、ザールフェルト（Saalfeld）など西側を通るプロイセン邦有鉄道の路線であれば西側駅舎で切符を購入しなくてはならず、不慣れな利用者であれば、駅構内を右往左往しただろう。また両鉄道はシステムも異なっており、例えば、当時の時間表記は、王立ザクセン邦有鉄道は午前、午後の12時間制に対し、プロイセン邦有鉄道は24時間制を採っている。駅でも、ホームの番線をプロイセン邦有鉄道はホームごとに、王立ザクセン邦有鉄道は、現在の日本と同じように線ごとに付与している。両側に路線を持ったホームが2面ある場合、プロイセン方式は1番ホーム、2番ホームとなるが、ザクセン方式だと1つ目のホームに1番線、2番線、2つ目のホームに3番線、4番線と付与されることになる。1912年にプロイセン邦有鉄道によって、ライプツィッヒ中央駅の使用が先行して開始された際には、ホームごとに番線を付与するプロイセン方式が採られたが、1915年の正式開業後、

[10]（左）共同管理時の名残りとして残る西側駅舎のプロイセン国章と　[11]（右）東側駅舎のザクセン王国紋章（2023年）

ザクセン方式に改められている。

　この分割管理は、1920 年 4 月 1 日に各邦有鉄道がドイツ国有鉄道に統合された後も、それぞれの運用規則の統合が図れなかったため継続され、西側はハレ鉄道管理局（Reichsbahndirektion Halle）に、東側はドレスデン鉄道管理局（Reichsbahndirektion Dresden）管理下として残された。そして 1934 年 10 月 1 日、ようやく全部がハレ鉄道管理局傘下になっている。この分割管理の名残りは東西両方の駅舎に見られ、西側にはプロイセンの国章が、東側にはザクセン王国の紋章が掲げられている [10] [11]。

2.
ライプツィッヒ中央駅を歩いて

巨大な駅舎は市民の誇り [口絵 p.22 の🅐]

　東西に広がる駅舎は全長 300 m と言われるが、正確には 298 m になる。ライプツィッヒ中央駅完成の前年 1914 年に開業した東京駅丸の内駅舎の全長が 335 m になるため、それに比べれば一回り小さいが、その巨大さには圧倒される。外装はネオゴシック様式を基調としつつ、近現在までの様式が網羅され、明るい灰色の砂利で覆われている。東西 2 棟ある駅本屋は、内部の床面積が 32 m × 52 m、高さは 23 m になり、西側本屋は 1912 年 4 月の最初の部分開業時に完成した [12] [13]。

　駅舎設計にあたっては、1906 年 10 月に 3 つの起点駅跡を活用し、市街地へ向かい東西に広がる 2 棟の駅本屋を持った対称的な駅舎を条件とし、対象をドイツ人に限定して公募された。76 におよぶ建築家や建築事務所からの応募があり、1907 年に建築家、エンジニア、ライプツィッヒ市長ら 25 人により構成された委員会による審査が行われ、1 位と 2 位、6 つの入賞作が表彰された。1 位は 2 つあり、1 つはベルリンの建築家でプロテスタント教会の設計で知られたユルゲン・クレーガー（Jürgen Kröger）で「真実、明晰さ、光と空気」をテーマとしており、もう 1 つはドレスデンの建築家ヴァルター・ウィリアム・ロッソー（Walther William Lossow）と義理の息子

[12]（左）は東側駅舎で礎石が埋められた付近から。[13]（右）は先に使用が開始された西側駅舎内部。時計の有無、地下の商業施設プロメナーデン入口の有無など違いはあるがほぼ同じ作りになる（2023 年）

マックス・ハンス・キューネ（Max Hans Kühne）の建築事務所による「光と空気」であった。いずれも、日光が内部に降り注ぐ建物を趣向しており、非常に魅力的であったため、さらに比較され、近代的で鉄筋コンクリート造りにこだわり、小さすぎた2つの待合室のサイズとデザインを一部変更するだけだったロッソー・キューネ建築事務所案が採用されている。なおこの事務所で働いていた主任建築家ルドルフ・ビッツアン（Rudolf Bitzan）は設計案の作成者は自らであり、事務所は考えを着服しただけと終生主張していた。事務所の名前で提出されたデザインでもあり、設計者個人の名前は現在でも不明である。

　開業時の新聞には「ライプツィッヒは世界最大で最も美しい新たな駅を誇りとする」の見出しと、「ここを完全な静けさが支配する時、この場所での滞在には必ず高揚感、荘厳な感情が湧き出す。なんて大きく、人の手によるものすごい創作物なのだろうか。ここではあなたがどれほど小さいのだろう」と感嘆し、高い天井の内装を「大聖堂（Dom）」と呼び賞賛している。現在も開業以来の装飾が施されており、駅舎そのものが遺構と言えよう。後から開業した東側駅舎本屋内は、西側駅舎本屋と比べ、開業を記念するモニュメントが多く設置されており **[14] [15]**、開業式典で埋め込まれた礎石や天井近くの側壁に「1909 年開始」と「1915 年建設完成」と書かれた紋章が、向かい合わせに掲げられている **[16] [17]**。外側にはドレスデン駅で 1864 年から掲げられていた紋章も、取り壊し時に回収され、東側駅舎外に掲げられている **[18]**。

　東西の駅本屋は、すべて対照的になっているのではなく、開業時には地元王立ザクセン邦有鉄道の管理する東側駅舎には、かつて小さな旗の掲揚台が 1 m ごとに設置されていた。これは、ザクセン王国王室のために設置したものであり、貴賓室も

[14]（左）＆ [15]（右）　駅舎に設置された数々の造形物で彩られている（2023 年）

[16]（左上）東側駅舎内に掲げられた建設開始1909年（2023年）
[17]（右上）完成年1915年を表したエンブレム（2023年）
[18]（左下）1864年から1913年まで使用されたライプツィッヒ・ドレスデン駅廃止後、東側駅舎上に移されたエンブレム（2023年）

置かれている。ただライプツィッヒ中央駅開業から3年後、1918年にヴァイマール共和制成立によりザクセン王が退位してしまったため、ほとんど使用されず、東ドイツ時代、見本市時に多くの訪問者が訪れホテル数が不足した際には、旅行会社の宿泊所になっている。またプロイセン邦有鉄道で管理されている西側駅舎内には、旅行者のための浴場、移民局の部屋、会社の体育協会ライプツィッヒ・ロコモティブ（Lokomotive Leipzig）のトレーニングルーム、また拘留所つきの交番もあったが、現在は撤去されている。

長く見通しの良いコンコース

　駅舎とホームの間に広がるコンコースは、長さ267m、幅32.5m、高さ17.7mになる[19][20]。厚さ8cmの鉄筋コンクリート造りの屋根には大型のガラスが張り巡らされ、内部まで日光を通し、印象的な雰囲気にしている。直線で見通しも良く、特徴的な内装をしていることから多くの媒体に掲載され、最近では2020年5月に新型コロナによるロックダウンが行われた際に、白昼まったく無人となったコンコー

[19]（左）[20]（右）　右側ホーム側にアーチが連なる直線のコンコース（上）とコンコースから見た東側駅舎への入口（2023 年）

スが報道写真として使用されている。コンコースも駅舎と同じく鉄筋コンクリートが採用されたが、アーチ状では実績が乏しかったため、ロッソー・キューネ建築事務所設計時においても細部は未定とされた。建設に先立ち実証試験が行われることになり、コンクリート工事で革新的な技術を導入し、日本でもディビダーク（Dywidag）の略称で知られるディッカーホフ＆ウィドマン社（Dyckerhoff & Widmann AG）が工事を請負、ドレスデン近郊のコッセバウデ（Cossebaude）の砂場で、ライプツィッヒ中央駅の鉄筋コンクリートによるアーチモデルを実サイズの半分で造り、強度などを調査している。その結果、事前に計算されたとおり、主要部の構造は実現可能であることが証明され、建設を開始した。

　第二次世界大戦における、ライプツィッヒ中央駅の空襲による被害は、1943 年 12 月 4 日に初めて記録されている。本格的に被害を被ったのは 1944 年 7 月 4 日のアメリカ軍の爆撃であり、東側駅舎は軽微な被害を受けるにとどまったが、西側駅舎が大破、コンコースは全壊している。ライプツィッヒ中央駅の機能は一時的に停止したが、周辺の駅や鉄道施設は軽微な損傷であったため、すぐに再開され、アメリカ軍が進駐した 1945 年 4 月 19 日にも鉄道は運行されていた。

　1948 年から東側駅舎の修復工事が始まり、1951 年に西側駅舎の修復とコンコースの再建が計画された。この作業は最新の仕様に基づいて行われることになり、鉄筋コンクリートも軽量に変更されるなどし、1962 年初頭に完成した。またコンコースの再建作業に合わせ、ホームの屋根も改修作業が行われ、原形に戻されている。この再建直後の様子は「*Der Modelleisenbahner*」1965 年 12 月号に紹介されており、「第二次世界大戦で爆撃により重大な被害を受けたライプツィッヒ中央駅は、ドイツ

の暗い歴史の記念碑となっていたが、我が国は克服した」、「建築家は現代の建築方法にもとづいた大規模な再建により、ライプツィッヒ中央駅はその建築の美しさのすべてで再び輝きを放っている。駅舎や構内は近代的で理にかなったデザインが採用され、新しいレストラン、切符売り場などは、我が国家の名刺となっている」とある。

このコンコースの再建作業における最も大きな変更点は、1957年12月15日に東ドイツの駅としては初めて、ホーム入口にあった改札口が外されたことだろう。これまでは、コンコースとホームの間には改札口があり、ホームに入る前に切符に印をつけていたが、廃止され、現在の姿になり、それに伴い10ペニヒの入場券も無くなっている。

食堂を転用した書店 [21]

現在コンコースには、ファーストフード店やスーパー、パン屋など、様々な店舗が軒を連ね、書店ルドヴィッグ（LUDWIG. Buchhandlung）となっている場所は、かつての食堂跡だ。約1,000 ㎡の広い店舗は2層構造になっており、二次世界大戦前まで、入口のフロアは3等、4等客用、そして中二階は1等、2等客用として使われていた。現在は15,000冊あまりの書籍や3,500種におよぶ新聞、雑誌が並び、幅の広い木製の階段を上った中二階には喫茶店がある。この中二階から店舗内を見回すと、アーチのかかった壁、シャンデリア、ステンドグラスの入った高い天井が目に入り、この場所が華やかな社交場だったことがうかがえる。

ライプツィッヒ中央駅の食堂を長年管理していた借地人エリック・ナウマン（Erich Naumann）は、1925年に出版されたレストランビジネスの本において、博覧会期間中のこの食堂の賑わいを仕入量で紹介している [22]。125 kgの牛の後部が82個、マトン65個、1,750 kgの豚肉、800個のアイスバイン、1,200羽のローストされた鶏肉、65個の鹿肉、1,200匹のウサギ、6万ペアのソーセージ、8,000リットルのブイヨン、

[21] コンコースに面した駅舎内にある、食堂を改装した書店ルドヴィック入口（2023年）

[22] ライプツィッヒは博覧会（Messe）会場であり現在も駅名に併記されている（2023 年）

14万4,000 個のパン、3万2,000 個の卵、1万 2,500 kg のジャガイモ、480 kg のカリフラワー、1,500 lg のキャベツ、1,000 kg のコーヒー、そして30 万リットルのビールと途方もない数字が列記され、見本市期間中には1 日あたり4 万人訪れたそうだ。のべ500 人の従業員が働く厨房は屋根裏にあり、巨大な料理器具は床では支えられないため、天井からチェーンで吊るされている。お客からの注文は気送管で厨房へと送られ、エレベータで料理を下ろした。

　このレストランが、何年に書店に改装をされたかは明確ではないが、筆者が1997 年12 月にライプツィッヒ中央駅に訪問した際にはまだレストランであり、2002 年に再訪した際には書店になっていたため、その間のことと思われる。1997 年訪問時には、高い天井と客の少ない隙間だらけ空間に小さな椅子とテーブルが置かれ、中二階部分は子供の遊具が置かれていた。駅弁の無いドイツでは、ライプツィッヒ中央駅に限らず、多くの駅にミトローパ社（MITOROPA）が経営し、深夜、早朝、そして休日でも開店している食堂があった [23]。夜行列車で到着後、朝早くから開店していたミトローパの食堂で朝食を食べたことは何度もあり、味はともかく、一息つくことができ、特に冬などはありがたかった。ミトローパのマークの入った重い食器に厚みの

[23]

[23] ミトローパ社は東ドイツ国鉄の給食面をすべて担っており、食堂車も運営していた（2023 年、ザクセン鉄道博物館）

あるフォークとナイフ、薄暗い室内の天井で紫煙をかき回す扇風機、どこからか聞こえるラジオなどは、何十年と変わらない雰囲気が思い出される。ただ悪く言うと時代に取り残された感もあり、駅構内の商業施設の充実が進められた 2006 年にミトロパ社は役割を終えるように廃業した。店舗の多くは閉鎖、他店舗に転用されているが、この書店のように食堂の雰囲気を残したまま使用されている事例は少ないだろう。

ホームとアーチ式屋根 [24]

　ホームの改修工事は 1990 年代後半より継続的に行われ、1997 年 12 月に筆者が当駅を訪問した際、工事個所を覆う塀が散見され、ホームの見通しが悪かったこと、また売店は閉鎖していたことを記憶している。2000 年には工事は完了しており、蒸気機関車の運行により煤が付着し、薄暗い採光しかできなかった天井部分やガタガタとした窪みが目立ったホームは、見違えるように美しくなった [25]。

　1 番線から 26 番線まで連なるホームは、幅 295 m、長さ 203 m、高さ 20 m のアーチ式屋根で覆われている。大型のアーチ式屋根 6 つ、東西の両端にある小型のアーチ式屋根 2 つ、計 8 つで構成され、駅舎と同じように左右対称になる [26]。このホームを覆う屋根の設計も公募され、1909 年にハノーファーで鉄材建築物会社を経営するエンジニアのルイス・アイラース（Louis Eilers）の案が採用されている。予備設計はユリウス・カーリグ（Julius Karig）、最終設計をアイラースが行い、経営するルイス・アイラース鉄骨建設（Louis Eilers Stahlbau）が工事を受注し、建設を開始した。

[24] 東西に広がるホームは鉄骨アーチ式の屋根に覆われている（2023 年）

[25] 採光が考慮された屋根からそそぐ光は時間や時期により違った光景を見せてくれる（2023 年）

[26] ホーム先端部より見たアーチ式の屋根（2023 年）[27] 駅舎からコンコースへは段差があり階段で上がる（2023 年）

　なおライプツィッヒ中央駅は、駅前広場から駅舎、駅舎内は平面だが、コンコースやホームは 5 m ほど上にあるため、駅舎内の階段を上がる必要がある **[27]**。階段ではなく、平面移動がしやすい頭端式駅の利点が損なわれ、現在におけるバリアフリーの流れからも逸脱した形状になる。この段差は、建設時に北方を横切るパーテ（Parthe）川を越える盛り土がされたためであり、建築材料の採掘は町の北西にあるアウエン（Anuen）湖で調達されている。

ターミナル駅のお色直し 商業施設プロメナーデン [28]

　1994 年 1 月設立時におけるドイツ鉄道の課題の一つに、旧態依然とした旧東ドイツ地域の駅構内設備の改修があった。その先駆けとして行われたのが、1995 年から1997 年にかけてライプツィッヒ中央駅の大改装だ。これはドイツ鉄道における駅構内における活用策のテストケースに位置付けられ、従来保持していた場所を他の用途に転用するものとして進められている。ライプツィッヒ中央駅の改修に際しては、ハンブルクの小売業の専門商社の支援やドイツ銀行からの融資を受け実施されることになった。1994 年 5 月 10 日までに計画の公募が行われ、120 におよぶ入札書類、30 におよぶ設計計画の中から、コンコースに 3 層で地下 2 階分の商業施設を設置し140 店舗を構える案が採用された。ただ改装に際しては、ライプツィッヒ中央駅のコンコース部分の建築物の保持が必須とされ、駅舎の文化財保護や修復も要件とされている。

　工事は 1995 年 11 月から始められ、工期は 2 年で 5 億マルクの予算が計上された。

[28] コンコース下の地上、地下2階と3層に広がる商業施設プロメナーデン（2023年）　[29] 様々な店舗が連なるプロメナーデンの成功は、他の駅へも広がりを見せている（2017年）

ライプツィッヒ中央駅のコンコースは閉鎖され、地下にあった荷物用トンネルや暖房室も撤去されている。駅舎からホームまでは仮の橋が結ばれ、コンコース地下へは工事用の車両が出入りできるよう出入口が設置された。工事期間中の構内は乱雑を極め、毎週様子が変わり、二つの駅舎本屋は出入口のみの機能を残し、ほとんどのサービスは閉店するなどの混乱が見られた。1996年夏に筆者はライプツィッヒ中央駅で乗り換えることがあり、昼食を買おうしたが、駅舎は閉鎖され、建設現場近くの埃っぽいホームにも店舗が見当たらず、結局食べられなかった記憶がある。3万㎡のコンクリートと4,000tの鉄材、8,000㎡の高圧式注入材が使われ、1997年2月3日に上棟式が行われ、クリスマス前の11月12日に予定通りに開業した。ドイツ語で散歩道、遊歩道を意味する、プロメナーデン（Promenaden）と名付けられ、開業式典には当時のドイツ首相のヘルムート・コール（Helmut Josef Michael Kohl）も出席し、開業を宣言するなど、期待の高さが感じられる。プロメナーデンは非常に好評であり、地元客のみならず観光客など幅広い利用者を呼び込んでおり、その成功は他の駅にも波及している[29]。現在ではドイツ各地のターミナル駅で駅ナカが整備され、様々な店舗が見られるが、ライプツィッヒ中央駅はそれらの先駆けになる。

積年の夢かなう　シティートンネル

　西端の1番線から5番線は、2013年12月15日に市街地北の中央駅から南のバイエリッシュ駅までを地下で結ぶ、Sバーン路線、通称シティートンネル（City Tunnel）の1面2線のホームへの入口に転用されている[30]。

[30] 西端の1番から5番ホーム跡に設置された地下駅への入口（2023年）

[31] 通過式1面2線のライプツィッヒ中央駅地下ホームにはSバーンが発着する（2023年）

　この市街地の南北2kmほどを結ぶ構想は、王立ザクセン邦有鉄道時代からの課題とされてきた。線路を敷設する場所の無い市街地を縦断するには、地平はもとより高架路線で結ぶことすら不可能であり、地下鉄道が最適とされた。中央駅開業後、1915年より東端の22番線、23番線の先から地下へと入る路線の建設がされ、700mほど掘削作業が行われたが、第一次世界大戦の影響で中止され、現在でもその遺構が残されている。トンネル跡は、1950年よりドイツ映画株式会社（Deutsche Film-Aktiengesellschaft、通称 DEFA）の主催する映画館に転用され、1992年まで使われた。

　21世紀に入った頃に、これまで困難であった資金の調達はEUや連邦、ザクセン州やドイツ鉄道が参加することにより現実化し、建設へ向けた調査が2003年7月に始まり、2007年1月よりバイエリッシュ駅で工事が開始されている。当初は2009年に完成予定だったが、複線トンネルから、単線トンネル2つを掘る方法に変更されたため、工期が延長され、2013年12月15日にようやく開通した [31]。

3.
24番ホームの保存車両と
ドイツの高速気動車網

構内の駐車場は目障りのようで

プロメナーデンの建設とともに、東端の 25 番線、26 番線ホームは解体され、駐車場へ転用されている [32]。東ドイツ国鉄時代より両ホームとも使用頻度は低かったが、プロメナーデンと比較し、この駐車場設置は駅全体の外装や構内の雰囲気を大きく変えるものとして、反対意見が多く出されている。「*Der*

[32] ライプツィッヒ中央駅東端の 25 番線、26 番線は駐車場へ転用されている（2023 年）

Modelleisenbahner」1995 年 12 月号には、「市民団体が歴史的な駅の保存をうったえ、文化財保護の立場からライプツィッヒ中央駅の東側に立体駐車場を建設することに反対している」とあり、ライプツィッヒ市長のハインリッヒ・レーマン（Hinrich Lehmann）に 3 万人の異議申し立て署名を渡したことを伝えている。そのためライプツィッヒ市では妥協案として、25 番線と 26 番線跡地に高さを制限した 2 階建ての駐車場を設置し、24 番線は駐車設備への目隠しとして、保存車両の展示用に活用するとした。こうして 600 台分の立体駐車場と駅構内の間にある壁面には、ライプツィッヒ中央駅のあゆみを説明するパネルが掲げられ [33]、24 番線には 2002 年より保存車両が置かれている [34]。

筆者が 2002 年 5 月に訪問した際、24 番線には保存用鉄道車両規則に 1983 年より記載されていた流線型の高速気動車 SVT137 225 号機が展示されていたのみであったが、続々と補充され、現在は蒸気機関車 1 両、電気機関車 3 両が加わり、アー

[33] ホームから1段高い駐車場2階部分の壁面に掲げられたライプツィッヒ中央駅のあゆみ説明板（2023年）
[34] 24番線は博物館ホームとされ、駐車場への目隠しとして蒸気機関車1両、電気機関車3両、高速気動車SVT137 225号機が展示されている（2023年）
[35] 以前は全廃されたばかりの東ドイツ国鉄のレールバスが24番線に展示されていた（2005年）

チ式の屋根の下に置かれている。なお筆者が2005年11月に再訪した際にはレールバス772 342号機も展示されていたが、現在は、所有者である鉄道愛好家の団体に返却されているなど、入替も行われているようだ [35]。常設展示であるが、車両の内部には入場できず、管理者も常駐していないため、部品の盗難防止対策だろうか、従来であれば鋼鉄製の製造者プレートには、各車両へ紙のコピーが代わりに貼付されている。現在、24番線は「Museumsgleis」、直訳すると「博物館ホーム」と呼ばれ、駅構内における車両展示という、ドイツはもとより本邦でもなかなか見られないユニークな展示が行われている。

　これら保存車両の中でも最初期から展示されているSVT137 225号機は、ドイツ国有鉄道の高速気動車網を形成した歴史的に意義深い車両になる。ライプツィッヒ中央駅やザクセンにも縁の深い、ドイツ国有鉄道の高速気動車について紹介したい。

1930年代ドイツの高速気動車網 [36]

　ドイツ国有鉄道はベルリンとドイツ各都市を日帰りで結ぶ高速列車網の形成を

形式名	形式（ドイツ国有鉄道時代）	編成あたりの両数	編成数	製造初年	全長（m）	定員（名）	台車	備考
Fliegender Hamburger	SVT877	2	1	1932	41.92	98	連接式	2等車のみ、ビュフェ4席
Hamburg	SVT137 149-152、137 224-232	2	13	1935	44.756	77	連接式	2等車のみ、ビュフェ4席
Leipzig	SVT137 153, 154, 233, 234	3	4	1935	60.15	139	連接式	2等車30名、3等車109名。試験時に最高速度205km/hを記録
Köln	SVT137 273-278、851-858	3	14	1936	70.205	102	ボギー台車	2等車102名の他に食堂車30名設置
Berlin	SVT137 901-903	4	2	1938	87.45	126	ボギー台車	SVT137 903は先頭車1両のみ製造、2等車のみ
Kruckenberg	SVT137 155	3	1	1939	70.08	100	連接式	試作車、試験時に最高速度215km/hを記録

はかるため、高速気動車の開発を進めている。1932年8月に2両1編成で全長41.92 m の連接式高速気動車が、ザクセン州東端の街ゲルリッツ（Görlitz）のゲルリッツ車両機械製造会社（Waggon- und Maschinenbau AG Görlitz）にて製造され、各種試験に用いられた後、1933年5月15日より列車名フリーゲンダー・ハンブルガー（Fliegender Hamburger）号として、ベルリン・レルター（Berlin-Lehrter）駅－ハンブルク・アルトナ（Hamburg-Altona）駅間で運行を開始した。ベルリン・レルター駅からハンブルク中央駅までは無停車になり、286.8 km を2時間18分で結んだ [37]。410馬力のエンジンを2台搭載し、最高速度は160 km/h、表定速度は124.7 km/hを誇り、これまで最速だった2時間59分から大幅な短縮となった [38]。この記録は1998年5月23日に ICE が2時間14分で結ぶまで破られず、記録を破った ICE は、かつての列車名フリーゲンダー・ハンブルガーと命名されている。初期故障もあり、蒸気機関車による代替列車も設定されることもあったが、

[37] DB博物館に編成の一部が展示されているフリーゲンダー・ハンブルガー形（2019年）

[38] ニュルンベルクの交通博物館に展示された各高速気動車の模型。上からフリーゲンダー・ハンブルガー形、ハンブルク形、ライプツィッヒ形、ケルン形になり、長編成、大型化が図られている（2019年）

やがて克服され、二等車のみで定員 98 名、ビュッフェ 4 名分の高速運転は非常に好評を博した。他路線へ拡大するため量産化が始められ、1935 年から 1936 年にかけてフリーゲンダー・ハンブルガー形の量産車とも言える連接式 2 両 1 編成のハンブルク（Hamburg）形が 13 編成登場した [39]。二等車のみで、フリーゲンダー・ハンブルガー形では座席が 3 人用と 1 人用が並んでいたが、2 人用と 1 人用になったため定員は 77 名に減ったものの、4 名分のビュッフェも設置され、全長も 44.756 m へ延びるなど、居住性は改善している。1935 年 5 月 15 日に最初の 5 編成が配属され、7 月 1 日よりベルリン・アンハルター（Berlin Anhalter）駅 − ケルン中央駅間で運行を開始し、途中のハノーファー（Hannover）− ハム（Hamm）間では、定期列車では世界最速となる表定速度 132.2 km/h にて運行された。1935 年 8 月 15 日よりベルリン・アンハルター駅 − フランクフルト中央駅間の運用も開始され、ライプツィッヒ中央駅にも乗り入れている。蒸気機関車牽引であれば、頭端式駅のため機関車の付け替

[39] ライプツィッヒ中央駅に展示されている SVT137 225 号機は量産車となるハンブルク形（2023 年、ライプツィッヒ中央駅）

えが必要となり、通過式のハレ駅経由になっただろうが、前後に運転室のある気動車の利便性を発揮し、ライプツィッヒ中央駅経由が選択されている。ベルリンからライプツィッヒ中央駅間を最速では 77 分で結んでおり、このスピードは 2006 年まで破られることは無かった。

　高速鉄道網は広がりを見せ、1936 年 5 月 15 日よりベルリンからミュンヘン、シュトゥットガルト間での長距離運行を開始している。ミュンヘン中央駅を 6 時 40 分、シュトゥットガルト中央駅を 6 時 8 分にそれぞれ出発し、ニュルンベルク中央駅で併結され 8 時 31 分発、ライプツィッヒ中央駅には 11 時 59 分に到着し、ベルリン・アンハルター駅 13 時 20 分着になる。そしてベルリン・アンハルター駅を 17 時 6 分に出発し、ミュンヘンには 23 時 42 分、シュトゥットガルトには 0 時 13 分の到着になる。ベルリン － ミュンヘン間は 675 km ほどになるので、表定速度は 100 km/h ほどだ。この長距離運用もあり、1937 年の 13 編成合わせた月あたりの走行距離は 22 万 2,000 km、1 編成あたり 1 日に 560 km ほどの運行距離になっており、スピードもさることながら、定期運転を支えた優れた保守や修繕の技術力がうかがえる。また 1935 年にはエンジンの出力を 820 馬力から 1,200 馬力にアップさせ、3 両 1 編成、全長 60.15 m と大型化された連接式のライプツィッヒ形が 4 編成製造された [40]。定員も 2 等車 30 名、初の 3 等車 109 名へと増加し、1936 年 2 月 17 日には、量産化された鉄道車両として当時世界最速の 205 km/h を記録している。そして 1936 年 5 月 15 日よりベルリンから東部ボイテン（Beuthen）まで 336 km を結ぶ運用についている。

[40]

[40] 3 両 1 編成になり大幅に定員がアップしたライプツィッヒ形（1996 年）

[41] ドイツ蒸気機関車博物館で保管されていた
ケルン形（2020 年ドイツ蒸気機関車博物館）

　1936 年になると、1,300 馬力のエンジンを搭載し、さらに大型の全長 70.205 m の
3 両 1 編成のケルン（Köln）形が 14 編成投入され、定員は 2 等車のみ 102 名に加え、
高速気動車では初となる定員 30 名の食堂車も組み込まれた [41]。ケルン形はベル
リン以外にも配置され、1938 年よりライプツィッヒ西機関区、ハンブルク・アルト
ナ機関区、ドルトムント機関区所属として、ハンブルク－フランクフルト、ケルン
－ハンブルクなどベルリンを通らない高速気動車網も形成している。

　1935 年に鉄道開業 100 周年を迎え、1936 年にベルリンオリンピック開催と記念
行事の続く中、高速気動車はドイツを代表する車両として注目を浴び、100 周年の記
念切手にはドイツ初の蒸気機関車アドラー号とともにフリーゲンダー・ハンブルガー
も採用された。また 7 月 14 日より 9 月末までニュルンベルクで開催された車両展示
会でも、古い機関車の参加に消極的だったこととは対照的に、フリーゲンダー・ハ
ンブルガーとライプツィッヒ形が展示されている。1938 年には 4 両 1 編成のベルリ
ン（Berlin）形、また 1939 年に先頭部のボンネットにエンジンを搭載し、その上部に
運転室を設置するなど、新たな外観となったクルッケンベルク（Kruckenberg）形が登

[42] ドレスデン交通博物館に展示されているクルッケ
ンベルク形モータ（2023 年）

[43] 運転席を上部にした外観が特徴的なクルッケンベ
ルク形の模型（2023 年ドレスデン交通博物館）

場し、試験運転では最高速度 215 km/h を記録している [42] [43]。そして 1939 年に最盛期を迎えた高速気動車網は、ベルリンやハンブルクなどを基点に、1 日あたりの運行距離は 18,824 km に及んだ [44]。このように順調な発展を見せたドイツ国有鉄道による高速気動車の開発、運用だが、1939 年の第二次世界大戦開戦により、ベルリン形、クルッケンベルク形いずれも量産されることなく、また高速気動車の運転も 1939 年 8 月に打ち切られている。

[44] 1939 年夏ダイヤの高速気動車使用列車

列車番号	運行区間	運行開始年	備考
FDt 15/16	Berlin Stadtbahn–Hamm–Essen–Köln	1935	ベルリン行FDt15はケルン-ハム間FDt37と併結、FDt15/16いずれもベルリン-ハム間はFDt 17/18と併結
FDt 17/18	Berlin Stadtbahn–Hamm–Wuppertal–Köln	1936	ベルリン-ハム間はFDt 15/16と併結
FDt 22/23	Berlin Lehrter Bahnhof–Hamburg Altona	1933	平日のみ運行、1939年まではフリーゲンデ・ハンブルガーの列車番号FD1/2
FDt 24/25	Berlin Lehrter Bahnhof–Hamburg Altona	1938	平日のみ運行
FDt 27/28	Berlin Lehrter Bahnhof–Hamburg Altona	1938	
FDt 33/34	Berlin Anhalter Bahnhof–Basel SBB	1939	高速気動車では最長となる876kmをベルリン発は8時間30から36分かけ運行
FDt 37/38	Köln–Essen–Hamburg Altona	1935	ハンブルク行FDt37はFDt15とケルン-ハム間併結、FDt38は全区間単独運行
FDt 45/46	Berlin Stadtbahn–Breslau–Beuthen	1935	Leipzig形にて運行され2等車、3等車、ビュッフェを併結
FDt 49/50	Dortmund–Köln–Frankfurt–Basel	1939	平日のみ運行
FDt 51/52	Wilhelmshaven–Hannover–Berlin Stadtbahn	1938	平日のみ運行
FDt 77/78	Karlsruhe–Frankfurt–Kassel–Hannover–Hamburg Altona	1938	平日のみ運行、時刻表には「当分の間フランクフルトまでの運行」と記載
FDt 231/232	Leipzig–Magdeburg–Hannover–Wesermünde-Lehe	1939	平日のみ運行
FDt 458/459	Leipzig–Dresden Neustadt–Görlitz–Breslau	1939	時刻表に記載はあるが「時刻はいずれ発表」と記され、運行されていない模様
FDt 515/520	Köln–Wuppertal–Hamm–Hannover–Magdeburg–Leipzig	1939	ケルン-ハノーファー間はFDt15に併結
FDt 551/552	München–Nürnberg–Leipzig–Berlin Anhalter Bahnhof	1936	平日のみ運行、ニュルンベルク-ベルリン間はシュツッツガルトを結ぶFDt1551/FDt1552に併結
FDt 571/572	Frankfurt am Main–Erfurt–Leipzig–Berlin Anhalter Bahnhof	1935	平日のみ運行
FDt 583/584	Hamburg Altona–Magdeburg–Leipzig–Dresden	1939	平日のみ運行
FDt 1551/1552	Stuttgart-Nürnberg–Leipzig–Berlin Anhalter Bahnhof	1936	平日のみ運行、ニュルンベルク-ベルリン間はFDt551/FDt552に併結

ライプツィヒ中央駅の花
ハンブルク形SVT137 225号機 [口絵p.26の**P**]

24番ホームで展示されている SVT137 225 号機はハンブルク形になる。1935 年 7 月 4 日にゲルリッツ車両機械製造会社の製造番号 8413 にて製造され、同年 8 月 8 日よりドイツ国有鉄道の高速気動車が集中配置されていたベルリン・アンハルター機関区に所属した。ベルリンからハンブルクはじめ、各都市を結ぶ定期列車に使用され、1939 年 5 月 30 日からライプツィッヒ西機関区に所属した。それ以降の履歴は不明だが、1950 年頃より東ドイツ国鉄の車両として、ベルリン・アンハルター機関区に戻り、政府専用機やベルリンから東欧各国を結ぶ国際列車に使用されている。アンハルター機関区の閉鎖にともない、1955 年頃に気動車専用のベルリン・カールスホルスト（Karlshorst）機関区に移るが、1960 年代に入ると、戦前からの高速気動車の置き換えが進められ、定期運用を外れている。しかし 2 両 1 編成の身軽な編成であることから、政府用列車や交通大臣用の車両へ転用されることになり、1961 年に内装がサロン車に改装され、1962 年にはディーゼルエンジンも新製時以来のマイバッハ社（Maybach）製の 410 馬力 2 台から、チェコの ČKD 社製の 600 馬力 2 台に載せ替えられている。

1982 年 3 月 3 日に休車、1983 年 8 月 10 日に廃車となるが、保存用鉄道車両規則にて保存車両に選定され、1985 年のドイツ鉄道 150 周年には、西ドイツのニュルンベルクまで運ばれ、展示が行われている。廃車後しばらくは東ドイツ国鉄時代の赤とクリーム色の 2 色の塗り分けだったが、1990 年に再整備され、動態保存機になった際にドイツ国有鉄道時代の紫色とクリーム色に塗り替えられ、側面には当時の各種表記も復元されている [口絵 p.26 の**Q**]。1991 年 11 月 20 日にハンブルク近郊で運転された際には 168 km/h にて運転もされ、1994 年には 9,976 km にわたって運行されるなど、健脚健在を印象づけた。鉄道専門誌「*Eisenbahn Kurier*」1998 年 4 月号には「ハンブルク形、インターシティ（特急）として再運用」との見出しと、当時のインターシティ色に塗られた SVT137 225 号機が試験走行を行っている写真が掲載されている。記事にはインターシティの接続列車として 140 km/h 走行を行うため試験がなされたとあり、ご丁寧にも駅間ごとの速度グラフまで掲載されていた。これを読んだ筆者はすっかり期待して、運行を心待ちにしていたが音沙汰無く、12 月号

[45] 静態保存だが、出張展示もされている。写真はライプツィッヒ ICE 整備工場公開時（2014 年）

に掲載された記事一覧に「Aprilscherz（エープリルフール）」と書かれ、初めて理解できたことがあった。記事には「1998 年 4 月 1 日に公式に発表される」とあり、写真もよくよく見れば合成っぽさも感じられ、読めば感じるものがあるのだろうが、疑念すら持てなかったのは SVT137 225 号機の素晴らしい高速性能があってのものと思いたい。

　1999 年 11 月に動態保存も終了し、ライプツィッヒ中央駅の 24 番線で展示されている。現在は静態保存だが、出張展示される際は、機関車にけん引されての移動も行われている [45]。現在の SVT137 225 号機は、窓に簡単な説明書が付けられ、外部からの見学のみ可能である。内部に入ることはできず、窓にはカーテンがかかっており、内装を見ることは難しいようである。またホームで足回りが隠れてしまい、2両編成の接続部分に取り付けられた、連接式の台車を見ることができないのは残念だ。しかし外装については、たまたまかもしれないが、埃っぽく、溶接部分には補修跡もあるものの、屋根内での保存であり良好な状態が保たれており、ターミナル駅で駐車場横と人通りも多く、明るいライプツィッヒ中央駅構内での展示は、駅の雰囲気にも馴染み、高速気動車の歴史的な価値をより高めている。

現役の駅も立派な博物館

　駅は鉄道を利用するための設備であり、利便性を追求し、改良された使いやすさが常に求められている。筆者がライプツィッヒ中央駅を初めて訪れたのは 1996 年夏、

駅舎は黒く汚れており、煤けているためか採光性が低い構内は薄暗く、舗装がめくれガタガタのホームと、経年劣化が目立っていたが、プロメナーデン建設を機に明るさのある駅へと印象は変化し、今ではまったく違う駅のように感じている。ただライプツィッヒ中央駅は、すべてを新しいものに変えるのではなく、駅舎やコンコースはじめ長年使用されてきたものを活用し、過去の痕跡を意識して残しつつ作業が進められている。それらにスポットを当て、かつての面影やこれまでのあゆみに思いをはせるのも、博物館と同じような楽しみの一つになると感じている。

　そして24番線の博物館ホームのように、駅構内の使用されていないホームに保存車両を展示する手法は、屋内への保存が難しく、整備が軽視されがちの鉄道車両の保存において新たな手法とも言える。独特の雰囲気の中の車両展示として、日本においても広がることを願っている。

補足メモ
ライプツィッヒ中央駅開業前のターミナル駅 バイエリッシュ駅 [46]

　バイエリッシュ駅の象徴は、頭端式ホームの先に位置する柱門と駅舎跡になる。これらはライプツィッヒの建築家ペッチュ（Christian August Eduard Pötzsch）の設計により1841年から建設され、ツヴィッカウ駅開業の1年前、1844年9月19日に完成した。1915年12月4日にライプツィッヒ中央駅が開業すると、バイエルン地方からの列車も中央駅に発着し、バイエリッシュ駅にはローカル列車や貨物列車が発着す

るのみになるが、市内南部の駅や貨物取扱施設として、建物や構内の設備はそのまま残されている。第二次世界大戦では、ホームや東側駅舎などが空襲の被害を受けるにとどまり、東ドイツ時代の1980年代半ばに、貴重な文化財として柱門と駅舎が保存され、手狭なドレスデン交通博物館に代わる鉄道展示施設として広い構内を使用する案が何度か出されてい

[46] バイエリッシュ駅の柱門と駅舎跡。駅舎跡はレストランになっている（2023年）

る。ただ、東ドイツ時代の写真を見るとレンガがむき出し、塗装もはがれ、荒れた外装だったようで、東西ドイツ統合後の1991年にようやく修復されている。

　筆者がこのバイエリッシュ駅を初めて訪れたのはライプツィッヒ中央駅と同じ1996年夏になる。列車は2時間に1本ほどと少なく、電気機関車にひかれた3両ほどの客車列車に乗って、昼過ぎに到着した。頭端式の長いホームの先にそびえる柱門はひときわ大きく、広々とした構内はかつてのターミナル駅の面影を強く感じさせたが、線路やホームは草で埋もれ、列車が到着しわずかな乗客が去ると、一気に静寂につつまれた。東側に東ドイツ独特の画一的な外観のマンションが立ち並び、駅正面には車や市電がひっきりなしに行きかう中で、ぽっかりと取り残されたような空間だった印象がある。

　そんなバイエリッシュ駅も合理化を進めるドイツ鉄道では例外ではなく、2001年6月に定期列車の運行が終わりをむかえ閉鎖されている。しばらく放置されたが、中央駅から市内を南北に縦断するシティートンネル構想が具体化すると、南端の地下駅として再開されることになり、2013年開通時に装いも新たに開業した[47]。柱門や駅舎跡の周辺も、2011年初頭から2012年5月にかけて大幅に再整備され、現在、美しい姿を目にすることができる。

　柱門の左端の柱にはバイエルン王国の紋章、真ん中と右端の柱にはザクセン王国の紋章が掲げられ、かつてはバイエルンへの玄関口だったことがうかがえる。また柱門の上に、東ドイツ時代は「BAYERISCHER BAHNHOF」と駅名が掲示されていたが、改装された現在は「SÆCHS.-BAYERSCHE STAATS-EISENBAHN」と開業時の社

名、字体が忠実に復元されている。AとEが、合わせ文字になるこだわりもうかがえ、なんとも魅力的な装いになる[48]。ホーム跡などの地上部分は、定期列車運行終了以来放置されていたが、ライプツィッヒ市が再開活を計画しており、いずれ大きな変貌が見られそうだ。

　現在のバイエリッシュ駅の駅舎跡は、2000年7月19日にオープンし

[47] シティートンネルの南端駅に2013年に地下駅として再開業したバイエリッシュ駅（2023年）

[48] 柱門の改装も行われ、紋章や字体など忠実に再現をされている（2023年）

たレストラン「Gasthaus & Gosebrauerei Bayerischer Bahnhof」になっている。こちらで忘れてはならないのは、ライプツィッヒの名物ビール「ゴーゼ（Gose）」だろう。もともとはブロッケン山で知られるハルツ地方ゴスラー（Goslar）で作られていた、小麦と香菜、塩を加え乳酸菌で発酵させたビールになる。このゴーゼ、1516年4月23日にバイエルン公ヴィルヘルム4世が制定し、現在でも適用される最古の食品法として有名な「ビール純粋令（Reinheitsgebot）」において「ビールは、麦芽・ホップ・水・酵母のみを原料とする」と定められ、1906年にドイツ全土に適用されると、その他の原料を使っていたため、製造が困難になっている。しかし東ドイツ時代には原料不足、また、もともとは西ドイツのバイエルンを起源とした法であったこともあり、東ドイツにビール純粋令が適用されなかったため、ゴーゼの製造が再開されている。レストラン内にある醸造所で作られたアルコール分4.5％でフルーティなゴーゼを、広々とした駅構内跡を活用して併設されたビアガーデンで、鉄道やビールの歴史に浸りつつ、味わいたい。

第4章
【工業都市ケムニッツの ザクセン鉄道博物館】

Sächsisches Eisenbahnmuseum Chemnitz-Hilbersdorf

1.

ケムニッツをめぐって

　ケムニッツはザクセン州内でドレスデン、ライプツィッヒに次ぐ第三の都市になる。19世紀後半の産業革命後、蒸気機関を動力とする紡績、機械などの工場が立ち並ぶ工業都市に発展し、「ザクセンのマンチェスター」、「煤のケムニッツ」と呼ばれていた。第二次世界大戦後は、東ドイツの工業分野における模範都市として、1953年5月10日に市名をカール・マルクス・シュタットに改称している。主にドイツ西部で過ごしていたカール・マルクスとは無縁だが、市内中心部にはソ連の彫刻家レフ・ケルベリ（Lew Jefimowitsch Kerbel）の設計により、1971年に完成した高さ7.1 m、重さ40 tの巨大なカール・マルクスの頭部の碑がある [1]。東西ドイツ統合後、市名の変更について1990年4月に住民投票が行われ、ケムニッツへの再変更を76 % が支持したが、当初の予想を下回る支持率であり、生まれた時からカール・マルクス・シュタットだった世代の不支持が目立ったそうだ。1990年5月30日の東西ドイツ統

合後初の市議会において 65 対 11 で市名をケムニッツに戻すことが採択され、1990 年 6 月に施行されている [2]。

市内中心部から北東 4 km ほどにザクセン鉄道博物館（Sächsisches Eisenbahnmuseum）はあり、扇形庫 2 棟や直径 20 m の転車台はじめ、各設備が残されたかつての機関区を使った博物館になる。2020 年には、1996 年に閉鎖された隣接するケムニッツ・ヒルバースドルフ操車場（Rangierbahnhofs Chemnitz-Hilbersdorf）を、新たに展示施設として整備し、「Schauplatz Eisenbahn」として開館している。工業都市ケムニッツの物流を支えた機関区跡や操車場跡を使った、ここまでの規模を誇る博物館も珍しいだろう [3]。訪問のたび、ラルフ・ベックマン（Ralf Bechmann）氏より長時間にわたりご案内いただき、貴重なお話や写真をいただいている。ベックマン氏に教えていただいたことを含めつつ、シュヴァルツェンベルクとはまた異なる鉄道博物館を紹介したい。

ライブツィッヒからケムニッツまではコンパートメント車で

ケムニッツは、ザクセンの三角形と呼ばれた電化計画の一角を形成するなど、ドレスデンやツヴィッカウなど、あらゆる方向からのアプローチが可能だが、ライブ

[1] ケムニッツ市街地中心部にあるカール・マルクス頭部の碑（2023 年）

[2] 東ドイツ国鉄の客車に掲げられたバルリン － カール・マルクス・シュタット間の行先表示板（2023 年、シュヴァルツェンベルク鉄道博物館）

[3] ザクセン鉄道博物館は 2020 年に操車場と合わせた展示施設として大幅改装されている（2023 年）

[4]（左）&［5]（右）　ライプツィッヒ中央駅で出発を待つ RE6 路線。ケムニッツ方面が制御用客車になり、ライプツィッヒ方面にディーゼル機関車 223 形が連結される（2023 年）

[6]（左）&［7]（右）　5 両編成で運行され、先頭の制御用客車以外はコンパートメント車（2023 年）

ツィッヒからケムニッツまで 81 km を結ぶ非電化路線を使っての訪問を紹介したい。この路線は運行会社の中部ドイツ地方鉄道（Mitteldeutsche Regiobahn）の RE6 路線として運営されており、コンパートメント車を含む 5 両編成の客車列車を使い毎時 1 本設定されている [4] [5]。最近ドイツでも開放式の座席が大半を占めており、コンパートメントのみの車両に出会うことは少なく、独特の雰囲気を残した列車になる [6] [7]。ある休日の夕方、この路線のコンパートメントの窓際に 1 人で乗っていると、男性 4 人ずれが「どうも」と挨拶してとかどか乗ってきた。コンパートメント車に乗り込む際に先客がいた場合、必ず一声挨拶をするのがドイツの礼儀になるようだ。そして 4 人向かい合わせに座り、手慣れた様子でトランプを始めた。時折笑い声や、茶化す声などもあげつつ何回か繰り返し、途中駅への到着を知らせるアナウンスが流れると、下車する用意を始めた。そしてトランプを箱に入れ、席に置いたまま立ち去ろうとしたため、「忘れ物！」と慌てて声をかけると、「これ札を無くしたので、もう要らないのだよ」と言い残して去って行った。札が揃っていなくてもトランプっ

[8] ザクセン州らしい丘陵地帯を行く（2023年、ケムニッツ郊外）

[9] RE6路線はケムニッツ中央駅の西端5番線に発着。左は路面電車のホーム（2023年）

てできるのだなと、変なところで感心したが、このような思い出もコンパートメント車ならではだろう。

　RE6路線はライプツィッヒ中央駅の博物館ホーム24番線のすぐ隣、東端の23番線から発着する。出発後東へ向かい、ライプツィッヒ中央駅建設時にザクセン邦有鉄道の貨物駅が開業したエンゲルスドルフに広がる多くの側線を抜け、市街地を通り、ライプツィッヒの郊外で南へ進路を変える。わずかな勾配と曲線のつづく典型的なザクセンの丘陵地帯を、たまに風力発電の風車を見つつひたすら走行し [8]、工場が立ち並び、構内への専用線が目に付くようになると、終点ケムニッツ中央駅に到着する [9]。特徴ある沿線風景ではないが、2011年までシーメンス社で製造されたディーゼル機関車223形が表定速度80km/hほどで飛ばす、1時間ほどの車窓は変化が多く、飽きることが無い。なおケムニッツ市の入口に位置する停車駅、ブルクシュタット（Burgstädt）駅からは、ケムニッツ中央駅までRE6路線と同じ非電化路線を通り、中央駅でパンタグラフを上げ、路面電車に乗り入れカール・マルクス像や市庁舎を見つつ市内中心部を結び、再び非電化路線に入りアウエまで結ぶ系統も出ている [10] [11] [12] [口絵 p.29 の**D**]。非電化路線から路面電車を直通させる系統はケムニッツ・モデル（Chemnitz Modell）と呼ばれ、現在は3系統になり、今後さらなる増加が計画されている。

　かつてライプツィッヒ－ケムニッツ間はドイツ鉄道により運営され、筆者が2002年5月に初乗車した際は2両1編成の642形気動車により、ケムニッツ発7時28分、ライプツィッヒ着9時11分と1時間43分を要している。休日の朝で乗客も少なく、曇天の中、丘陵地帯をゆるゆると進み、途中すれ違いのため十数分の停車も行うなど、

ザクセン州の主要都市を結ぶにしては時間がかかり、メリハリの無い間延びした路線だった印象が強く残っている。そう思うのは筆者だけでは無かったのか、2003年6月から線路の改良工事が始まり、2005年12月11日には所要時間が59分になっている。さらに2006年12月10日から振り子機能を装備した612形気動車の運行が始まると、53分まで短縮され、表定速度も90 km/h超に達するなど、特別料金の要らない普通列車とは思えない速達化が図られた[13]。しかし612形気動車の振り子機能に問題が発覚したため、2009年10月21日から傾斜の使用を取りやめると、現在と同等の1時間ほどを要すようになっている。大きな変化は2015年12月13日にあり、フランス系運行会社トランスデヴ社（Transdev）の関連会社で、ライプツィッヒに本拠を置く運行会社中部ドイツ地方鉄道が運行を請け負い、現在の形になった。路線図上はドイツ鉄道だが、行き交っているのは運行会社の車両になるため、ドイツの鉄道関係者でも、このような区間を私鉄（Privatebahn）と呼んでいるようだ。ドイツの中短距離路線は、ドイツ鉄道保有の路線上に、入札を経て運行会社が運営するケースが各地で増加しており、ライプツィッヒ中央駅で見ていると、あらゆる会社の車両

[10] 途中駅ブルクシュタットはケムニッツモデル路線の起点になり、ケムニッツ市内まで非電化路線を走行（2023年）

[11] ケムニッツ中央駅路面電車用ホームに到着、ここでパンタグラフをあげる（2023年）

[12] ケムニッツ路面電車区間を出ると再び非電化区間に入線しアウエまで運行（2023年、アウエ駅）

[13] 振り子機能を装備した 612 形も一時的に導入されていた（2007 年）

[14] コンパートメント車出入口部の製造銘板には1984 年バーシュタット製とある（2023 年ケムニッツ中央駅）

が出入りしており、むしろドイツ鉄道のマークを掲げた車両が少ないほどだ。運行会社による運営は経費削減、安定した輸送の実施、そしてサービス水準の向上が期待され、新車の導入を行う事例が多く見られる。RE6 路線は他社の事例に背くように、使用されている 5 両編成の客車のうちコンパートメント車 4 両は、1980 年代を中心に約 1,400 両製造され、東ドイツ国鉄の長距離列車で使用されていた「ハルバーシュタット（Halberstadt）形」になる [14]。2003 年にトランスデヴ社所有となり、改修後、系列会社によるケルン（Köln）– Rostock（ロストック）間や、2006 年ワールドカップ開催時における特別運行、また 2006 年 12 月からはハンブルク（Hamburg）– ヴェスターラント（Westerland）間などで運用された。RE6 路線用には 16 両が用意され、内装の大幅な改修や塗装の変更を行っており、乗降扉の階段部分に 1985 年製造、2003 年改造と明記された銘板 2 枚が見られる。コンパートメント車は 1 両あたり 6 人用が 10 部屋設置され、車両中央部 2 部屋は携帯電話の使用やお喋りなどが禁止された部屋（Ruhebereich）になっている。3 両目に 1 等車が 4 部屋あるが、内装などの差は見られず、混雑する時間でも席を探し回ること無く着席できることが売りなのだろう。3 両目には 2 部屋の女性優先室（Frauenabteil）もある。編成の最後尾は、機関車の遠隔操作を行う運転台を装備した客車であり、こちらはドイツ鉄道で使用された 2 等車の開放席で、折りたたみ式の椅子、車いす席も設置されている。

　バリアフリーのトイレ設置や、各車両のデッキには車いす用、ベビーカー用のスペースを確保し、自転車も 1 編成で 20 車ほど輸送可能にするなど、改善も施されているが、乗降口には階段が残され、お年寄りなどはだいぶ乗降車に苦労しており、周

りが肩を貸したり、荷物を持ったりする光景が見られた。空調も未設置など、車内は美しく保たれているが、時代遅れは隠せない。現在の形で、いつまで運行されるか心もとないが、新旧混在した1時間ほどの小旅行を楽しみつつケムニッツへ向かいたい。

ケムニッツ・ヒルバースドルフ周辺地域の鉄道のあゆみ

ケムニッツへの鉄道路線は、ライプツィッヒ－ドレスデン間の中間駅リーザ（Riesa）との接続をめざし、当時のケムニッツ市長クリスチャン・フリードリヒ・ヴェーナー（Christian Friedrich Wehner）を中心として設立した、ケムニッツ・リーザ鉄道（Chemnitz-Riesaer Eisenbahn Gesellschaft）により1845年5月9日から建設工事が始められている。しかし途中で多数の橋梁の建設が必要とされる区間で資金難に陥り、1848年5月29日にザクセン王国に工事が引き継がれることになるが、1848年革命（Revolution 1848 in Deutschland）により先延ばしにされ、1850年12月31日に官営ニーダーエルツ山地鉄道（Niedererzgebirgische Staatsbahn）へようやく引継がれている。1852年9月1日にケムニッツまで開通し、ケムニッツ駅（Bahnhof Chemnitz）が、現在のケムニッツ中央駅（Chemnitz Hauptbahnhof）と同位置に開業し、貨物取扱所、機関車整備工場が構内に設置された [15] [16]。資金難の原因となった、7.5 kmほどの短区間に6つの橋梁が連続するリムリッツ（Limmritz）－ヴァルトハイム（Waldheim）間は、破産マイル（Bankrottmeile）と呼ばれている。

1858年11月15日にツヴィッカウ、1869年3月1日に州都ドレスデンと結ばれ、

[15] [16] 現在のケムニッツ中央駅駅舎は1871年11月16日に完成しており、明るく長いホールが連なっている（2023年）

1872 年 4 月 8 日に現在は RE6 路線が運行されているライプツィッヒへの路線も開通し、いずれも王立ザクセン邦有鉄道で運営されている。さらに 1900 年初頭まで、周辺地域への支線の開通も相次いだことから旅客数、貨物量は増加の一途をたどり、ケムニッツは鉄道の拠点として抜本的な対応策が求められた。そこで、ケムニッツ中央駅周辺で運営されてきた貨客取扱いの分離が図られ、1896 年末より操車場や貨物用機関車庫の建設がヒルバースドルフで開始されている。1898 年に 3 km の長さと最大幅 260 m のスペースにバンプも設置された、路線長 67 km、290 のポイントを持つ 24 万 5,000 ㎡ の操車場が完成した [17]。隣接する扇形庫も 3 庫（資料によっては 4 庫）計画され、1899 年から建設が始まり、26 線を持つ 1 号扇形庫が 1900 年 10 月 31 日に、32 線を持つ 2 号扇形庫も 1902 年に完成し、操車場の設備として使用を開始した [18]。3 号扇形庫以後の建設は経済上の理由で破棄されたが、1920 年にドイツ国有鉄道へ移管されるころには、貨物用蒸気機関車が常に 120 両以上出入りし、700 人ほどが働いている。1921 年から 1923 年の間に車庫設備の充実も図られ、1 号線形庫に隣接して旋盤、鍛冶場、溶接、クレーンを備えた機関車整備工場が増設され [19]、1923 年には操車場から独立し、ケムニッツ・ヒルバー

[17] 右側の本線に見えるケムニッツ・ヒルバースドルフ駅前には操車場跡地が広がっている（2023 年）

[18] 13 庫、26 線を持つ 1 号線形庫には現在直径 20m の大型転車台が備えられている。隣に同型の 2 号線形庫も広がる（2023 年）

[19] 1 号線形庫には整備工場も設置され、現在も様々な機器が置かれている（2023 年）

スドルフ機関区になった。機関区には貨物用蒸気機関車が引き続き所属しているほか、近隣の村へとつながる軌間 750 mm などの狭軌路線の蒸気機関車も管理下に入っている。

　ケムニッツ・ヒルバースドルフ操車場では、1930 年にケーブルにより動作する貨物車移動装置が設置されている [20] [21] [口絵 p.33 の P]。上り勾配 25‰ のバンプを上り、長さ 660 m から 760 m の緩やかな下り勾配 5.6 ‰ の待避線が 6 線ならび、信号所を越えると下り勾配 20 ‰ になり、その先に行先別の仕分線が広がり、カーリターダーでスピードが緩められ連結された。通常であれば、貨物編成を待避線に停車させ、後ろから機関車が押し、貨車を突放させ、仕分線ごとに分けるが、ヒルバースドルフ操車場では機関車の後押しでは無く、ケーブルカーのように待避線 2 線ごとに移動をさせる装置により、押す方、帰る方と運用されている [22] [23]。ドイツでも珍しくドレスデン・フリードリヒシュタット貨物操車場で 1928 年 5 月より実用化され、ケムニッツ・ヒルバースドルフ操車場はそれに続き、1930 年より導入した。

[20]（左）& [21]（右）　操車場にある信号所と移動装置。信号所内の制御機器で移動装置がコントロールされる（2023 年）

[22]（左）& [23]（右）　機関車に代わり待避線から貨物列車を押し出す。作業完了後はたたまれ、貨物列車の下を通り、バンプの先まで戻される（2023 年）

第二次世界大戦後にドレスデン・フリードリヒシュタットのケーブルシステムはソ連に賠償品として接収されてしまったが、ケムニッツ・ヒルバースドルフ操車場は使用が継続され、1991 年 5 月 31 日の 14 時をもって使用が止められている [24]。

　ヒルバースドルフ機関区は、第二次世界大戦時、空襲の被害は無く、ほぼ無傷で終戦を迎えている。ただし 1945 年 5 月の時点で、15 両ほどの蒸気機関車しか稼働状態になく、以降、空襲など戦災で半壊した蒸気機関車の修繕を行っている。1946 年夏には 146 両が所属しているが、稼働できるのは 50 両前後だったそうだ。一部、東部占領地域などで製造された他国の蒸気機関車も使われたが、徐々に減少し、1949 年に東ドイツ国鉄が設立する頃には、一部の例外を除き、ドイツ国有鉄道の蒸気機関車のみの所属となっている。1953 年 5 月 10 日、ケムニッツはカール・マルクス・シュタットに改名され、機関区の名前もカール・マルクス・シュタット・ヒルバースドルフ機関区になっている。通常であれば所属車両の表記も変更されるが、長い名称だったため、ほとんとの所属車両は、カール・マルクス・シュタットやヒルバースドルフ機関区の表記で残されている [25]。

　機関区では、ソ連から供給された石油の積み替えも担当している。この作業は安全性確保のため専用路線が設けられ、ロシア線（Russengleis）と呼ばれている。ここで大型のタンク車から小型のタンク車へ積み替えられ、ソ連軍基地やヒルバースドルフ機関区と市街地の中間地点にあるツァイジクヴァルト（Zeisigwald）の石油貯蔵施設への輸送を行っている。なおタンク車による輸送ができない地域には、タンク車ごとシャーシに搭載して輸送された [26]。

[24] 1994 年に使用停止となったが、ケーブルを接続するコイルなど多くが残されている（2023 年）

[25] ディーゼル機関車に付けられたカール・マルクス・シュタット機関区の表記（2023 年、シュヴァルツェンベルク鉄道博物館にて）

[26]

[26] 石油の積み替えも行われており、シャーシに乗せて輸送もされている（2019年、ザクセン鉄道博物館）

東ドイツ国鉄の動力近代化が進むと、ヒルバースドルフ機関区は、1968年1月1日に旅客用機関車を担当していたカール・マルクス・シュタット中央駅機関区と統合されて設立した、カール・マルクス・シュタット機関区の一部門になり、中央駅機関区は第一運行部門（Betriebsteil）と呼ばれ電気およびディーゼル機関車を、ヒルバースドルフ機関区は第二運行部門として蒸気機関車全般を受け持つようになり、貨物用蒸気機関車に加え、旅客用蒸気機関車も所属し、後に保存される王立ザクセン邦有鉄道の旅客用蒸気機関車38.2形や75.5形も受け持つようになる。やがてヒルバースドルフ機関区にも、貨物用や入替用のディーゼル機関車が所属し、蒸気機関車と混在するようになり、蒸気機関車は1970年初頭には56両まで減少し、1981年に一時的になるが、定期運用が終了している。しかしソ連の石油輸出制限措置による石油危機になると、1981年末からディーゼル機関車に代わり蒸気機関車の運行が一部再開され、1986年5月30日まで続けられた。ただしヒルバースドルフ機関区の蒸気機関車の所属は続き、暖房用や休車を除いても1987年12月末で13両の所属がある。

1990年のドイツ統合後、周辺工場の閉鎖が続き、取扱量が大幅に減少したヒルバースドルフ機関区は、人員と所属車両が大幅に削減され、1994年4月27日に機関区としては廃止、1995年6月1日には機関車の取り扱いも終えている。

2.
ザクセン鉄道博物館について

始まりは保存機関車の清掃から

　ザクセン鉄道博物館は、1991 年 2 月 7 日に社団法人として発足し、3 月 18 日に
ケムニッツ市の登録簿に登記されている。ケムニッツにおける鉄道車両の保存活動
は、東ドイツ時代より、東ドイツ国鉄の関係者や愛好家を中心にしたボランティア
組織があり、現在シュヴァルツェンベルク鉄道博物館にあるタンク式蒸気機関車 94
2105 号機を、1975 年の使用路線の廃線を機にカール・マルクス・シュタット中央駅
でも保存されるよう働きかけが行われている。94 2105 号機はドレスデンの鉄道愛好
家団体で行われるようになったため、代わりに 1975 年の保存用鉄道車両規則制定に
より選定され、ヒルバースドルフ機関区で保管されていた 75 515 号機の整備や清掃
を行っている。また 1979 年に王立ザクセン邦有鉄道のテンダー式旅客用蒸気機関
車 38 205 号機が動態保存機として整備され、同年 6 月 1 日にヒルバースドルフ機関
区所属になると、周辺路線の周年行事や駅の催しなどの手伝いもした。
　東西ドイツ統合後、かつての設備が残されていたヒルバースドルフ機関区を、ケ
ムニッツ市主導で鉄道文化遺産として維持することになり、1991 年 1 月 3 日よりヒ
ルバースドルフ機関区をザクセン州文化財に登録し、これをきっかけにザクセン鉄
道博物館が発足している。1991 年 6 月に最初の公開がされ、機関区閉鎖後に展示施
設として運営されている。

機関区時代そのままに2つの扇形庫とドイツで唯一の大型給炭装置

　ヒルバースドルフ機関庫の扇形庫は 2 つあり、1 庫あたり 2 線を持つ、当時の王
立ザクセン邦有鉄道では一般的な形態になる。現在 1 号扇形庫は蒸気機関車や電気
機関車の保管に使用され、2 号扇形庫は他の鉄道愛好家団体に貸与され、作業場や
レールバスの保管に用いられている。いずれもかつての姿を色濃く残しており、外装

はレンガ作りで、内部には鉄骨の梁が
めぐり、屋根は木製となっている[27]。
なお1号扇形庫には作業棟に加え、運
転士の点呼や待機所が1937年に追加
設置されており、こちらも当時のまま保
持をされている[28]。扇形庫の前にあ
る転車台は、設置当初は直径18mであ
ったが、1920年代に現在の20mに交
換されている。変更時期は特定できな
いが、1930年には固定軸距19.19mの
貨物用テンダー式蒸気機関車43形が
所属しているため、それ以前には交換
されたと考えられる。

　1号扇形庫のすぐ側にある給炭装置
は1956年に建設され、100tの石炭を
貯蔵し、両側に2つの給炭装置を配置、
一度に4両の蒸気機関車への給炭が可
能である。1日あたり400tの石炭を必
要としていた全盛期には、毎日最大120
台の機関車に積み込みをしていた。こ
の構造は1920年代アルデルト（Ardelt）
の開発に基づいており、かつてはドイ
ツ各地にあったが、現在残されている
のはここだけで、非常に貴重な存在で
ある[29]。蒸気機関車の運行が終わる
1986年以降も、蒸気供給用の蒸気機関
車に1987年12月31日まで使用されて
いる。しばらく放置されてきたが、1997
年から1999年にかけ、ザクセン鉄道
博物館の主要展示物として整備される

[27] 2庫ある13庫2線の扇形庫はレンガ作りでかつて
の姿そのまま（2019年）

[28] 1号線形庫には機関士の点呼などを行う管理室も
隣接されている（2023年）

[29] 両側に4つ給炭部を持つドイツで唯一の大型石
炭供給機（2017年）

ことになり、ケムニッツ市の失業者雇用対策支援を得て、塗装作業が行われている。現在、給炭には使用されていないが、外装は整えられており、館のシンボルとして頻繁に紹介されている。

博物館自慢の動態保存機 50 3648号機 [口絵 p.30 の■]

　ザクセン鉄道博物館は動態保存機 50 3648 号機を所有しており、ザクセン州内を中心に特別列車の運転に使用されている。この 50 3648 号機はよほど筆者と縁が深いようで、アルトシュタット機関区の蒸気機関車フェスティバルや他の鉄道博物館の催事を訪問した際の写真を見返すと、頻繁にその姿が残されている。この活動的な機関車は、シュヴァルツェンベルク鉄道博物館の動態保存機 50 3616 号機と同型の 50.35 形になり、1941 年にクルップ社（Krupp）より製造番号 2332 として製造され、同年 2 月 24 日にドイツ国有鉄道の 50 967 号機として所属している [30] [31]。ハ

ノーファー（Hannover）などドイツ北西部で使用されていたが、1942 年以降は 1944 年 6 月から 8 月にかけてブレーメン（Bremen）で検査を受けたこと以外は履歴に残されておらず、詳細は分かっていない。1946 年 9 月にポーランドとの国境にあるフランクフルト・オーデル（Fankfurt/Oder）機関区への所属から明らかになり、以降東ドイツ各地の機関区に所属し、1961 年 2 月 14 日から 3 月 9 日までシュテンダルの修理工場で改造工事を受け、50 3648 号機に改番されている [32]。1982 年 1 月 18 日よりベルリンに近いエーバースヴァルデ（Eberswalde）機関区に所属し、1987 年頃まで運用され、以降は暖房用の機関車になり、1991 年 12 月 24 日に休車後、罐の火を落としている。1993 年 1 月 18 日廃車後、レストラン経営会社に売却予定となっ

[30]（上）&[31]（下）　製造銘板は失われているが、走り装置にはクルップ社 1940 年や 50 967 号機として新製された年 1941 と製造番号 2332 の刻印もある（2023 年、ザクセン鉄道博物館）

[32] シュテンダルの修理工場での改造工事時の銘板になり、1941 年製でクルップ社の製造番号 2332 であり 1961 年 3 月 9 日改造とある（2023 年、ザクセン鉄道博物館）

[33] 罐は 1997 年の全般検査時に交換されており、50 3646 号機で使用していた 1957 年バベルスベルク社製 製造番号 151006 とある（2023 年、ザクセン鉄道博物館）

たが、1994 年秋に取り消され、1994 年 12 月 16 日にザクセン鉄道博物館で購入された。1997 年 3 月 19 日に全般検査が完了し、4 月から動態保存機として各地で特別列車の運転に用いられている [33]。

2001 年 4 月 6 日に再度全般検査が行われ、2009 年 4 月 4 日に罐の使用可能期限切れとなり、再度の動態保存に向けた整備が同年 5 月から開始されている。費用の問題から、作業の大部分は館内の作業場で行われ、機関車の分解から始められている。罐の内部は腐食が進んでおり、壁面の補修やボルトや管の新調、交換が 2011 年までに行われた。2010 年からは走り装置の修繕が始められ、動輪を調べると、摩耗による歪みが見つかり、運転時の振動の原因となっていたため、ドイツ鉄道の工場に修繕を委託し、台車部分のみ館内での整備を続けている。またテンダー内部の水槽に穴が見つかり、補修もされた。運転台の修繕は計画よりも費用が掛かり、腐食による劣化を取り除くのみではなく、右側前面に新たな板金加工を行い、その後研磨処理、塗装が施されている [34] [35]。

2013 年に罐の水圧試験が行われ合格し、分解されていた各部の組立作業が年末いっぱいまで行われている。2014 年からは、動力部の整備や調整、自動列車制御装置 PZB90 や無線装置の設置などが行われ、試運転を経て、2015 年 8 月 28 日より開催のザクセン鉄道博物館の催事で公開、2015 年 11 月 2 日に運行許可も得られ、6 年ぶりに運転された。

以降、整備や点検は館内で行っており、特別列車牽引を翌日に控えての作業中に

[34]（左）&［35］（右）炭水車は 1980 年に 1959 年製のバベルスベルク社製 143129 に載せ替えられている（2023 年、ザクセン鉄道博物館）

[36] 運転室内部は狭いながらも美しく保たれている（2023 年、ザクセン鉄道博物館）

[37] 速度計や信号装置は現在の運行規定に従い最新式に改められている（2023 年、ザクセン鉄道博物館）

運転台へ搭乗することができた [36]。機器の多くは新品同様で、圧力計や速度計などの計器類も交換されている [37]。罐に添付された速度制限 80 km/h のプレートや製造プレートは、かつてのままだそうだが、運転室内部は清潔に保たれ、塗装も新しいことから、古さは感じない。運転に際しては前日より、石炭を罐にくべて、弁を開閉させつつ各部の状態を把握し、蒸気圧を確認する作業が行われており、運転台にしばらくいると、頭や服、持っていたカメラなど煤まみれになってしまう。5 月の過ごしやすい気候にもかかわらず暑さは格別であり、作業をされている関係者には頭が下がる思いだ。ドイツの鉄道雑誌で、蒸気機関車の運転時間は 1 時間のみでも、準備や後作業に 10 時間、日頃の保守、点検作業に 50 時間を要するとあり、今回目の当たりにし、動態保存を続けていくことの難しさの一端を認識できた。動態保存機を通じ、これら手のかかる作業を目の前で見せることも、博物館として欠かせない役割だろう [38] [39]。

[38] ザクセン州を中心に特別列車の牽引に活躍している（2023年ザクセン鉄道博物館）

[39] ザクセン鉄道博物館の催事には運転室に同乗させて体験乗車も行われている（2022年、ザクセン鉄道博物館）

ケムニッツに縁の深いリヒャルト・ハルトマン社製蒸気機関車の展示車両

　これまで紹介してきたドレスデン交通博物館の蒸気機関車ムルデンタールや99 535号機、アルトシュタット機関区の19 017号機の製造会社リヒャルト・ハルトマン社は、1837年にケムニッツで紡績機製造会社として設立し、1848年にザクセンで最初に蒸気機関車を製造している。1870年3月24日に株式会社化されザクセン機械工場社（Sächsische Maschinenfabrik）となり、1929年まで4,699両を製造した、ザクセンを代表する機関車メーカーになる。紡績機械の製造も続けられたが、競争会社のザクセン織機工場社（Sächsische Webstuhlfabrik）が機関車工場への専用線設置を妨害したため、議会も仲裁に乗り出すなどしたが解決は図られず、製造開始より1908年までと60年以上にわたって、リヒャルト・ハルトマン社で製造された機関車は馬で駅まで運ばれ、そこから目的地へ輸送されている [40] [41]。最盛期には週3回ほど行われたそうだ。リヒャルト・ハルトマン社は王立ザクセン邦有鉄道の主要機関車メーカーとして発展し、製造された機関車の半数以上はザクセン内で使用され、95両が保存をされている。ザクセン鉄道博物館は地元を代表する機関車メーカーである、リヒャルト・ハルトマン社、ザクセン機械工場社製の蒸気機関車の収集には

[40] [41] 2009年に再現された蒸気機関車の搬入シーン。16頭の馬が蒸気機関車ヘーゲルをけん引し街中を移動し、中央駅まで運ばれた

特に力を入れている。

・タンク式蒸気機関車75 515号機 [42]

　これまで再三紹介してきた、1975年保存用鉄道車両規則にて75 501号機に代わり選定された75 515号機も、ザクセン機械工場製になる。1900年代、工業化が進み、近距離輸送や専用線においてこれまでの機関車では力不足になってきたため、王立ザクセン邦有鉄道は1911年に、軸配置1C1で、両サイドに水槽を持ち、左側上部に給水温め器を横向きに設置した、XIV HT形をザクセン機械工場社に製造させている。最高速度75 km/hをほこり、使い勝手も良かったことから、1921年までに106両製造された。第一次世界大戦後はポーランド、ベルギー、フランスへ23両が賠償品として引き渡され、ドイツ国有鉄道では83両が所属し、75.5形として75 501-505号機、75 511-588号機となってザクセン州を中心に運用された。第二次世界大戦中、賠償品として引き渡された75.5形もポーランドとフランスから戻され、東ドイツ国鉄へは88両が移管されている。1960年半ばにも30両近くが所属していたが、急激な

[42] 1975年の保存用鉄道車両規則にて選定されていた保存されている75 515号機（2021年）

廃車が進み1970年に75 573、75 574号機が最後の廃車となっている。

　75 515号機は1911年製で製造番号は3477になる [43]。XIV HT形1806号機として王立ザクセン邦有鉄道で使用されるが、1929年までの所属先などは残されていない。1920年ドイツ国有鉄道成立後、75.5形の75 515号機に改番され、履歴のある1929年3月以降はケムニッツやライプツィッヒ、ツヴィッカウ、アウエなどザクセン各地に所属し、主に近距離旅客列車を受け持った。1971年4月29日に休車、同年9月20日付で廃車後、ドレスデン交通博物館へ10月28日に引き渡されている。

　1975年保存用鉄道車両規則選定後、1975年4月からヒルバースドルフ機関区で保管され、各地で開催された車両展示会で公開されている [44]。そのような中、1977年6月に開催が予定されていた、カール・マルクス・シュタット鉄道開業125周年の記念行事にあたり、ザクセンと関連の深い75 515号機の復活運転が検討された。検査の結果、良好な保管状態にあることが判り、腐食していた3本の煙管のみ交換されて、1977年4月1日の水圧検査に合格、5月24日に6月1日から11月30日まで6か月間の運行許可が出されている。そして6月11日からカール・マルクス・シュタット周辺において旧型客車を牽引した特別列車の運行に用いられ、10月2日にカール・マルクス・シュタット鉄道車両修理工場が主催した特別列車まで4ヶ月にわたって運転された。好評を得ていた記念運行だが、11月いっぱいの期限を待たずしての運行終了は、製造から66年を経ており、検査には合格したとはいえ、あまり無理をできなかったためと思われる。

[43] 75 515号機の製造銘板。ザクセン機械工場製造だが、「前身（Vorm）リヒャルト・ハルトマン社」の名が製造銘板には併記されている（2023年、ザクセン鉄道博物館）

[44] 1975年9月開催のカール・マルクス・シュタット － アウエ間開通100周年記念時にツヴェーニッツ（Zwönitz）駅で行われた車両展示会でも75 515号機が展示されている

静態保存機に戻った75 515号機は、東ドイツ国鉄とドレスデン交通博物館で調整、準備され、カール・マルクス・シュタット中央駅の頭端式ホーム部分にある2番線ホームと3番線ホーム間の引込線に置かれ展示された。中央駅構内の展示場所では、ホームと線路を覆う大きな屋根の下で、周囲には花壇も設けられるなど、良い環境だったようだ。しかし1983年6月14日23時13分、入替側線で作業中の客車編成が誤って引込線に入線し75 515号機と衝突、後部にある石炭庫と運転台が破壊され、側線先端の車止めを飛び越え、ホーム先端のコンコースへと押し出されている。人的被害はなかったが、75 515号機の石炭庫から運転台にかけては完全に壊れており、前部のバッファーから動輪前の台枠も歪むなど、ひどい損傷を受けている。損傷状況から解体も検討されたようだが、「*Der Modelleisenbahner*」1984年1月号に「75 515号機は保持」との記録が見られ、「多くの読者が考えるように当機は廃棄されない」とされた。これに前後して、マイニンゲン蒸気機関車整備工場に30 km/hで運び、1984年2月15日に入場している。マイニンゲン工場から、1985年9月に出された見解は次のようになり、かなり重症だったことがうかがえる。

1. とりわけ運転台と後部の石炭庫は全壊している。バッファーは重度に変形し、ほかの部分も修繕が必要であり、明らかに台枠と先輪部分が損傷して曲がっている。この機関車の修復には、相当な作業時間が必要である。

2. 破壊された部品は、一回限りの生産を行う必要がある。しかしすでに図面が失われている。

3. 現在当工場は、車両修理を十分に対応するための工数確保を優先する必要がある。

　これらの問題に対し、設計図については、東ドイツ国鉄の内部誌「*Fahrt frei*」で図面を取得するための働きかけがされ、多くの鉄道愛好家の援助を通じ、運転台の設計図が見つけられた。また西ドイツのドイツ蒸気機関車博物館に売却、保存されていた75 501号機の運転台を計測し、作業が開始された。損傷の激しかった左部分の水槽から石

[45] 1983年の衝突事故後、1989年に修復された左部分はリベットも無く、のっぺりとした印象がある（2023年、ザクセン鉄道博物館）

[46] 普段は1号扇形庫内で保管されている（2023年、ザクセン鉄道博物館）

[47] 催事など外に出されて展示される（2017年、ザクセン鉄道博物館）

炭庫にかけては、従来のリベットから溶接によって再製造され、運転席の窓枠もブリキで代用するなどされている。現在の75 515号機を左後部から見ると、鉄板を合わせて作られたような、のっぺりとした印象をどうしても持ってしまうが、工数や部品不足の中進められ、こうして復元されたことは素晴らしく、入場から5年後、ようやく1989年5月16日に作業が完了した [45]。他の静態保存機と同レベルの状態に整備され、1989年5月20日にライプツィッヒで公開されている。そしてケムニッツ・ヒルバースドルフ機関区に1990年に移動し、以来展示が行われている [46] [47]。

・旅客用テンダー式蒸気機関車38 205号機 [48]

　王立ザクセン邦有鉄道は、増加する利用者への対応が求められていたため、1910年に軸配置2Cの旅客用テンダー式機関車XIIH2形の製造を決め、ザクセン機械工場社にて1922年までに159両が製造された。第一次世界大戦後は25両がフランスへ賠償品として引き渡され、10両が戦災により失われているものの、ドイツ国有鉄道でも38.2-3形として124両が引き継がれ、山間部における走行性能に優れていたことから、1927年に10両がザクセン機械工場社で追加製造され、合計134両が38 201-38 334号機になっている。第二次世界大戦時にはフランスから15両戻され、戦後チェコ・スロバキア国鉄に61両が移って、チェコ・スロバキア国鉄の365.5形として1959年まで使用されている。東ドイツ国鉄には63両が引き継がれ、1967年にも53両が所属しているが、この年から急激な廃車が始まり、1970年には3両のみになり、1971年に38 308号機が特別列車を牽引し全機が運用から外れている。

[48] ザクセンで製造され、1969 年の保存命令以来の 保存車両 38 205 号機（2021 年、ザクセン鉄道博物館）

[49] 75 515 号機と類似した仕様のザクセン機械工場 製の製造銘板（2023 年、ザクセン鉄道博物館）

38 205 号機は 75 515 号機製造の 1 年前になる 1910 年に製造され、製造番号は 3387 になる **[49]**。製造当初は XIIH2 形 656 号機、1917 年から 3656 号機、ドイツ 国有鉄道移管後、38 205 号機になっている。製造当初の所属は不明だが、1926 年 以降は残されており、ザクセン州の各機関区に所属をしている。1939 年 3 月にドイ ツがチェコ・スロバキアを併合すると、現在はチェコ領になるジェチーン（Decin）機 関区に所属し、1939 年 11 月 7 日から 27 日までの運用では、51,688 km 走行したと の記録も残されている。1940 年 5 月に再びザクセン州に戻り、第二次世界大戦の終 戦を迎えている。東ドイツ国鉄では 1968 年 1 月まで定期運用され、同年 6 月に最後 の運転後、1968 年 9 月 5 日に休車、1971 年 9 月 15 日に廃車になっている。1920 年 1 月 1 日以降の記録では、総走行距離 2,225,305 km に及んだ。

1969 年 12 月の保存命令に 38 205 号機は選定され、廃車後はドレスデン交通博 物館所有になり、唯一の 38.2-5 形の保存機として、各地で開催された車両展示会な どで展示されている。1978 年 9 月 15 日から 1979 年 5 月 29 日まで、マイニンゲン 蒸気機関車修理工場で動態保存機としての整備が行われ、完了後、1979 年 6 月に 当機はヒルバースドルフ機関区所属となっている。そして 1979 年 6 月 15 日のザク セン州南部の鉄道路線、シュトルベルク（Stollberg）－ ザンクト・エギディエン（St. Egidien）間 100 周年記念にあたっての特別列車運転を皮切りに、1980 年代を通じ、 東ドイツ各地での特別列車の運転に用いられた。また東ドイツの交通省や東ドイツ 国鉄により 1980 年に制作、1981 年に公開された映画『伝統の牽引力（Traktion mit Tradition）』にも、他の蒸気機関車とともに出演するなど、東ドイツを代表する保存機 関車の一つとなっている。

[50]

　東西ドイツ統合後、1990 年 4 月にマイニンゲン蒸気機関車整備工場で整備し、復帰後、継続して運転され、旧西ドイツ地域はもとより、国境を越えてチェコまで運転されている。残された記録を見ると、ベルリンに 4 月から 12 月まで貸与され、週末を中心に運転された 1995 年の走行距離は 12,000 km に達し、中でも 1995 年 4 月 17 日にベルリンからポーランドのシュチェチン（Stettin）までの運行は 1 日あたり 300 km の走行距離になっている。1994 年 1 月に東西のドイツ国鉄が統合され、ドイツ鉄道が設立された同年 6 月に、マイニンゲン蒸気機関車整備工場で検査を受けた際、1998 年 3 月までの運転許可が出されている [50]。1998 年 1 月、ドイツ鉄道は見解を出し、検査、整備による運行可能期限延長可否にかかわらず、38 205 号機は運行可能期限の 3 月をもって運用から外れることを決定した。ドイツ鉄道の声明では、費用上の理由から、近い将来に向けて動態保存機の車両数を減らす必要があること、また 1910 年製造以来、使用され続けてきた、リベット式の炭水車の経年劣化もあり、修理が難しくなっていることなどを理由としている。1998 年 3 月 28 日、38 205 号機がけん引する最後の特別列車が、馴染み深いザクセン州内のケムニッツからノッセン（Nossen）を通り、ロッホリッツ（Rochlitz）まで運転された。翌日の 3 月 29 日日曜日には、ザクセン鉄道博物館館内で、花輪を付けた 38 205 号機が、多くの来館者の前で運転されている。16 時 30 分ごろ、ヒルバースドルフの 1 号扇形庫の転車台にゆっくりと近づき、他の機関車の上まで鈴なりになった数多くの見物人の前で 2 回ほど回転。そして長い汽笛を鳴らして扇形庫に入り、17 時 30 分、38 205 号機は全ての運行を終えている [51] [52]。

[51]

[51] 普段は1号扇形庫内で保管されている（2023年、ザクセン鉄道博物館）

[52]

[52] 催事には転車台に載せられ回転もされる（2022年、ザクセン鉄道博物館）

3.
ザクセン州で製造、運用された
東ドイツ国鉄の高速気動車ゲルリッツ形

　ザクセン鉄道博物館には、製造された人民公社ゲルリッツ車両工場（VEB Waggonbau Görlitz、以下「ゲルリッツ社」）にちなんで、ゲルリッツ形と呼ばれる東ドイツ国鉄自慢の高速気動車 VT18.16 形の 3 両 1 編成を 2024 年まで展示していた [口絵 p.34 の**U**]。前章で述べたように第二次世界大戦前、ベルリンを中心に各都市へ気動車による高速鉄道網が形成されたが、東西ドイツ分割により無に帰している。1950 年代に入り、戦後の混乱期も落ち着きつつも東西ドイツ分割が決定的になると、それぞれ新たな高速鉄道網を形成しており、東ドイツ国鉄では、ドイツ国有鉄道時代の高速気動車を用いて、ベルリンからハンブルクや東欧諸国を結ぶ国際列車の運行を開始している。そして 1963 年より後継機として製造され、運用されたのがゲルリッツ形になる。

第二次世界大戦後ドイツ国有鉄道の高速気動車が再登場 [53]

　第二次世界大戦が終わると、ドイツ国有鉄道の高速気動車はベルリン・アンハルター機関区に集められ、1948 年 6 月のベルリン封鎖まで、ベルリンからアメリカ占領地域を結ぶアメリカ軍の軍事列車に使用されている。1949 年の東ドイツ国鉄設立時に高速気動車は、2 両 1 編成のハンブルク形 2 編成、ライプツィッヒ形 2 編成、3 両 1 編成のケルン形 2 編成、試作機のベルリン形、クルッケンベルク形が 1 編成ずつの計 8 編成があった。クルッケンベルク形は駆動装置とギアの故障のため留置されており、運転されること無く廃車になっている。またハンブルク形の 1 編成はライプツィッヒ中央駅で展示されている SVT137 225 号機になるが、政府専用機として使用されており、残り 4 編成の整備が営業用車両として進められている。

　1949 年 2 月 28 日、最初に整備が完了したケルン形 SVT137 273 号機は、ベルリンから西側国境の町まで政府使節団を輸送する特別列車などに使用された後、8 月

形式	形式名	ドイツ国有鉄道運用開始	終戦を迎えた場所	東ドイツ国鉄				備考
				運用再開	休車	廃車	解体	
137 152 a/b	Hamburg	1935/7/16	アメリカ占領地域	1961/10/31	1967/10/19	1974/11/6	1973/2/27	西ドイツ国鉄VT04 102として運用後1957年1月10日廃車、1958年12月11日に東ドイツ国鉄へ売却
137 225 a/b	Hamburg	1935/8/16	ソ連占領地域	1952/2/5	1981/10/10	1982/3/3	-	1983年より保存、現在ライプツィッヒ中央駅にて展示（口絵p.26の🅿）
137 226 a/b	Hamburg	1935/7/28	ソ連占領地域	-	1950/11	-	1950s (137 226a)	1956年に137 226bのみ中間車137 234dへ改造
137 227 a/b	Hamburg	1935/8/23	アメリカ占領地域	1959/7/1	1964/7/22	1968/5/22	1968/11/29	西ドイツ国鉄VT04 105、1951年よりVT04 501として運用後1957年12月2日廃車、1958年12月11日に東ドイツ国鉄へ売却
137 231 a/b	Hamburg	1935/12/3	アメリカ占領地域	1959/8/1	1969/5/15	1975/7/22	1975/11/18	西ドイツ国鉄VT04 106として運用後1958年12月11日廃車、1958年12月11日に東ドイツ国鉄へ売却
137 232 a/b	Hamburg	1936/4/9	ベルリン（アメリカ占領地域）	1960/5/31	1971/3/20	1975/9/16	1976/3/31	西ドイツ国鉄VT04 107として運用後1958年2月19日廃車、1958年12月11日に東ドイツ国鉄へ売却
137 154 a/b/c	Leipzig	1935/5/7	ソ連占領地域	1950/8/25	1962/12/9	1969/8/14	1970/12/22	1956年に中間車137 154cが137 233号機に連結され4両編成化
137 233 a/b/c	Leipzig	1936/4/18	ソ連占領地域	1951/9/21	1961/1/22	1969/1/31	1969/10/2	
137 234 a/b/c	Leipzig	1936/4/28	ポーランド	1956/6/5	1973/12/6	1990/5/14	-	1955年にポーランド国鉄より買取、1956年から1961年まで137 226d改造の137 234dを連結し4両編成化、1992年より保存（第3章p.198の[9]）
137 273 a/b/c	Köln	1938/5/28	ソ連占領地域	1949/2/28	1980/9/30	1990/5/11	1990/3/6	東ドイツ国鉄最初の高速用気動車復帰機
137 275 a/b/c	Köln	1938/7/23	ベルリン（アメリカ占領地域）	1960/4/9	1960/11/18	1969/8/14	1969/9/3	西ドイツ国鉄VT06 102、1951年よりVT06 501として運用後1958年4月24日廃車、1958年12月11日に東ドイツ国鉄へ売却
137 278 a/b/c	Köln	1938/10/7	ソ連占領地域	1949/9/22	1976/1/23	1981/5/20	1980/3/31	
137 852 a/b/c	Köln	1938/6/17	チェコ・スロヴァキア	1957/1/12	1969/2/11	1975/4/1	1975/9/11	チェコ・スロヴァキア国鉄M 494.001として運用後、1955年に東ドイツ国鉄へ売却
137 853 a/b/c	Köln	1938/9/22	アメリカ占領地域	1960	1975/8/6	1978/1/2	1978/1/9	西ドイツ国鉄VT06 107として運用後1957年4月22日廃車、1958年12月11日に東ドイツ国鉄へ売却。運用再開日詳細は不明
137 856 a/b/c	Köln	1938/7/17	アメリカ占領地域	1960	1979/3/30	1982/3/3	-	西ドイツ国鉄VT06 109として運用後1958年2月19日廃車、1958年12月11日に東ドイツ国鉄へ売却。1990年代初期より保存（第3章p.199の[10]）
137 858 a/b	Köln	1938/11/11	アメリカ占領地域	1955/5/14	1959/7/8	1971/11/10	1976/10/6	西ドイツ国鉄VT06 111、1951年よりVT06 502として運用後1957年12月28日廃車、1958年12月11日に東ドイツ国鉄へ両端の先頭車のみ売却
137 902 a	Berlin	1938/9/15(*)	ソ連占領地域	1959/7/8	1967/4/20	1967/4/20	1969/10/22	片側先頭車のみ東ドイツ国鉄所属。オランダ国鉄Mat'36形との4両編成に再構成され運用
137 155 a/b/c	Kruckenberg	1938/(*)	ソ連占領地域	-	-	1963/6/28	1967/5/16	エンジン部分のみドレスデン交通博物館に展示

(*)ドイツ国有鉄道への引き渡し日

25 日から 9 月 9 日まで月、水、土曜に東ドイツと西ドイツの国境の駅プロブスツェラ（Probszella）までの旅客輸送を行っており、第二次世界大戦後初めて 120 km/h による運転が行われた。プロブスツェラから国境を徒歩で越えて、西ドイツのファルケンシュタイン（Falkenstein）に入り、ミュンヘン方面まで結ばれるなど、当時の混乱ぶりを色濃く感じさせる輸送形態だったが、ほどなくベルリン－ミュンヘン間は機関車牽引の直通列車に変わっている。そして 1949 年 9 月 10 日からベルリン－ハンブルク間での毎日運行が開始され、ベルリン・フリードリヒシュトラッセ（Berlin Friedrichstrasse）駅からハンブルク・アルトナ駅間を結ぶ列車に運用された。東西ドイツの境界線ではパスポートチェックのため、ヴィッテンベルク（Wittenberg）駅、シュヴァンハイデ（Schwanheide）駅に停車するなど、ベルリン・ツォー駅からハンブルク中央駅までは 3 時間半とフリーゲンデ・ハンブルガーと比べると 1 時間以上多く要したが、復興の象徴として、運転初日には多くの市民の出迎えを受けている。残る 3 編成の整備も行われ、2 編成目のケルン形 SVT137 278 号機は 1949 年 9 月 22 日に、ライプツィッヒ形 SVT137 154 号機は 1950 年 8 月 25 日、SVT137 233 号機は 1951 年 9 月 21 日に、それぞれ東ドイツ国鉄所属として復帰している。これらは 1950 年 12 月 21 日より運行を開始した、ベルリンからチェコ・スロバキアのプラハ（Praha）間の平和（Mir-Frieden）号に運用され、ベルリン－プラハ間を 6 時間 10 分で結んだ。

　東ドイツ国鉄は国境を超える高速気動車網の構築に力を注ぎ、1955 年 10 月、交通省大臣はヨーロッパ鉄道ダイヤ会議において、ベルリン－パリ間の高速気動車による運行を申請し、却下されたものの、ウィーン（Wien）やブダペスト（Budapest）への国際列車が計画された。その一環として 1953 年にハンガリーのガンツ社（Ganz）へ 4 両 1 編成の気動車を 3 編成注文し、1954 年の 9 月から 12 月まで納入後、VT12.14 形 01 号機 -03 号機として、ベルリン・カールスホルスト（Berlin-Karlshorst）機関区に所属している[54]。1954 年秋のライプツィッヒの博覧会

[54]

[54] ハンガリー・ガンツ社製の VT12.14 形は保存されていないが、同型機ハルギタ（Hargita）形がブダペストの鉄道博物館で保存されている（2023 年）

でお披露目され、同年 12 月 8 日にベルリン－ライプツィッヒ間で報道陣を乗せ運転された後、12 月 12 日より東ドイツ国内やハンブルクへの運用に使用されている。1959 年 5 月 31 日よりがベルリンからワルシャワを通り、ベラルーシのブレスト（Brest）間の国際列車に運用されたが、最高速度が 125 km/h と低く、多発する変速機の故障やカーブで脱線しがちな台車など、構造上の欠陥も判明し、期待外れに終わり、1961 年 9 月以降は東ドイツ国内の運用に戻されている。

東ドイツ国鉄では相性の悪かったガンツ社製の気動車だが、周辺国で置き換えにより余剰となったかつてのドイツ国有鉄道時代の気動車を買い戻すことを可能とさせ、1955 年にポーランドからライプツィッヒ形を、またチェコ・スロバキアからもケルン形をそれぞれ 1 編成買い戻し、それぞれ 1956 年 6 月 5 日よりドイツ国有鉄道時代の SVT137 234 号機、1957 年 1 月 12 日より SVT137 852 号機として運行を再開させている。さらに西ドイツ国鉄が新たに長距離列車用の気動車として 1952 年から VT08 形 [55] [56]、1953 年から VT12.5 形が製造を開始し、ドイツ国有鉄道時代の高速気動車の淘汰を進めると、東ドイツ国鉄は、余剰となったハンブルク形 4 編成、ケルン形 4 編成を、1958 年 12 月にライプツィッヒ・キロブ（Leipzig-Kirow）工場製の鉄道クレーン車 3 両と交換により入手し、拡充を図った。いずれも東ドイツ国鉄の塗装とドイツ国有鉄道時代の形式名に戻され、1959 年から 1961 年にかけ東ドイツ国鉄所属になっている。

こうしてかつてのドイツ国有鉄道の高速気動車の加入により、1957 年 1 月 13 日からベルリン－プラハ－ウィーン間を結ぶビンドボナ（Vindobona）号、1959 年 5 月

[55]（左）＆ [56]（右）　西ドイツ国鉄で 1952 年より製造された VT08 形。1954 年のワールドカップで優勝した際に選手団を乗せた車両として知られ、「FUSSBALL-WELTMEISTER1954（サッカー世界チャンピオン1954 年）」の装飾が復元されている（2019 年、マイニンゲン蒸気機関車工場）

31 日からベルリン － ワルシャワ － ブレストを結ぶベロリナ（Berolina）号（冬期はワルシャワ止まり。VT12.14 形と共通運用）、1960 年 5 月 29 日からベルリン － ブダペスト間を結ぶハンガリア（Hungaria）号（VT12.14 形と共通運用）とベルリンからコペンハーゲン（Kopenhagen）を結ぶため、バルト海の港町でヴァルネミュンデ（Warnemünde）まで結ぶネプチューン（Neptun）号が運行を開始している。最高速度はほとんど 120 km/h を超えることは無かったが、ビンドボナ号は 1962 年ベルリン － バート・シャンダウ（Bad Schandau）間で平均速度 81.6 km/h に達しており、部分的だが高速運転が行われた。

東ドイツ国鉄　ゲルリッツ形高速気動車VT18.16形の開発から試作

　東ドイツ国鉄では、1955 年からの第二次五か年計画において、これまで国際輸送を担ってきたドイツ国有鉄道時代の高速気動車の置き換えを計画し、1957 年より、編成の前後に動力車を設け、中間車を客車とした 4 両 1 編成の新たな高速気動車の開発に乗り出している。試作車の編成全長は前後の連結器ふくめ 97.36 m（量産車は 98.14 m）、総重量 220 t（同 224.9 t）、軸重は 19.8 t になり、ケルン形の 18.7 t よりも重く、幹線の使用を前提とした作りになる。ドイツ国有鉄道時代に高速気動車を製造したゲルリッツ車両工場人民公社（VEB Waggonbau Görlitz）により、当初は 1960 年内にモデルが完成予定だったが、動力装置の開発や部品の調達に時間を要し、1961 年 7 月にようやく完成し、動力車部分のモデルが東ドイツ国鉄に渡されている ［口絵 p.35 の⓫］。東ドイツ国鉄 VT18.16 形となる高速気動車の特徴ある外観は、当時東ドイツでは珍しい産業デザイナーの手によるものであり、ユルゲン・ペーター（Jürgen Peter）という若いデザイナーの協力のもと生まれている。先頭部は 1938 年に製造されたクルッケンベルク形を模範とし、運転室を前面の高い位置に設置し、高速運転による衝突時の運転士の安全性向上が図られている。ただし形状は量産を考慮し、試作機にとどまったクルッケンベルク形よりも、運転室のドーム部分から後へ続く天井付近のラインが直線的な形状になっている。また先頭車の前部測面の窓は、これまで見られなかった丸窓にするなど、特徴的な外観になっている ［57］。

　1963 年初めに、900 馬力、12 シリンダーで V 形エンジンになる 12KVD18/21 形 ［58］ が装備され、1963 年 2 月 1 日に最初の動作確認がゲルリッツ社で行われている。

[57] 高速運行のため運転室を高い位置に置き、エンジンルームには丸窓を採用するなど工業デザインを取り入れている（2017年、ザクセン鉄道博物館）

[58] ザクセン鉄道博物館で展示されていた VT18.16 形のエンジン。V180 形で実績のある 12 KVD 18/21 形になる（2017年、ザクセン鉄道博物館）

試運転は 1963 年 2 月 6 日に開始されたが、損傷が見られたため 40km ほどで打ち切り、修復のうえ、同年 2 月 28 日に東ドイツ国鉄へ引き渡され、VT18.16 形の初号機 VT18.16.01 号機となっている。形式名の 18 は 1,800 馬力、16 は最高速度 160 km/h を表しており、価格は 4 両 1 編成で 3,845,000 東ドイツマルク（Mark der Deutschen Demokratischen Republik）と、東ドイツ国鉄の車両では当時最高額になる。

VT18.16.01 号機は完成早々にライプツィッヒに移送され、毎年 3 月初めに開催されている春の国際博覧会にてお披露目され、特徴的な外観は大きな反響を呼んだ。1963 年 5 月から再開された試運転で最高速度 178 km/h を記録、1963 年 5 月 27 日より最終検査が行われ、1964 年 4 月 15 日から正式に東ドイツ国鉄所属となった。

VT18.16.01 号機の先頭と後尾の動力車には、上部に運転席、下部にエンジンルームが設けられ、その後ろに荷物室、車掌室が続く [59] [60]。車両真ん中付近の出入口のデッキ、東ドイツ国鉄では初のリクライニングシートとなる開放式の二等車と続き、中間車に 23 席の食堂車、コンパートメント一等車にて定員は合計 134 名になる [61] [62]。

1965 年から 1968 年にかけて、さらに 7 編成が完成し、VT18.16.02 号機から VT18.16.08 号機になっている。VT18.16.01 号機からマイナーチェンジされ、座席数の割り当てが変わり、二等車の定員 104 名に対し、一等車は 36 名になっている。当初東ドイツ国鉄では 1975 年までに 4 両 1 編成の VT18.16 形を 30 編成ほど必要としていたが、計画の見直しにより 21 編成に縮小され、実際の製造はこの 7 編成に留められている。先頭車には二等車開放席の a、b が、中間車には二等コンパートメン

Der Fahrerstand

[59]
[60]

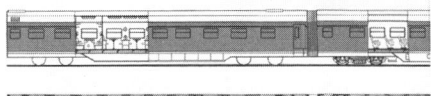
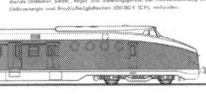
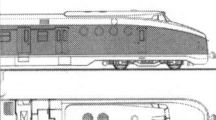
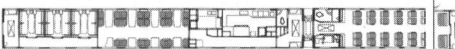

[59] [60] 先頭車から中間車にかけてはオープン座席と食堂車、コンパートメントと続いている（Sächsisches Eisenbahn-museum e. V. 提供）

„Lukullus" an Bord
[61]
[62]

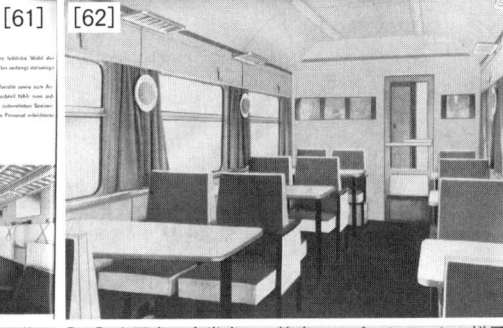

[61] （Sächsisches Eisenbahnmuseum e. V. 提供）

[62] 中間車の食堂車と一等車コンパートメントの様子（Sächsisches Eisenbahnmuseum e. V. 提供）

ト車と食堂車の合造車 c、一等、二等が混在したコンパートメント車 d が付与され、1967 年と 68 年に予備車として先頭車 2 両（VT.18.16.09a 10a）と二等コンパートメントのみで構成された中間車 6 両（VT18.16.01e から 06e）の増備が行われた。そして 1967 年 12 月からは 2 つの 1,000 馬力モータに強化されたことにより、5 両 1 編成に延長され、食堂室を除くと定員 206 名、また等級の変更により 212 名まで増えている。

　ゲルリッツ形の導入により、東ドイツ国鉄のドイツ国有鉄道時代の気動車も、1960 年 11 月 18 日に二番目の復活機 SVT137 154 号機が休車になるなど、1976 年までに大半が休車となり、1980 年までに大半が解体されている。現在、東ドイツ国鉄に所属したドイツ国有鉄道の高速気動車のうち、ライプツィッヒ中央駅のハンブルク形 SVT137 225 号機の他に、ライプツィッヒ形 SVT137 234 号機、ケルン形 SVT137 856 号機の 3 編成が保存されている。

ゲルリッツ形は海を越えて

　VT18.16形は全車、これまで高速気動車を取扱ってきたベルリン・カールスホルスト機関区に所属し、ドイツ国有鉄道時代からの高速気動車に代わり国際列車に限定して運用され、ユニフォームを着た女性職員が搭乗するなど、最上級のサービスを提供している。なお1970年以降は形式175形に変更されている。

・ネプチューン（Neptun）号 [口絵p.35の**Y**] [63]

　VT18.16.01号機の定期列車の運用は、1964年5月31日からベルリン－コペンハーゲン間を結んだネプチューン号で開始している。両都市間輸送において、1963年からヴァルネミュンデ（Warnemünde）からデンマークのゲズサー（Gedser）までフェリー輸送が行われているが、全長97.36mのVT18.16形の搭載は、大形フェリー船ヴァルネミュ

[63]
[63] ネプチューン号の車内表記。室内出入り口上部に掲げられた（2019年、ベルリン・リヒテンベルク駅）

ンデ（Warnemünde）号のみ可能であったため、ほかのフェリー船が運航される際には全長92.805mと短いケルン形で運用されている。1967年からフェリー船フレゼリク9世（Kong Frederik IX）号が投入されると、VT18.16形の搭載も可能になったが、東ドイツ国鉄がVT.18.16形をベルリンからウィーンまでの運転に優先的に用いたため、1968年までケルン形との共通運用が続けられている。

　フェリーへの搭載のため、VT18.16.01と04、06、09号機は、船内での使用が禁止された石油暖房に代わり電気暖房が設置され、さらに車体を固定させる留め具を追加装備している。1968年からはデンマーク国鉄の車両と共通運用され、1971年5月22日にVT18.16形の運用を終えている。

・ビンドボナ（Vindobona）号 [64] [65]

　1964年9月27日から1965年5月29日まではベルリンからプラハまで、1966年5月22日からベルリン－プラハ－ウィーン間を結ぶビンドボナ号で、東ドイツ国鉄の

[64] ビンドボナ号の広告。喜びの旅、快適な旅、豪華な旅、廉価な旅はヨーロッパトップクラスの経験になると宣伝している（Sächsisches Eisenbahnmuseum e. V. 提供）

[64]

Reisen im Expreßtriebwagen
Reisen im Stil unserer Zeit

[65] ビンドボナ号の車内表記。ベルリン、プラハ、ウィーンとともに座製指定必要と記載（2019年、ベルリン・リヒテンベルク駅）

　気動車が使用されることになった。この東欧を象徴する長距離列車へのVT18.16形の投入は、量産機の完成が間に合わなかったため、1966年9月までは4両編成のケルン形と2両編成のハンブルク形を連結した代替車両で運用されている。9月25日よりVT18.16形の運用を開始したが、チェコ・スロバキア国鉄は、定員250名確保を要求しており、5両編成で1等車54名、2等車152名の206名では不十分とされたため、1968年より定員72名の2等中間車を編成に組み込み、6両編成として運行している。固定編成であるゲルリッツ形の定員不足問題はつねにつきまとい、5両編成までは最高速度160 km/hだったが、6両編成では140 km/hに低下してしまうなど、客車列車と比べると必要に応じた編成数への変更がしにくい欠点が浮かび上がっている。

　1969年8月1日よりチェコ・スロバキア国鉄の気動車による運行に変更されたが、1972年5月28日から再び東ドイツ国鉄の担当に戻り、ふたたびVT18.16形の出番になる。通常は5両編成で運用されたが、繁忙期は6両編成、また4両1編成との重連による10両編成も見られた。ビンドボナ号は、1972年時、ベルリン－ウィーン間735 kmを11時間45分で結び、表定速度は62.55 km/hだが、同路線を走る急

行が 16 時間を要しているのと比較すると、その速さが際立っている。またベルリン
－ドレスデン間 189 km に限定すれば 1962 年のドイツ国有鉄道の高速気動車時代は
2 時間 17 分要していたが、1969 年 VT.18.16 形投入後は 2 時間 13 分、1977 年夏ダ
イヤでは 2 時間ほどで結んでいる。第二次世界大戦前にベルリン・アンハルター駅
からドレスデン中央駅まで最速で 1 時間 40 分で結んだ蒸気機関車牽引のヘンシェ
ル・ヴェーグマン・ツーク（Henschel-Wegmann-Zug）と比較すれば遅いが、1979 年 5
月 27 日より客車列車による運行に変更されると、1983 年夏ダイヤでは 2 時間 27 分
を要しているため、VT18.16 形の高速性がうかがえる。

・ベルリナーレン（Berlinaren）号

　1968 年 5 月 26 日より、ベルリンからスェーデンのマルメ（Malmö）を結んでいる。
途中、ザスニッツ（Sassnitz）－トレレボルグ（Trelleborg）間はフェリー船による運送
になるため、ネプチューン号と同様に、一部の VT18.16 形は輸送中の暖房確保のた
め暖房装置の改良や、船から供給される外部電源の適合処置などが行われている。
　4 両 1 編成で運行されたが、マルメではストックホルム発着の夜行列車に接続し
ており、VT18.16 形の座席数では足りず、積み残しが発生したため、1970 年 9 月
27 日から機関車牽引列車に変更されている。

・カルレックス（Karlex）号、カロラ（Karola）号 [66] [67]

　1969 年 6 月 1 日からベルリンからチェコの保養地カルロヴィ・ヴァリ（Karlovy
Vary）を結ぶカルレックス号は（Karlex）、1972 年 1 月 1 日より、ビザなしでチェコ・

[66]（左）&　[67]（右）　カルレックス号、カロラ号の車内行先表示（2019 年、ベルリン・リヒテンベルク駅）

スロバキアへの入国が可能になると、ライプツィッヒからもカロラ（Karola）号として運転が開始されている。各列車の運用でも見られるように、4両から6両1編成では定員不足であり、客車列車であれば増結など柔軟な対応が可能で、さらに故障時の対応も当該客車のみを交換するだけと、容易に行うことできるため、1970年代にはVT18.16形の客車列車への置き換えが始まり、最後まで行われたカルレックス、カロラ号の運用も1981年9月に終了している。ゲルリッツ形4両編成だと2等車の定員は80名だが、4両編成の客車であれば機器室が無いため104名になり、さらに連結による増減も可能なため、使い勝手の悪さが浮き彫りになってきている。

　またVT18.16形は国際列車で運用されたため、月あたりの平均走行距離が13,000 km、1972年は20,000 kmを超えるなど、日常的に長距離の運用がされてきたが、修繕作業は資材不足などから十分に対応されておらず、劣化が激しいため、早くも1980年から廃車が始まっている。国内輸送では1981年からベルリン－ライプツィッヒ間の急行に、1982年からはベルリン－バウツェン（Bautzen）間でも用いられたが、1985年9月27日に終了、定期列車の運用から撤退した。

定期運用後の動態保存

　175 014号機（VT 18.16.07b号機）、175 019号機（VT18.16.10a号機）は、いずれも1968年製で、定期運行末期に2両の動力車と中間客車175 313（VT18.16.07c）、175 413（VT18.16.07d）、175 509（VT18.16.05e）3両を使用した5両1編成になっている。1985年の定期運用終了後、団体用の貸切列車に使用された。1987年6月から8月末にかけては、ベルリン750周年を記念した周遊運転に用いられ [68]、ガイドが同乗し食堂車も営業する中、運賃が4東ドイツマルク、子供は半額と安価だったこともあり、当初1往復のところ2往復に増発するなど、高い評判を呼んだ。6月から8月末の毎週土曜日に運行され、7月からは2往復設定されている。

　この評判の良さを受け、東ドイツ国鉄

[68] 1987年ベルリン750周年で運転された特別列車の車内表記（2019年、ベルリン・リヒテンベルク駅）

では 1988 年 3 月から 1989 年 5 月にかけ全般検査を行い、東西ドイツ統合前後の 1989 年 11 月末、1990 年末、1991 年 4 月に数回にわたる検査で、廃車された他の VT18.16 形から部品の供給も受け、最新の信号装置やブレーキ機器や台車の交換も行われるなど、160 km/h での運行をするための機器を備え、ドイツ全土の路線で運行可能になっている。また 1991 年には中間車 175 511（VT18.16.06e）も 1 両追加整備され、6 両編成での運行も行えるようにし、1992 年 1 月 1 日からベルリンを拠点とした団体や特別列車として、ドイツ国内各地や、かつて運行されたオーストリアや東欧各国に向けて運行された。また 4 両 1 編成に短縮の上、フェリー船に搭載され北欧諸国まで運転されている。

　筆者もこの VT18.16 形の特別列車の運転を数度目にする機会があった。中でも 2002 年 5 月にドレスデン中央駅で見た際には、多くの見学者がホームに集まり、ほぼ席の埋まった車内では、旧東欧を感じさせる赤色と茶色を基調とした内装とともに、思いのほか軽い音で閉められたドア、カラカラと響くディーゼル音と蒸気機関車のような大量の排気ガスなどが強く記憶に残っている。薄暗いホームの雰囲気と相まって、東ドイツの時代はこうだったのかと想像でき、動く展示物として、その利点がいかんなく発揮されていたと言えよう [69] [70]。

　しかし、2003 年 4 月 13 日に運行可能期限切れを迎えることになり、前日 4 月 12 日はベルリンからドレスデン経由でプラハまで運転されている。事前報道もあり、鉄道愛好家のみならず、多くの住民も集まったそうで、当時の鉄道雑誌には「沿線には蒸気機関車運転よりも多くの人々が殺到している。そしてゲルリッツ形は威厳ある終わりを迎えることができた」と報告されるなど、最後まで華々しい活躍だった

[69]（上）＆ [70]（下）　2002 年に運転された動態保存 VT18.16.07b 号機を先頭とした特別列車、VT18.16.07b や 10a の動態保存車は裾部分が青色になっており他の車両と見比べが容易（ドレスデン中央駅）

ようだ。ベルリンで保管されていたが、2018 年よ
り SVT Görlitz 協会により動態復元の実施が発表さ
れ、2019 年よりドレスデンへ移動、資金を集めつつ、
動態保存へ向けた整備が行われている [71]。

[71] ザクセンの駅構内ではゲルリッ
ツ形の動態保存への呼びかけポスター
が各所で目に入る（2023 年、ケムニッツ中央駅）

ザクセン鉄道博物館における VT18.16形の展示

　ザクセン鉄道博物館では、2024 年 10 月まで
VT18.16 形の 3 号機になる VT18.16.03 号機を 3 両
1 編成で保存、展示していた [72] [73]。

・VT18.16.03号機について

　VT18.16.03 は、ゲルリッツ社の製造番号 511121/3/66 として 1966 年に両端の動
力車、2 両の中間客車の 4 両 1 編成で製造されている。同年 4 月 14 日、26 日、29
日の試運転を経て、5 月 3 日から東ドイツ国鉄のベルリン・カールスホルスト気動車
機関区に所属し、同年 5 月 17 日から国際列車に運用されている。その後、小改造が
施されており、残された記録を列記すると、1966 年 8 月 29 日から 9 月 3 日まで運行
管理局（Hauptabteilung Betrieb und Verkehr）の基準に応じた席番号の取り付け、1969
年 1 月 29 日は東ドイツ国鉄製の新形自動列車保安装置の取り付け、同年 3 月 31 日
は、安全ガラスからミラーガラスへの交換、1970 年には先頭動力車が 175 005 号機、

[72] 現在は館内での展示に限られているが、
かつては出張展示もされている。写真はライプ
ツィッヒ ICE 整備工場公開時（2014 年）

[73] SVT18.16形「ゲルリッツ型」全車両履歴

形式		製造番号	東ドイツ国鉄					備考
完成時	1970年7月1日以降		完成	運用開始	運用終了	休車	廃車	

編成

VT18.16.01号編成

18.16.01a	175 001-7	851001/a1/63	1963/5/29	1964/4/15	1978/10/5	1982/3/3	1985/5/30	1978年10月5日事故後留置、1986年解体
18.16.01c	175 301-3	851001/c1/63	1963/5/29	1964/4/15	1978/10/5	1982/3/3	1985/5/30	
18.16.01d	175 401-9	851001/d1/63	1963/5/29	1964/4/15	1978/10/5	1982/3/3	1985/5/30	
18.16.01b	175 002-5	851001/b1/63	1963/5/29	1964/4/15	1978/10/5	1982/3/3	1985/5/30	

VT18.16.02号編成

18.16.02a	175 003-3	511001/26/a2/65	1965/5/15	1965/5/21	1981/10/15	1987/4/16	1988/3/9	1990年代にザクセン鉄道博物館で保管、2005年解体
18.16.02c	175 303-7	511001/27/c2/65	1965/5/15	1965/5/21	1981/10/15	1987/4/16	1988/3/9	
18.16.02d	175 403-5	511001/28/d2/65	1965/5/15	1965/5/21	1972/10/30	1972/11/3	1973/7/30	1972年10月30日事故により大破、1973年解体
18.16.02b	175 004-1	511001/26/b2/65	1965/5/15	1965/5/21	1972/10/30	1972/11/3	1973/7/30	

VT18.16.03号編成

18.16.03a	175 005-8	511121/a3/66	1966/5/3	1966/5/17	1989/12/1	1992/12/22	1993/3/5	1992年ソラリス社買収後、2007年よりザクセン鉄道博物館で展示
18.16.03c	175 305-2	511121/c3/66	1966/5/3	1966/5/17	1989/12/1	1992/12/22	1993/3/5	
18.16.03b	175 006-6	511121/b3/66	1966/5/3	1966/5/17	1989/12/1	1992/12/22	1993/3/5	
18.16.03d	175 405-0	511121/d3/66	1966/5/3	1966/5/17	1989/12/1	1992/12/22	1993/3/5	中間車、2024年現在、ケムニッツ市内で留置

VT18.16.04号編成

18.16.04a	175 007-4	511121/a4/66	1966/6/1	1966/6/6	1979/10/19	1982/3/3	1982/12/30	1979年10月19日暖房装置から出火のため大破、1983年解体
18.16.04c	175 307-8	511121/c4/66	1966/6/1	1966/6/6	1979/10/19	1982/3/3	1982/12/30	
18.16.04d	175 407-6	511121/d4/66	1966/6/1	1966/6/6	1983/7/30	1992/12/22	1993/3/5	解体年不明
18.16.04b	175 008-2	511121/b4/66	1966/6/1	1966/6/6	1983/9/30	1991/2/9	1990/6/28	台車、台枠のひび割れにより運用離脱、1991年解体

VT18.16.05号編成

18.16.05a	175 009-0	611201/202/a4/67	1967/6/21	1967/6/23	1983/7/30	1992/12/22	1993/3/5	
18.16.05c	175 309-4	611201/202/c4/67	1967/6/21	1967/6/23	1983/7/30	1992/12/22	1993/3/5	解体年不明
18.16.05d	175 409-2	611201/202/d4/67	1967/6/21	1967/6/23	1983/7/30	1992/12/22	1993/3/5	
18.16.05b	175 010-8	611201/202/b4/67	1967/6/21	1967/6/23	1983/7/30	1992/12/22	1993/3/5	

VT18.16.06号編成

18.16.06a	175 011-6	611201/203/a4/67	1967/7/31	1967/8/3	1985/9/27	1990/1/2	1990/1/2	1995年解体
18.16.06c	175 311-0	611201/203/c4/67	1967/7/31	1967/8/3	1985/9/27	1990/1/2	1990/1/2	
18.16.06d	175 411-8	611201/203/d4/67	1967/7/31	1967/8/3	1985/9/27	1990/1/2	1990/1/2	1990年解体
18.16.06b	175 012-4	611201/203/b4/67	1967/7/31	1967/8/3	1985/9/27	1990/1/2	1990/1/2	

VT18.16.07号編成

18.16.07a	175 013-2	020400/a7/68	1968/6/19	1968/6/20	1984/7/16	1992/12/22	1993/3/5	暖房機器故障のため運用からはずされ、1990年代後半に解体
18.16.07c	175 313-6	020400/c7/68	1968/6/19	1968/6/20	-	-	-	1992年より2003年まで動態保存、2024年現在動態保存へ向け作業中
18.16.07d	175 413-4	020400/d7/68	1968/6/19	1968/6/20	-	-	-	
18.16.07b	175 014-0	020400/b7/68	1968/6/19	1968/6/20	-	-	-	

VT18.16.08号編成

18.16.08a	175 015-7	020400/a8/68	1968/9/2	1968/9/5	1985/9/28	1989/5/2	1990/1/3	1999年よりベルリン・リヒテンベルク駅構内で保存
18.16.08c	175 315-1	020400/c8/68	1968/9/2	1968/9/5	1985/9/28	1989/5/2	1990/1/3	
18.16.08d	175 415-9	020400/d8/68	1968/9/2	1968/9/5	1985/9/28	1989/5/2	1990/1/3	
18.16.08b	175 016-5	020400/b8/68	1968/9/2	1968/9/5	1985/9/28	1989/5/2	1990/1/3	

先頭車

18.16.09a	175 017-3	511001/26/a9/66	1967/1/27	1967/1/28	1981/10/15	1987/4/16	1988/3/9	1975年12月1日より175 004(2代目)に改番、1990年代にザクセン鉄道博物館で保管、2005年解体
18.16.10a	175 019-9	020410/b10/68	1968/11/9	1968/12/30	-	-	-	1992年より2003年まで動態保存、2024年現在動態保存へ向け作業中

中間車

18.16.01e	175 501-6	020300/e1/67	1967/12/6	1967/12/19	1972/10/30	1972/12/3	1976/10/12	1972年10月30日事故により大破、1976年解体
18.16.02e	175 503-2	020300/e2/67	1967/12/6	1967/12/19	1985/9/27	1990/1/2	1990/1/2	1990年解体
18.16.03e	175 505-7	020300/e3/67	1967/12/13	1967/12/19	1985	-	-	廃車、解体年不明
18.16.04e	175 507-3	020300/e4/67	1967/12/13	1967/12/19	1981/10/15	1987/4/16	1988/3/9	1975年12月1日より175 403(2代目)に改番
18.16.05e	175 509-9	020300/e5/67	1968/4/4	1968/4/11	-	-	-	1992年より2003年まで動態保存、2024年現在動態保存へ向け作業中
18.16.06e	175 511-5	020300/e6/67	1968/4/4	1968/4/11	-	-	-	

175 006 号機へ改番、同年 9 月 30 日に自動列車保安装置をシーメンス社製に交換、1973 年 12 月 21 日に風よけのデフレクターが運転室の前に取り付けられ、1975 年 5 月 31 日には、トイレの便座を木製からプラスチック製に交換している。

VT18.16.03 号機は 1984 年 12 月 4 日から 1985 年 5 月 8 日まで、14 歳から 25 歳までの男女を対象として組織された自由ドイツ青年団（Freie Deutsche Jugend）の作業部会で、ナチスに迫害されて 1944 年に殺害されたドイツ共産党党首の名を取ったエルンスト・テールマン青年部（Jugendklub Ernst Thälmann）の専用車両「エルンスト・テールマン列車（Ernst Thälmann Zug）」への大幅な改造が行われている。中間車はフリースペースとして演台、黒板、オーバーヘッドプロジェクターを完備し、講演も行えるように改装されている。先頭車から自動列車保安装置を取り外され、これにより東ドイツ国鉄での 120 km/h 以上の運転は規則上不可となっている。車両の塗装は維持されたが、先頭車の側面には窓下に「Jugendklub Ernst Thälmann」のロゴ、テールマンの横顔のイラストが描かれ、2 両の中間車には、それぞれ中央青年団を意味する「Zentrales Jugendobjekt」と「鉄道路線の電化（Elektrifizierung von Eisenbahnstreken)」のスローガンが書かれている。全面検査を含め、改装には 1,327,950 東ドイツマルクがかかったとされ、1985 年 5 月 10 日、東ドイツ国鉄に引き渡された。

側面に書かれたスローガンからもわかるように、東ドイツ国鉄では、1980 年代、ソ連からの石油供給の制限に伴い、電化拡大を強化しており、その作業を行うため自由ドイツ青年団で組織された「鉄道路線電化中央ユース組織」の労働力を、都市や生活拠点から離れた現場に派遣している。作業員への飲食の供給、また鉄道路線電化の意義や東ドイツ国鉄の宣伝をするため、当機は映像の公開や移動式の食堂として使用された。1987 年 11 月 24 日から 12 月 31 日の修繕において、磁気式ブレーキを取り外し、160 km/h 以上の運転を技術的な面でも断念され、専ら作業現場への派遣や側線での移動展示施設として用いられるようになる。ライプツィッヒで開催されている博覧会や、1987 年 6 月のベルリン市 750 周年を記念したヴリーツェナー（Wriezener）貨物駅での車両展示会、また 1989 年夏のポーランドとの国境の町キュシュトリン・キーツ（Küstrin-Kietz）で開催された車両展示会への参加など、60 の都市で開催した展示には 9 万 2,000 人が訪れた記録が残されている。

1989 年 11 月まで青年団の車両として運用されてきたが、ベルリンの壁崩壊に

伴う混乱の中、ベルリン・ルンメルスブルク（Rummelsburg）の引込線で留置されている。その後、スクラップ処理される直前にケムニッツとドイツ南西部バーデン・ヴュルテンベルク（Baden-Württemberg）州の州都シュトゥットガルトに拠点を置く建設会社 IN-BAU GmbH Stuttgart/Chemnitz の関連会社である非営利活動法人ソラリス社（Solaris）が、1992 年 9 月に先頭車 2 両 175 005 号機と 006 号機、中間車でフリ

[74] VT18.16.03 号機の客室出入口に残る 1993 年ソラリス社によりケムニッツで改装されたことを示す銘板（2023 年ザクセン鉄道博物館）

ースペースだった 175 305 号車の 3 両を購入し、1993 年にケムニッツ修理工場で修繕している [74]。中間車はかつてのフリースペースを活かし会議室としており、ケムニッツ修理工場 125 周年記念祭や、1994 年夏に会社のあるシュトゥットガルトで公開された後、ソラリス社のあるケムニッツ・カッペル（Kappel）のコンテナ駅の近くを拠点として、ザクセン州内の多くの駅で 3 両 1 編成のソラリス・エクスプレスとして出張展示されている。

　しかし VT18.16.03 号機は、保管場所において破壊や落書きの被害が多発し、ソラリス社では保守、整備の要員もいなかったため、新たな保管先として、ザクセン鉄道博物館に恒久的な貸与を行い、管理を委託している。2007 年 5 月にザクセン鉄道博物館の敷地内へ移送され、市の失業者雇用対策の実習とも連携しつつ、外装全体から落書きを取り除き、原色への塗装をしている。車内も床の一部やシートの張替えなど大幅なリニューアルが行われている。

・VT18.16.03b（175 006号機）[75]

　先頭部にある運転席は、運行されていた当時の状態で保存が行われており、原形が保たれている。運転台に続く階段を上がるとハンドルやスイッチなどが並んでおり、一部は取り外されてもいるが、多くは運用当時のままで残されている [76]。また運転席の壁面なども改修されておらず、木製のままで残され、鉄製の機器が並ぶ中で木目が目につく。運転室の下にある機械室も当時のままであり、防振のためゴムの台

[75] ザクセン鉄道博物館の VT18.16.03 号機は 3 両編成で、こちらは V18.16.03b（175 006 号機）になる

[76] 機器が残されている運転室は木目の壁面が目に付く（2017 年、ザクセン鉄道博物館）

[77] 運転室下のエンジンルーム（2017 年、ザクセン鉄道博物館）

[78] 乗務員室はベッド付。右壁面内に放送機器があり車内放送も行える（2017 年、ザクセン鉄道博物館）

座に大きなエンジンが先頭部まで突き出すように置かれ、丸い窓から光が差し込む [77]。エンジンの後部には両開きの扉のある荷物室、乗務員室と並んでおり、乗務員室は原形のままで、車内放送用の設備や無線、また長椅子、ベッドも残されている [78]。出入口のデッキから後部へ続く開放式の客室跡には座席が一つ残され、談話室となっているが、資材が多く置かれており、バックヤードとしての機能が強いようだ。

・中間車 VMc18.16.03（175 305号車）[79]

　フリースペースであり、当館において主に使用されている箇所になる。白い壁で明るい車内には、テーブルと椅子が置かれており、厨房では簡単な調理も可能だそうである [80]。当館は空調も完備された車内を使い、家族の祝賀会などの個人使用や、講習会、企業発表会、展示会、ビデオ上映会など様々なイベント施設としての活用

[79] 中間車 VMc18.16.03（175 305 号車）。オリジナルのゲルリッツ形は 4 両編成だが、ザクセン鉄道博物館は 3 両編成のため中間車も 1 両になる（2017 年、ザクセン鉄道博物館）

[80] 中間車 175 305 号機はフリースペースになっている（2017 年、ザクセン鉄道博物館）

を呼びかけていた。車内で様々な対応ができるなど、かつての青年団の専用車両に改装された状態を活かしていると言えよう。ただ最近はあまり使用されてないようであり、新たな活用策に期待したいところだ。

・*VT18.16.03a*（*175 005号機*）[81]

出入口のデッキから入った客室は、かつて使用されていた当時の設備が多く残されており、2 席が 2 つ並び 4 列 16 席分のリクライニングシートが置かれている [82]。これらはシートこそザクセン鉄道博物館へ来た際に貼り替えられているが、その他は当時のままであり、一部は下部のレバーを押しての回転、リクライニングもできる状

[81] もう一方の先頭車 VT18.16.03a（175 005 号機）。かつては 2 号線形庫の側に展示をされるなど度々構内を移動している（2017 年、ザクセン鉄道博物館）

[82] シートは貼り替えられているが、運用時のまま残されているリクライニングシート（2017 年、ザクセン鉄道博物館）

態で残されている。デッキから前にあった乗務員室は逆の先頭車 VT18.16.03b とは異なり、撤去されており、両開き扉で外部とつながる荷物室と一体化したスペースとなっている。なおここに外部からの電気接続を行う機器が置かれており、展示車両としての空調システムもここで統括制御されている。

　デッキから運転席までは、逆の先頭車 VT18.16.03b と同様にエンジンが置かれており、運転席へも階段を上って入る。しかしこちらの運転室の機器はすべて撤去されており、まったく様相が異なっている。

補足メモ
ベルリン・リヒテンベルク駅構内におけるVT18.16.08 号機の保存 [83]

　VT18.16.08 号機は 1968 年 9 月 2 日に製造され、VT18.16 号機の編成単位での最終機になる。1970 年より先頭から 175 015 号機、中間客車で食堂車 175 315 号機、コンパートメント 1 等車 175 415 号機、後尾車 175 016 号機に形式変更され、1985 年 9 月 28 日に休車となり、1987 年のベルリン 750 周年記念の車両展示会で休息所や売店に使用されている。1988 年 11 月 28 日より職業訓練用の学習室に用いる予定で部分的な改装をされたが、東西ドイツ統合にともない中途でベルリン・ヴリーツェナー貨物駅構内留置されていた。そして 1989 年 4 月 4 日より 16 人の有志による保守が始まり、1999 年 6 月 6 日に現在のベルリン・リヒテンベルク駅構内に移動されている。

[83] ベルリン・リヒテンベルク駅構内で保存されているゲルリッツ形 VT18.16.08（175 015 号機）（2019 年）

[84] 先頭車 VT18.16.08a（175 015 号機）内部は高速気動車に関する資料館になっている（2019 年）

[85] 車内の新製時以来が維持されコンパートメントは 1 等と 2 等が混在（2019 年）

[86] もう一方の先頭車 VT18.16.08b（175 016 号機）の 2 等車オープン座席はシートもオリジナルになる（2019 年）

　ザクセン鉄道博物館よりも原形に近い 4 両編成になり、団体客の催事などに使用されている。先頭車は資料館になっており、SVT18.16 形の車内に掲げられた行先表示板やドイツ国有鉄道の高速気動車に関する数々の資料の見学が可能だ [84]。ご案内いただいた方から「実に遺憾であるが」と言われつつ、最初に登場したフリーゲンデ・ハンブルガー形のインパクトが強かったためか、第二次世界大戦前のドイツの高速気動車の総称をフリーゲンデ・ハンブルガー形と誤解されることも多いとのお話をいただき、それぞれのハンブルク形、ケルン形などとの違いと進歩をご教授いただいた。前章の高速気動車に関する紹介は、そこでうかがったことを参照にしている。

　それ以外の 3 両は内装が定期運行時のままに保たれ、かつての様子を色濃く感じる。コンパートメントには 1 室あたり定員 6 名の一等車と 8 名の二等車が混在し [85]、両端の先頭部車両の二等車はリクライニングシートになっている [86]。コンパートメント車の一部はベッドに改装されており、宿泊することもでき、トイレや洗面所の増設もしているそうだ。食堂車もふくめ現在でも使用可能と良好な状態が保たれている [87]。車内は周辺機器や表記も東ドイツ国鉄の当時のままで残されており、窓のカーテン。東ドイツ国鉄（DR）の柄が見られ、当時のままで保存されているそうだ [88]。またドアの取手部分。「停止まで開けないこと」とドイツ語、チェコ語、ハンガリー語、ロシア語で記載されている [89]。

　ただ屋外での展示になるため、塗り直しなども定期的に行っている。車体に書かれた文字も復元をしているが、ゆがみなどが見られ、詳細な復元の難しさが垣間見

られる [90]。

[87] カタログ記載そのままの食堂車（2019 年）

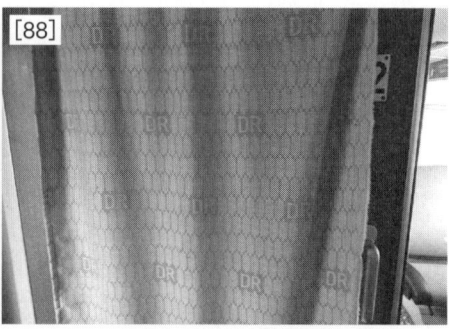

[88] カーテンに描かれた東ドイツ国鉄（DR）のロゴも当時のまま（2019 年）

[89] 国際列車のため多言語表記がなされているが、英語が無い（2019 年）

[90] 運転可能な国を列記した車体表記。D はドイツなど。錨のマークはフェリーへの搭載可能を意味している（2019 年）

第5章
フェルトバーン
【ザクセン鉄道博物館の産業用軽便鉄道部門】
Die Feldbahngruppe des Sächsischen Eisenbahnmuseums

1.
フェルトバーンとは

　ドイツにはフェルトバーン（Feldbahn）と呼ばれる鉄道があり、「軽便鉄道」と邦訳されている。フェルトバーンとはどのような鉄道を指すのか、現在のドイツにおける適用範囲を見ると、おおまかに3つの条件全てを満たした鉄道になるようだ。条件1はドイツの標準軌間 1,435 mm よりも狭く、さらに日本の標準軌間 1,067 mm よりも狭い、軌間 1,000 mm 以下の狭軌路線になる。1,000 mm から 400 mm の間で様々な軌間が採用され、軌間 500 mm、600 mm、750 mm、900 mm を主流としている。ドイツで有数の規模を誇るマイニンゲンの蒸気機関車工場では、様々な軌間の蒸気機関車の修繕を行っているが、構内に延びる試験運転用の線路には様々な軌間に合わせて何本もの線路が敷設されている [1]。この一部だけ見ても、標準軌間が路線長では多数を占めるため目立ちはしないが、少数のあらゆる軌間が使用されてきたこと

がうかがえる。条件2は機関車によって
運転されている鉄道になる。フェルトバー
ンが導入され始めた19世紀末こそ、手
押しや馬や犬が牽引するトロッコもフェル
トバーンに含めていたようだが、機関車
による運転が主流となった現在は含める
ことは無いようだ[2]。なお機関車は蒸気
やディーゼルエンジン、電力以外に、蒸
気をタンクに充填、また圧縮空気を使用
した無火式機関車や、バッテリー式など
の、普通鉄道に比べると多彩な動力源が
際立っている。そして条件3は、工場や
鉱山、戦場などに敷設された専用線で貨
物輸送に特化して使用される鉄道になる
[3]。現在、ドイツで旅客営業を行ってい
る軌間1,000 mm以下の鉄道は観光鉄道
など多くあるが、これらは「Schmalspurbahn
（狭軌路線）」と呼ばれ、フェルトバーン
との区分けが明確にされている。日本の
「軽便鉄道」は、旅客輸送を行っている
鉄道も含めた総称になるため、ドイツ語
訳すると、フェルトバーンよりも、この
「Schmalspurbahn」がより近いと思われる。
そのため本書は、これら実態に即し「産
業用軽便鉄道」、軍事用は「軍用軽便鉄道」
と表記したい。

　産業用軽便鉄道は専用線のため、関わ
る機会が少なく、現在はトラック輸送やベ
ルトコンベアーなどに代わられたため、そ
の姿を日常的に見る機会も無くなってい

[1] マイニンゲン蒸気機関車工場の試験用線路は
様々な軌間が用意されている（2019年）

[2] 初期には簡易な手押し式の貨車も使用されたが、
機関車牽引が産業用軽便鉄道の条件になる（2023
年、ザクセン鉄道博物館）

[3] 産業用軽便鉄道では貨物輸送に特化されつつも
鉱員輸送なども行われている（2019年、ザクセン
鉄道博物館）

る。しかし時代や環境によって多様な姿をしており、これまで鉄道の担ってきた幅広い役割を伝えるものと思われる。ザクセン鉄道博物館の産業用軽便鉄道部門について紹介する前に、ドイツの産業用軽便鉄道のあゆみを振り返りたい。

ドイツの産業用軽便鉄道のあゆみ
まずは農業、林業、鉱業における輸送手段として

　歴史の本をめくると、1871年のドイツ帝国成立の頃から第一次世界大戦開戦の1914年までの間は、長い19世紀、平和な時代、あるいは戦争の準備がなされた時代と呼ばれている。産業用軽便鉄道は、この時代に開発されており、電話やオートバイなど、同時期に発明された産業機器と同じように、民事用途で広まり、軍事へと「発展」している。

　産業用軽便鉄道の始まりは、フランスのポール・ドコービル（Paul Decauville）が自身の農園の輸送機関として開発し、1877年より生産、販売を開始した枕木と一体化した可搬式の軌間400 mmのレールになる。ドイツでも1876年4月1日設立の機関車メーカ、オーレンシュタイン・コッペル社（Orenstein & Koppel）[4]や、1884年4月17日設立の農業用機械メーカのドルベルク機械・産業用軽便鉄道製造会社（R. Dolberg, Maschinen und Feldbahn Fabrik、以下「ドルベルク社」）が、枕木と一体化した簡易式レールやポイントを蒸気機関車や貨車とともに製造、販売を開始しており、他の機関車メーカもつづいている。当初軌間は400 mmから1,000 mmまで、注文主の希望に合わせたミリ単位で個別に受注、製造されていたが、広まりを見せるにしたがい規格化が進み、後年1929年に軌間500 mmがDIN（ドイツ工業規格）1250を取得、1931年に軌間600 mm、700 mmも取得している。オーレンシュタイン・コッペル社を例に取ると、1892年から1945年までに製造した軌間1,000 mm以下の狭軌機関車は9,830両になり、一番多いのは軌間

[4]

[4] オーレンシュタイン・コッペル社の軌間600mmの蒸気機関車。1921年製になりフランクフルト産業用軽便鉄道博物館にて動態保存されている（2014年、ザクセン鉄道博物館）

600 mm の機関車が半数以上の 5,111 両を占め、次いでドイツ国内の狭軌路線で多く用いられている軌間 750 mm の 1,330 両、900 mm の 807 両と続く。すべてがドイツ国内用ではないものの、主要メーカの生産実績から、軌間 600 mm が産業用軽便鉄道としては標準的な軌間と言えるようだ。

ドルベルク社が農業用機械のメーカだったことから分かるように、初期の産業用軽便鉄道はドコービルと同じく農作業用に使われている。これまで農作地帯における輸送は荷馬車が使われてきたが、不安定な地盤のため車輪がぬかるみに取られ、地面が荒れ、さらに雨の日は輸送できなくなるといった問題を抱えていた。1885 年にドルベルク社は、農作業輸送における産業用軽便鉄道について大々的な宣伝を行い、「木製の枕木のついた長さ 2 m の線路は持ち運びも一人ででき、短時間で敷設され、地面を保護しつつ、わずかな力で多くの車両の牽引が可能である」と紹介している。そして 2 軸 4 車輪の上に簡易な木箱や板を搭載した貨車や、荷車をそのまま搭載する輸送車などをカタログに掲載している。

農作業輸送に使われた産業用軽便鉄道は、収穫シーズンなど期間や場所を限定して使用されたが、常設化されたものもあり、ドイツ北東部メクレンブルク・フォアポンメルン（Mecklenburg-Vorpommern）州で、ポーランドとの国境近くで営業していたメクレンブルク・ポンメルン狭軌鉄道（Mecklenburg-Pommersche Schmalspurbahn）が代表例になる。軌間 600 mm で、1888 年から 5,000 ヘクタールの牧草地や荒れ地に敷設後、ダム建設や土地の開墾に使用され、1891 年 11 月 1 日から栽培されたテンサイを砂糖工場まで結ぶ 27 km の路線が開業している。「Schmalspurbahn（狭軌路線）」と呼ばれるように、1894 年 7 月 1 日から旅客輸送も開始され、1935 年には総延長204 km、輸送人員は 779,008 人、輸送量は 390 t におよび、農作物の他に、建設資材や燃料、日用雑貨なども取り扱い、地域の輸送全般を担っていた。なおメクレンブルク・ポンメルン鉄道も例外なく、第二次世界大戦終戦後、ソ連軍により線路が持ち去られ、全長 35.5 km のみが残されている。1947 年 11 月 7 日に 63.13 km まで再建され、東ドイツ国鉄により運営されたが、1960 年代に入ると道路が整備され利用者が減少し、1969 年 5 月 31 日に旅客輸送が、1969 年 9 月 29 日に貨物輸送が終わり廃線になっている。

また産業用軽便鉄道は、山間部で木材輸送を行う森林鉄道としても 19 世紀末から広まりを見せている。これまで山間部から原木を運び出すには河川を使っていた

が、危険なうえに時間もかかるため、森林鉄道が伐採地から鉄道駅までを結ぶ輸送手段として導入された。代表的なのはザクセン州最東部で、ポーランドとの国境に近いムスカウ（Muskau）にて 1895 年から運行を開始した、軌間 600 mm のムスカウ森林鉄道（Waldeisenbahn Muskau）になる [5]。開業当初は馬による輸送だったが、翌 1896 年から蒸気機関車が導入され、山間部から製材所、製紙工場まで敷設された。移動する伐採地により総路線長は 50 から 75 km の間で推移し、最盛期には 85 km までのび、11 両の蒸気機関車と 550 両におよぶ貨車を保有した。勾配は最勾配 31.3 ‰、最少カーブ半径は 35 m といった急峻な環境で、貨車は長い原木を輸送するため、2 軸 4 車輪の平車を 2 台用意し、木の両端を搭載して運転された。貨車にはブレーキが装備され、木が滑り落ちないように支柱やチェーンで固定化され、7 両から 8 両の編成が組まれている。

　また露天掘りの鉱山で採掘された石灰や砂利、粘土を採掘場所からセメント工場やレンガ工場への輸送手段としても産業用軽便鉄道は使用されている。火気厳禁の坑道内の輸送には電気機関車が早期から導入され [6]、1888 年よりドイツ西部ジーガーランド（Siegerland）の鉱山で運転を開始した AEG 社製の電気機関車が最初期の事例になる。これまで馬で 7 両ほどしか運べなかったところ、電気機関車の導入により 40 両を 12 km/h から 15 km/h で牽引できるなど大幅な向上を見せた。またシーメンス・ハルスケ（Siemens & Halske）社でも 1901 年に軌間 785 mm で 60 馬力の坑道用電気機関車の製造を開始している。

　このように初期の産業用軽便鉄道は、地盤も悪く、標準軌間の鉄道や道路が作れないような急峻な場所や狭い場所

[5] ムスカウ森林鉄道は現在、保存鉄道として一部路線が観光用に運転されている（2024 年）

[6] 鉱山には早い段階から電気機関車や蓄電池式機関車が導入された（2020 年、エルスニッツ〔Oelnitz〕炭鉱博物館）

といった悪条件下で、簡易に敷設ができる利点を活かし、広まりを見せている。急カーブも多いため、主に2動輪の蒸気機関車や製造開始間もない電気機関車が使われ、人力や馬に代わる大量輸送手段として、地域の暮らしを支えたと言えよう。

軍用軽便鉄道としての発展

　敷設場所を選ばない産業用軽便鉄道は、早い時期から軍事用途でも採用されている。1866 年プロイセン・オーストリア戦争が開戦すると、プロイセン軍は軍人と民間人で構成される野戦鉄道部隊（Feldeisenbahnabteilung）を師団内に設置するなど、早くから軍隊における鉄道の役割には注目しており、ドイツ帝国が成立すると、1871 年 10 月 1 日にドイツ陸軍は鉄道部隊(Königliche Militär-Eisenbahn, K. M. E.)を設立した。この鉄道部隊は円滑な輸送を行うため、特別几帳面であると同時に、焦点を精密に絞り込むことのできる頭脳が求められ、優秀な人材が配置される部門だった。ただそれゆえか、「士官学校の生んだ最高の頭脳が鉄道部隊に入り、最後は精神障害者用の保護施設に行き着いた」とも言われており、現在で言うところの「病み落ち」も多かったようだ。

　鉄道部隊設立時は将校や兵士の鉄道建設や運営の経験が少なかったため、民間の鉄道路線の建設に配備され、十分な知識が得られた後、1874 年に標準軌間の演習用路線がベルリンの南に位置するシェーネベルク（Schöneberg）からクマースドルフ大砲射撃場（Schiessplatz Kummersdor）間 45.5 km に建設され、1875 年 10 月 15 日から使用を開始している。鉄道部隊は 1890 年 4 月 1 日より旅団（Brigade）になり、1894 年にはクマースドルフに軌間 600 mm で長さ 30km の環状線が敷設され、前線や占領地域における使用を想定した演習が行われている。また軍用鉄道として規格化も進められ、1891 年時は軌間 600 mm で 5 m ごとに分かれ、1.2 m の枕木 10 本を一体化した重さ 190 kg から 210 kg の線路を 8 人から 10 人で運んでいたが、第一次世界大戦時には線路は長さ 2 m で 3 本の枕木が付き、重量 40 kg、カーブは最低半径 30 m、最急勾配は 40 ‰ と定められた。

　軍用蒸気機関車の開発も行われ、最初の機関車がホーエンツォレルン社（Hohenzollern）で作られたが、試作にとどまっている。量産品はクラウス社（Krauss）で 1890 年に製造された、全長 4 m ほどで 3 動輪のタンク式機関車を運転室で背中

合わせに連結した双合機関車、通称「双子（Zwilling）」が採用され、1890年代半ばよりドイツ各機関車メーカで生産されている。この双合機関車は、中央部の運転室の前後に2つ罐を持ち、それぞれに走行装置を装備した蒸気機関車で、ドレスデン交通博物館で展示されていたペショー・ブルドン（Péchot-Bourdon）形を手本としている。ペショー・ブルドン形と異なり、蒸気機関車2両を連結させ、中央部に関節部分を作ることで、より急なカーブでの使用も可能としており、また切り離して1両単独で使用することもできるなど、様々な状況での対応が考慮されている。クラウス社以外でも生産され、ボルシッグ（Borsig）、ハーガンス（Hagans）、リンケ・ホフマン（Linke-Hofmann）、ハノマーグ（Hanomag）、ヘンシェル、シュヴァルツコップ（Schwartzkopff）の各社が参加し、1914年までに2両1セットで454セットが製造され、日本陸軍も1901年に5セットを試作機として輸入し、日本陸軍鉄道連隊A/B形蒸気機関車として採用後、1905、1906年に188セットを追加採用している。

　この双合機関車はドイツの植民地でも使用されたが、小形機関車のためかねてから牽引力不足が問題となっており、1904年から1907年にかけてのナミビアでの軍事行動で敷設された100kmほどの路線では、代わりに他国の機関車が調達されている。そのため、さらに強力な蒸気機関車の開発がユング社（Jung）、クラウス社、ヘンシェル社（Henschel）が参加して1901年から行われ、1903年に旅団機関車（Brigadelok）として試作機が製造、1905年より量産された [7]。1906年にベルリンで開催された植民地博覧会で初公開されたものの、生産量は比較的少なく抑えられていたが、1914年に第一次世界大戦が開戦すると、ヘンシェル社が789両、ボルシッグ社が377両などドイツの主要な機関車メーカが参加しての大量生産が始まり、1919年までに合計2,573両が製造された。ドイツのみならずヨーロッパ各地で使用され、さらにはアフリカや中南米などへも輸出されている。なお先述のメクレンブルク・ポンメルン狭軌鉄道でも1926年から1939年に6両の旅団機関車を導入しているが、第二次世界大戦後にソ連により持ち去られ、以降は不明になる。

　鉄道部隊は、演習も兼ねてドイツ国

[7] ドイツ国内のみならず世界各地で使用された旅団機関車（2019年、ドイツ蒸気機関車博物館）

内でも広く活動し、中でも 1895 年 7 月 10 日にドイツ中部チューリンゲン（Thüringen）州ブロターオーデ（Brotterode）で、全建物 842 棟のうち 729 棟が焼け落ちた大火事が起きた際の復興輸送を担ったことが知られている。鉄道部隊により、鉄道駅のあるヴェルンスハウゼン（Wernshausen）からブロターオーデまで 11.47 km を結ぶ軌間 600 mm の鉄道が敷設されることとなり、1896 年 1 月より準備が始められ 3 月に建設が開始、380 人の兵員と 3 万帝国マルクの費用が投じられ 5 月 11 日に開通した。高低差が約 300 m になる急峻な経路だったため、勾配は規定を超える 80 ‰、半径 30 m の悪条件の中、双合機関車を使用して運行されている。当初は 1896 年 9 月末までの運行予定だったが、1897 年以降も、教会の再建など復興事業が継続されるため、1897 年 4 月から 6 月 15 日まで運行を延長し、運行期間中貨物 17000 t、約 1 万人の被災者や作業員を輸送した。運行終了後、この鉄道の買い取りを市では検討したが、値段が高すぎるため断念したものの、一部の路盤を使い 1899 年に 9 km ほどの区間で軌間 750 mm 路線が開業している。

　また 1909 年 7 月 31 日からザクセン州で行われた演習では、ヴァイシッヒ（Weissig）からエルベ（Elbe）川を渡ったシェーニッツ（Schänitz）を経て 36.7 km 先のゼーリングシュテット（Seelingstädt）まで、軌間 600mm の路線を建設している。建設資材は鉄道やエルベ川を使って近隣まで運ばれ、最大の建築物はルガ（Luga）川に架けた橋であり、長さ 280 m、高さ 23 m の本格的なサイズになる。途中 10 か所の電話局を設置し、40 両の双合機関車を使って建設作業が進められ、8 月 31 日に完成した。演習を行った鉄道部隊には陸軍の広報担当者も同行しており、新聞記者に試乗機会が設けられるなど広く宣伝されたこともあり、建設の様子を一目見ようと多くの市民が訪れ、エルベ川には観光船も運行され、ルガ川の高架橋へは多くの人が見学に訪れている。ザクセン王フリードリヒ・アウグスト 3 世はよほど気になったのか、8 月 21 日、28 日、そして完成後 9 月 3 日と毎週のように足を運び、全線に渡って試乗もしている。随行員と警備兵の苦労がしのばれる。9 月 1 日からの運行演習では 20 両の機関車を使用して 24 時間体制で運行され、9 月 8 日に終了、9 月 9 日より解体され、9 月 22 日に撤収が完了した。費用は建設や線路を敷設した農地の使用料、それにより荒れてしまったことへの保証料など 25 万帝国マルクかかる大規模な演習であった。

第一次世界大戦における軍用軽便鉄道の広まり

　1914 年に第一次世界大戦が開戦する
と、戦場へは既存の路線を使用した輸
送が行われたが、鉄道駅から前線へは、
兵士が供給物資や装備など重い荷物を
背負って、徒歩で行かなくてはならなか
った。また塹壕戦となり膠着状態に陥っ
た前線は地盤も悪く、トラック輸送が難
しい環境だったため、ドイツ陸軍はかね
てからの準備のとおり、軌間 600mm の
軍用軽便鉄道の建設を早々に進めてい

[8] 第一次世界大戦では網の目のように敷設され、病院列車も運用された（2019 年、ベルリンの技術博物館）

る [8]。作りは非常に簡易だったようで、一晩に脱線が 3、4 回続くのは日常茶飯事で、
通りがかりの兵士に手を貸してもらい解決したとの記録もある。この軍用軽便鉄道は
西部戦線のみならず、東部戦線でも敷設され、路線の総延長は数百 km と言われて
いる。中でもベルダン（Verdun）要塞のドイツ軍陣地には 200km ほどの軍用軽便鉄
道が広がっており、運行時刻も決められ、1 日 8 便が運行された。

　軍用軽便鉄道は、第一次世界大戦開戦当初、蒸気機関車が使用されたが、吐き出
す煙が砲撃の対象になりやすいことから敬遠され、急遽、単気筒エンジンを搭載し
たディーゼル機関車の大量生産が、1912 年よりオーレンシュタイン・コッペル社の
傘下に入ったモンターニャ社（Montania）、自動車や機関車、航空機のディーゼルエ
ンジンを製造してきたオーバーウルゼル（Oberursel）社、そしてドイツ社（Deutz）の
3 社により進められた。もともとディーゼル機関車はドイツ社により 1896 年に坑道用
として軌間 500mm で 6 馬力の機関車が製造され、1898 年より CI 形として量産され
たが、製造の広まりを見せたのは第一次世界大戦時になる。軍用軽便鉄道の蒸気機
関車は、前出の双合機関車、旅団機関車に加え、オーレンシュタイン・コッペル社
は終戦間際の 1917 年、1918 年に製造した 4 動輪、5 動輪のタンク式蒸気機関車の
4 形式にまとめたものの、ディーゼル機関車はメーカ相互間の規格化はされず、2 動
輪か 3 動輪で 8 馬力から 40 馬力ほどと多種に分かれている。モンターニャ社では 8
馬力から 30 馬力の 7 種類のディーゼル機関車の製造を 300 両から 400 両ほど行い、

3社のうち最多の993両を製造したドイツ社は、668両が2動輪、325両が3動輪になり、馬力やギアのタイプ別に23種類におよんでいる [9]。なおオーバーウルゼル社は数種類製造しているが、正確な両数は不明であり、1916年夏の時点で500両ほどのため、700から900両ほどの製造と言われている。3社合計では、このように一部製造記録が紛失

[9] 1930年代にはユング社もディーゼル機関車製造に乗り出している（2019年、ザクセン鉄道博物館）

しており正確な数字は不明だが、2,000両以上が製造されているようだ。

　エンジンや仕様も各社ごとバラバラであり、規格化への足並みも揃わない中、製造が進められたディーゼル機関車だが、日本でもドイツ社製のディーゼル機関車が1920年代より輸入され、現在銚子のヤマサ醤油工場内の「しょうゆ味わい体験館」にて展示されている日本最古の現存するディーゼル機関車は、ドイツ社の旧称から通称「オットー（Otto）」と呼ばれている。3社とも第一次世界大戦後もディーゼル機関車の製造を続けており、以降のドイツのディーゼル機関車や高速気動車の発展の礎となった。

産業用軽便鉄道のさらなる広まり

　これまで馬が牽引していた路線も、第一次世界大戦中、馬は徴用され、餌代も値上がりしたことから、機関車への置き換えが進んでいる。火気厳禁のため、長きにわたり人力や馬によって輸送が行われてきた泥炭輸送や爆弾工場内の輸送、坑道内の輸送には、第一次世界大戦時に軍用軽便鉄道用に開発、製造されたディーゼル機関車の導入が進められた。とりわけ坑道での鉄道輸送は、インクライン（Incline、傾斜鉄道）と比べ、作業場所まで従業員の輸送にも使用ができ、輸送量増加時には、途中でのすれ違いも待避線などを設けることで対応可能であり、修繕や交換が必要な際は全

部を停止させるのではなく代替機関車で対応がなされ、火事など災害時には機関車が移動して避難や救助に向かうこともできるなどの利点が認められ、電気機関車に加え防爆仕様が施されたディーゼル機関車や蓄電池式機関車が導入された。オーレンシュタイン・コッペル社では坑道を走行できるよう、サイズを調整した燃料タンク車も製造し、基地に据え置くこともできるようにしている。

産業用軽便鉄道は、大規模な建設現場における輸送手段としても使用されている。1887 年、キール運河（Kiel Kanal）建設において、工事を請け負ったポランスキー・ツェルナー社（Polensky & Zöllner）が軌間 900 mm の産業用軽便鉄道を使用したことが始まりになり、土木作業のスペシャリストとしての名声を得ている。同社は 1913 年から工事が開始されたキール運河を越えるホッホドン（Hochdonn）橋建設時も、産業用軽便鉄道を使用しており、1920 年までに 532 万 ㎥ の土と 1.65 万 ㎥ のセメントを輸送した。また他社の事例だが、ミュンヘン郊外においてノイフィンシング発電所（Kraftwerk Neufinsing）の建設が 1921 年から開始された際にも、全長 19 km におよぶ 600 mm 軌間の産業用軽便鉄道が使用されている。建設資材輸送のみならず、市電の停留所からの作業員輸送にも使われており、1924 年完成時まで、のべ 2,470 万人、1 日あたり 700 人を輸送した。建設現場における産業用軽便鉄道の使用は、1933 年 6 月 27 日に 7,000 km におよぶアウトバーンの建設計画が制定されると最盛期をむかえ、それぞれの建設現場で建設会社が所有する産業用軽便鉄道が広く使われている。建設時の様子を伝える多くの写真で蒸気機関車やディーゼル機関車に牽引された貨車を目にすることができるなど、広く使用されたことをうかがい知ることができる [10] [11]。

都市の瓦礫撤去用の鉄道として

第二次世界大戦において、ドイツ陸軍は前線への輸送は、機動力に優れた自動車の使用を計画していた。軍用軽便鉄道の蒸気機関車やディーゼル機関車は規格化が進められ、試作機も製造されたが、量産にはいたらず、第一次世界大戦ほどの進歩が見られないまま、終戦をむかえている。

第二次世界大戦終戦時のドイツ各地の都市は、空襲や戦闘により壊滅的な打撃を受けており、瓦礫の撤去が必要になっていた。そのため、市から業務を委託された

[10]（左）&［11］（右）　1950年代初めのシュヴァルツェンベルク機関区増設工事にも産業用軽便鉄道は頻繁に登場する。上は信号所から本線、下は扇形庫前の作業になる（1950年）

建設会社は、所有していた産業用軽便鉄道を積極的に使用して作業を行っている。瓦礫鉄道（Trümmerbahn）と呼ばれ、暫定的な使用だったため道路に簡素に敷設された線路を蒸気機関車やディーゼル機関車が2軸4車輪の貨車を牽引して郊外へ瓦礫を運んだ【12】。1945年から10年ほどの期間に、40の都市で瓦礫撤去用の産業用軽便鉄道が運用され、ベルリン、ハンブルク、ミュンヘン、ニュルンベルク、カールスルーエ（Karlsruhe）、ブラウンシュバイク（Braunschweig）などの大都市から、地方都市のハルバーシュタット（Halberstadt）やヒルデスハイム（Hildesheim）、エムデン（Emden）など各地で見られた。軌間は600 mmのほか、フランクフルトやハンブルクは900 mmを採用している。なおドレスデン交通博物館のペショー・ブルドン蒸気機関車も、第二次世界大戦後、1950年くらいまでマグデブルクの瓦礫撤去用の産

業用軽便鉄道で使用されており、運転可能な機関車が総動員された当時の実情の一端がうかがえる。また空襲被害の大きかったことで知られるドレスデンでは、15 km²にわたり1,200万m³メートルの瓦礫を処理するため、最初は路面電車の路線を使用していたが、1946年1月5日にドイツの都市では初めて計画的な瓦礫の撤去に乗り出している。建設会社フィリップ・ホルツマン社（Philipp

[12]　第二次世界大戦後は空襲で破壊された街の瓦礫撤去用として活躍（2019年、ベルリン技術博物館）

Holzmann）により進められ、初めは軌間 900 mm だったが、600 mm に変更され、蒸気機関車 3 両、ディーゼル機関車 1 両、輸送車 70 両で 5 km ほどの路線が建設された。1946 年以降は他社も加わり、最大 27 社で 1,250 人の労働者が関わり、うち女性は 560 人になる。5 つの路線、計 21 km まで拡大し、終戦から 13 年後になる 1958 年まで運営されている。

産業用軽便鉄道の衰退

　瓦礫撤去用の産業用軽便鉄道が廃止された 1950 年代半ばころから、西ドイツでは道路網の整備やトラックやベルトコンベアーなど輸送手段の整備が進んだため、産業用軽便鉄道は徐々に姿を消している。西ドイツ最後の森林鉄道は、ドイツ南東部バイエルン州で、チェコとの国境近くにあったシュピーゲラウ森林鉄道（Spiegelauer Waldbahn）になる。軌間 600 mm で 1900 年より敷設が始められ、1953 年に 700 ヘクタールの森林地帯に広まり、総延長 95 km におよんだ。第二次世界大戦後、施設の老朽化により全面的な改修が必要とされたため、林道の建設とトラックによる輸送に切り替えることとなり、1960 年 5 月 11 日に廃止され、同年 9 月には撤去も完了している。

　西ドイツ北西部、ニーダーザクセン（Niedersachsen）州には、ブレーメン（Bremen）の北に広がる湿原地帯トイフェルスモーア（Teufelsmoor）で採掘された泥炭をノイ・サンクト・ユルゲン（Neu Sankt Jürgen）駅まで 5 km ほどを輸送するため、1922 年に軌間 600 mm の産業用軽便鉄道が敷設されている。区間の大半が道路沿いになり、ディーゼル機関車が貨車を牽引してきたが、道路の拡幅と古い舗装からアスファルトへの変更が行われ、1990 年の工事開始を機に廃止されている。

　それに対し東ドイツは、ほとんどの産業用軽便鉄道が、運行を行っている所有者とともに 1970 年までに人民公社（Volkseigener Betrieb、VEB）として国家の管理下に入り、計画経済における投資対象にされた。東ドイツにおいて、トラックの普及が遅れていることもあり、ほとんどの路線が廃止されること無く保持されている [13]。

　1990 年東西ドイツ統合後旧東ドイツ地域では多くの工場が閉鎖に追い込まれたこともあり、ドイツ全般で産業用軽便鉄道の急激な廃止が進められている。東ドイツ時代から使用されていた路線も状態は悪化の一途をたどっていたようで、シュヴァ

[13]

[13] この機関車は西ドイツのユング社で 1955 年製造後、東ドイツで輸入されている。西ドイツでは 1960 年代には産業用軽便鉄道の機関車の新規製造を終えており、最終期の車両となる（2019 年、ザクセン鉄道博物館）

ルツェンベルク鉄道博物館のシュトロムスドルファー氏からいただいた、ケムニッツの産業用軽便鉄道の写真を見ると、線路は歪曲し、枕木は標準軌用の長いものを転用するなど、機関車が走っている場面が無ければ、廃線にしか見えないほどだ [14] [15] [16] [17]。悪条件下でも使用できることが産業用軽便鉄道の強みにもなるが、修繕や資材の更新などを後回しにしたつけが一挙に押し寄せ、廃止された事例もあっただろう。概算になるが、1989 年に西ドイツに 340 か所、東ドイツに 280 か所ほど、合計約 620 か所の産業用軽便鉄道があった。しかし 1994 年には約 100 か所まで落ち込み、このうち 4 分の 1 は旧東ドイツ地域にあったとされている。ドイツ統合後 4 年で旧西ドイツ地域は 340 か所から 75 か所ほどと 8 割近く、旧東ドイツ地域は 280 か所から 25 か所ほどと 9 割近くの減少になる。旧西ドイツ地域に残された産業用軽便鉄道も、50 か所ほどはニーダーザクセン州の泥炭輸送で使用されていたため、採掘量の減少や他燃料への移行に伴う採掘場の閉鎖が相次いだため、ほどなく廃止されている。また旧東ドイツ地域で、最盛期には 120 か所ほどの産業用軽便鉄道があったザクセン州でも、1994 年には 10 か所ほど森林鉄道や鉱山輸送用として残されたが、道路の整備が進み、廃止となっている。ニーダーザクセン州やシュレスヴィヒ・ホルシュタイン（Schleswig-Holstein）州における泥炭輸送では、現在も産業用軽便鉄道が使用されているようだが、かつてと比べれば遙かに規模は小さくなっている。こうしてみると、ドイツにおける産業用軽便鉄道は 1990 年代末でほぼ幕を閉じたと言えるだろう [18]。

[14] [15] [16] [17] 東ドイツでは後期まで産業用軽便鉄道が使用された。写真はカール・マルクス・シュタットで 1987 年に撮影された軌間 600mm の路線。線路は貧弱で車両が無ければ廃線と勘違いしてしまうほど

[18]

[18] 鉱山から本線までの輸送を担っていた産業用軽便鉄道も多くが廃止されている（2022 年、ザクセン州グロッセン〔Glossen〕駅構内）

2.
ザクセン鉄道博物館の
産業用軽便鉄道の展示を見てみると

　ザクセン鉄道博物館の産業用軽便鉄道部門の展示は屋外が主体となっており、中部ドイツ地方鉄道の RE3 と RE30 路線の列車がドレスデンへ行き来する本線に沿うように、東西に広がるザクセン鉄道博物館の東端に、東西 700 m、南北 300 m ほどの広大な専用スペースを確保し、軌間 600 mm 路線が 1,000 m ほど敷設されている。その専用スペースには標準軌間の線路も横切り、短距離だが軌間 500 mm や 700 mm 軌間も敷設されている[19]。このスペースは機関区時代、資材置場だったが、閉鎖後は草木が生い茂る荒地になっていた。現在は整地され、一部舗装もされつつも芝生やシラカバなど緑が多く残されており、自然が活かされたつくりになっている。ザクセン鉄道博物館内で大半を占める、標準軌間の車両を展示しているスペースは、旧機関区時代から使用されてきたレンガつくりの建物やバラストが敷かれた路盤と線路など、人工的な構造物が大半を占めている状態とは対照的と言える [20]。

　産業用軽便鉄道の展示場所へ入場してすぐの場所に、幅 20 m、奥行き 10 m ほどの事務棟がある [21]。旧機関区時代の資材倉庫を改修しており、産業用軽便鉄道の展示場所では唯一の屋内展示施設として、パネルなどの展示も行われている。屋内に機関車を並べて保管できるよう、2003 年からトランバーサーを設置する工事が

[19]ザクセン鉄道博物館の産業用軽便鉄道の展示場所。軌間 600 mm の線路が敷設されている（2017 年、ザクセン鉄道博物館）

[20] 館内を遊覧運行するトロッコ乗り場からの景色。自然を残した館内の雰囲気が良く分かる（2019 年、ザクセン鉄道博物館）

[21] 展示場所すぐにある事務棟は活動の中心を担っている（2023年、ザクセン鉄道博物館）

[22] 2003年からトランバーサーの設置が行われ、2005年に完成している（2003年）

始まり、地面の掘り下げや機械の設置などが行われ、2005年に完成している [22]。屋外の展示が中心の館内にあり、室内で整備ができる施設の存在は重要であり、運営には欠かせない建物と言える。

　展示場所には機関車を保管する車庫や資材倉庫が点在し、館内に敷設された路線にはディーゼル機関車をはじめとする車両が置かれている。2024年現在機関車は26両を所有しており、蒸気機関車2両、バッテリー式機関車3両で、残り21両はディーゼル機関車になる。様々な形態をした機関車には、形式名や製造年、製造会社、馬力などの車両性能や、使用されていた場所などを紹介する説明書が貼付され、あらゆる場所で使用されてきた産業用軽便鉄道のあゆみを垣間見ることができる。ディーゼル機関車12両は動態保存され、館内の路線を、貨車を改造したトロッコ車を牽引して周回する遊覧運行に使われている。この運行は1周あたり10分ほどで、草

木を分け入るように館内の一番奥まで進み、土手を上がり、本線も垣間見えるなど、景色も目まぐるしく変わる。乗る前は遊園地の乗り物のようだと甘く見ていたが、すっかり満喫してしまい、お願いをしてもう一周乗せてもらったほどだ [23]。

[23] 館内を遊覧運行するトロッコ。1954年製の機関車に描かれている顔らしきものは、ケムニッツ郊外の煉瓦工場で使用されていた時以来のもの（2019年、ザクセン鉄道博物館）

展示施設としての整備

　ドイツにおける産業用軽便鉄道の展示施設は、1967 年にドイツ産業用軽便鉄道博物館（Deutsches Feld- und Kleinbahnmuseum e.V）が、当時西ドイツだった、ドイツ北西部ニーダーザクセン州のダインステ（Deinste）に初めて開館している。1987 年には 6 か所ほどの展示施設が開設され、1990 年台半ばより産業用軽便鉄道の廃止が進むと、廃止された路線や車両の収集が広まり、現在は 30 か所ほどまで増加した。

　ザクセン鉄道博物館も例外ではなく、1992 年にザクセン鉄道博物館の分科会「ケムニッツ産業用軽便鉄道会（Traditionsfeldbahn Chemnitze.e.V）」が、産業用軽便鉄道の重要性を、文書とデモンストレーションを組み合わせた展示を通じ、理解促進をはかることを目的に発足した。ケムニッツ周辺の工場が閉鎖され、用途を失った産業用軽便鉄道の車両や線路など資材の収集活動が開始されている。最初に収集された産業用軽便鉄道の機関車は、分科会発足直前の 1991 年、バベルスベルク社で 1955 年に製造され、ケムニッツ郊外のロートルフ（Rottluff）のレンガ工場で使用されていたディーゼル機関車になり、工場閉鎖に伴い引き取っている [24]。分科会発足後、収集はさらに進められ、1993 年には 2 両、1994 年に 5 両、1995 年に 3 両と毎年のようにディーゼル機関車の収集が続けられた。

　機関車のみならず、線路などの資材も積極的に収集され [25]、1993 年より現在の展示スペースにおいて、軌間 600 mm 線路の敷設作業を開始している [26]。当

[24] ザクセン鉄道博物館の産業用軽便鉄道部門で最初に入手した機関車 Ns 2f 形は東ドイツで最も多く生産され、ケムニッツのレンガ工場で使用されていた（2019 年、ザクセン鉄道博物館）

[25] 1999 年の当館の様子。枕木付きの軌間 600 mm の線路が敷設用に保管されている

[26] 1996年の様子。線路の敷設も始まったばかりで荒れ地が目立つ

[27] 2011年の更新作業の様子（2011年、ザクセン鉄道博物館）

初は現在の事務棟の周辺のみに線路が敷設されているに過ぎなかったが、収集された機関車と貨車を使用しつつ、毎年徐々に延長され、2000年代初頭には現在に近い姿になっている。なお敷設された線路も20年近くが経過しており、経年劣化が目立っていたため、2011年秋以降に線路の更新作業が随時行われている。1990年代は、産業用軽便鉄道の線路入手は、路線の廃止により入手しやすかったが、2014年以降の更新時は難しくなっており、古くなった標準軌間の枕木を加工して進められているそうだ [27]。

活動範囲の拡大と充実

　機関車や貨車といった展示品の収集や作業場所の整備が進むに従い、活動にも広がりが見られるようになる。2007年にはケムニッツ市内のショッピングモールにディーゼル機関車と貨車1両を置き、館の活動の宣伝を行っている。標準軌間の車両とは違い小形のため、トラックに搭載して比較的容易に輸送ができ、室内の展示も行えるなど、狭軌の小形車両の利点を活かした活動と言えよう [28] [29]。また2015年より毎年5月に「産業用軽便鉄道の日（Feldbahntage）」と題した大々的な特別展示会を定期開催している。毎年異なったテーマによる展示を実施しており、筆者が訪問した際には砂利運搬鉄道の実演展示を行っていた。ディーゼル機関車にけん引された空（から）の貨車を作業場まで運転し、ショベルカーで砂利を搭載後移動させ、所定の場所で貨車を傾け砂利を降ろすデモンストレーションになり、現場における車両の

[28][29] 2007年に市内ショッピングモールで機関車展示を行っている

[30][31] 産業用軽便鉄道の日のデモンストレーション、砂利運搬鉄道作業再現の様子（2019年、ザクセン鉄道博物館）

　動きや貨物車の搭載部分を傾けての荷下ろしの様子を見ることができた[30][31]。また他の産業用軽便鉄道の博物館との交流も積極的に行われており、期間中は蒸気機関車がトラックで運ばれ、展示されている。また修繕作業や展示など運営に関する意見交換も行っているそうだ。

　ザクセン鉄道博物館の一部門としてボランティア活動による有志で運営され、なかでも若者を中心とした作業グループの形成に重点が置かれている。軌道建設や整備、館内の造園、保管倉庫など建物の建設や修繕、車両の走行部などに使われる部品の金属加工など様々な作業に区分けされ、鉄道や専門分野にとらわれず、誰もが自分の興味やスキルに応じて働くことができ、自分の意志、チームで働く能力、責任感を育む活動が目指されている。ただ堅苦しさは無く、慣れた参加者は備え付けのノートに名前を記載し、手慣れた様子で担当場所に向かい作業に加わるなど、レクレーション活動に近いようだ。

産業用軽便鉄道ならではの施設

・転車台 [32]

ドルベルク社は上に車両を乗せ、人力で回転させる簡易式の転車台を製造しており、容易に方向変換や転線ができるようにしている。製造年代は不明だが、事務棟の前に転車台が置かれており、機関車の方向転換などに使用されている。また団体客が来た際にはこちらに人を乗せて回転させるといった、ちょっとしたデモンストレーションも行われている。

・3線分岐ポイント [33]

2007年に入手し、現在も館内の路線で使用されている。スペースの限られた場所で多くの分岐をするために設置されており、横にあるレバーで右、中央、左の3方向に分岐することができる。産業用軽便鉄道の特性を表した設備と言えよう。

[32] 事務棟の前にある手動の転車台（2019年、ザクセン鉄道博物館）

[33] 3線分岐ポイントは左側にあるレバーでポイントを動かす（2019年、ザクセン鉄道博物館）

・多種多様な貨車 [口絵p.37の**F G H I J**] [34] [35]

貨車の種類は使用されていた場所や会社により、個別に調達されたものを収集しているため、何種類も見られる。車輪以外すべて木製の貨車があり、初期の製造であると推測される。また車輪と車軸や台枠以外は木製の貨車、金属製の貨車でもビス止め、溶接式など、材質や作りも多岐にわたっている。貨車のため走行時の衝撃を緩めるバネはなく、簡単なチェーン式の連結器のみで、緩衝器の無い貨車も多い。

形状は外枠の無い平車、直方体、台形の断面を持つもの、湾曲した側壁の車両などがある。台形や歪曲した側壁の形状は箱部分を傾けて中身を放出することができる構造になっている。あまりに雑多にあるため使用場所や製造年など、個別に説明

[34] [35] 木製の台車に木箱を載せた簡易な構造から鋼鉄製まで様々な形状の貨車があり、用途や製造年など気になるところである（2019年、ザクセン鉄道博物館）

がされておらず、なんとももったいなく感じる。今後の課題として対応いただきたく願っている。

3.
様々な車両の復元作業について

　当館では2両の蒸気機関車を保有しており、大規模な復元作業が行われている。機関車の使用履歴もふくめ紹介したい。

・旅団機関車（Brigadelok）HF2738号機 ［口絵p.39の**P**］［36］

　先述した1903年に試作機が製造され、第一次世界大戦時に大量生産されたドイツ陸軍の蒸気機関車「旅団機関車（Brigadelok）」のHF2738号機になる。形式HFは陸軍用鉄道（Heeres-Feldbahn）の略号になり、同形の機関車はドイツ国内で13両の保存が確認されているほか、オーストリア、フランスなどヨーロッパのみならず、アメリカ、アルゼンチン、ブラジルなど中南米や、コンゴ、中央アフリカ、

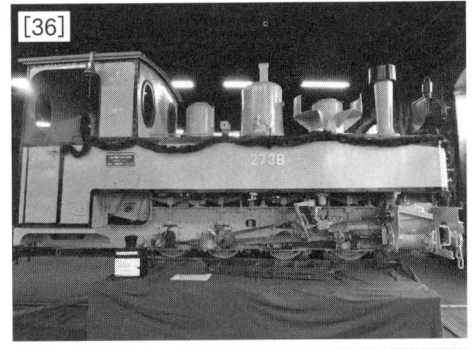

［36］旅団機関車（Brigadelok）HF2738号機。製造100周年を迎えた2019年に復元が完了した。お披露目に先立ち装飾が施されている（2019年、ザクセン鉄道博物館）

南アフリカなど世界各地で使用され、現在も数両が保存されている。

　ザクセン機械工場社から旅団機関車は105両を納入しており、HF2738号機もそのうちの1両になる。1918年に発注され、同年第一次世界大戦は終戦となったが、1919年に製造番号4300として完成した。1919年11月27日にベルリンの西、ダルゴウ・デーベリッツ（Dallgow-Döberitz）のドイツ陸軍の復員所（Demobilisierungsplatz）に運ばれ、1920年ドイツ外国貿易省（Aussenhandelsministerium）によって、当時ポルトガルの植民地だったアフリカ大陸南東部モザンビークの砂糖会社に他の旅団機関車とともに輸出されている。ザンベジ（Zambezi）川の下流に広がるデルタ地帯にあったサトウキビ農園で10号機関車として運用され、畑から製糖工場までの軌間600mmの専用路線で、最大70kmにおよぶ輸送を行っている。なお煙突の後ろに

広がる漏斗状の物は、どこでも給水ができるよう装備されたポンプとホース巻きになる [37]。

　HF2738 号機はモザンビークで数度にわたって改造され、長距離運転用に滑り止めの砂箱の拡大、水槽車の連結などが行われている。モザンビークでは、1970 年代の独立戦争や 1980 年代の内乱による混乱で線路や車両も被害を受け、サトウキビ畑や砂糖工場は閉鎖されている。用途不要となった HF2738 号機は、この地に留置されてきたが、1999 年、イギリスの商社が、ここで同じく使用されていたイギリス北部の街リーズ（Leeds）で製造された蒸気機関車を文化遺産として保存するため、モザンビークの地方自治体と交渉の後、残されていたすべての機関車を購入している。2000 年に当機を含め 20 両の機関車がモザンビークから船積みされ、イギリスのウォリック（Warwick）に運ばれた。ザクセン鉄道博物館は、ドイツ国内での運転実績は無いものの、ケムニッツで製造された機関車でもあり、当時の技術や製造能力を今に伝える貴重な機関車と考え、ウォリックで HF2738 号機を入手、2000 年にケムニッツへ輸送し、館内で修復作業が行われている。

　2000 年に当館に来た時の状態は、モザンビークの熱帯気候のため腐食が進んでおり、多くの部品が欠損し、特に銅製部品は盗難され、すべて取り外されていた。2000 年夏に徹底的な清掃の後、初めて一般公開され、2001 年 1 月から本格的な修繕作業が開始されている。1919 年新製当時の姿に復元することになり、原則、オリジナル部品の保持がなされ、摩耗した車輪、連結器、ロッドなどが整備され、再び

[37] 煙突の後ろにはポンプとホースが常備され、どこでも給水ができるようにしている（2019 年、ベルリンの技術博物館）

[38] 2017 年頃の HF2738 号機、走り装置にロッドが設置されていない

取り付けられた。当初は動態保存も考えられたが、罐の損傷が激しく、新規罐に交換する必要があったため、オリジナルを保持した静態保存へ作業方針が変更されている。欠損した部品のほとんどがレプリカに交換され、入手できないものは他の鉄道博物館の意見交換をしつつ、代替品を探している [38]。こうして徐々に修繕が進められ、2019 年に、製造 100 周年を記念して修繕後の姿が公開された。移動用の貨車に搭載されており、他館に移動しての展示なども計画されているそうだ。

蒸気機関車シュプンテライ(Spunterei)形

第一次世界大戦後、資材不足や作業の効率化を図るため、ヘンシェル社、ユング社、オーレンシュタイン・コッペル社など、ドイツの産業用軽便鉄道の機関車メーカは協力し、多くの部品を共用した制式蒸気機関車を運行性能や重量ごとに形式を分けて開発した。この時定められた仕様に則り、日本では国鉄 B6 形（2400 形）蒸気機関車のメーカとして知られる通称ハノマーグ（Hanomag）、正式名ハノーファー機械製造（Hannoversche Maschinenbau）社は、軌間 600 mm、軸配置 B で 40 馬力のシュプンテライ形の製造を行い、当機は 1923 年に製造番号 9332 として完成した。ベルリンの商社で購入後、ザクセン州シュヴァルツコルム（Schwarzkollm）のパウル・ヴァイガン（Paul Weigand）砂利採掘場で使用されている。1968 年に運用を外れ、近隣のホイエルスヴェルダ（Hoyerswerda）機関区に引き取られた後、1969 年 5 月に当地の公園に遊具として設置された [39]。

1983 年に機関区の有志により再塗装などが行われた以外は整備されておらず、屋外に放置されていたため荒廃している。ハノマーグ社の産業用軽便鉄道用機関車の製造は、1931 年に終了したため、他社と比較して少数になり、他のシュプンテライ形の機関車がドイツ国内には残されていないことから、1994 年に当館が入手し、2007 年頃から修復作業に取り掛

[39] 1994 年まで公園の遊具として置かれていた蒸気機関車シュプンテライ

かかっている。

　当館におけるシュプンテライ形機関車の復元作業は、写真などで確認のしやすい、砂利採掘場で使用されていた当時の外観復元と動態保存が目指されている。修復作業については、設計図と写真を手掛かりに、最新技術も導入しつつ、オリジナル部品はできるだけ修復して使用している。そして遊具用として追加された部品は除去、欠損部は既存の設計図に従って再製造し、修復作業は全て記録に残し、文書化されているそうだ。

　罐や運転台、計器類などはオリジナルが残されていたが、欠損している部品も多く、長年の屋外での放置により、台枠やバッファーは歪曲しているなど、形状が変わってしまった箇所も多い。部品の調達と組み立てを行い、正常な動作がなされることを確認するため、機関車に取り付けて状態を把握し、バランスの調整を行う作業が継続的に行われている [40] [41]。新たな部品の製造も必要とされ、動態復元にはまだ時間を要する見込みだが、館内の遊覧列車を当機が牽引する日が来るのを心待ちにしつつ、今後の進捗に期待したい。なお作業にあたっては、他館からの技術の助言もなされており、資料提供の呼びかけや資金援助も、これまでの修復活動の報告とともに行われている。

[40] 台枠の調整など修復中のシュプンテライ（2022 年、ザクセン鉄道博物館）

[41] 現在も着々と修繕が進められているシュプンテライ形機関車（2023 年）

ディーゼル機関車の展示について
バベルスベルク社のNs1形を例に

　当館の展示車両は大半をディーゼル機関車が占めている。同形機が複数台保有されていることへの疑問も感じるが、機関車に掲げられた説明板に書かれた使用場所や履歴を追うと、内蔵されたエンジンが異なる、また使用場所に適した作りがそれぞれに施されているなど、仔細な違いが垣間見え、収集物へのこだわりが感じられるとともに、産業用軽便鉄道の多彩さを知るきっかけの一つになると思える。

　4両保存されている Ns1 形は、第二次世界大戦後、東ドイツで産業用軽便鉄道の需要が増加したため、バベルスベルク社にて 1952 年から量産された 10 馬力のディーゼル機関車になる。1956 年から照明や電気式スターターを備えた Ns1 形の改良版の製造を開始し、1958 年には 15 馬力の Ns1b 形が量産、1960 年までに合計 699 両を製造している。当初は水冷式の単気筒エンジン 1NVD14SWR 形を装備していたが、数年後には経年劣化がみられたため、1967 年より多くの機関車が、人民公社クーネヴァルデエンジン工場（VEB Motorenwerk Cunewalde）で製造を開始した 2 気筒エンジン 2NVD12.5SRL 形や 4 気筒エンジン 4VD8/8SVL 形に交換されるなど、多様な経歴を持つ Ns1 形のそれぞれの履歴や特徴は次のようになる。

・1952年製　製造番号47013［42］

　当機は Ns1 形では最初期に製造されたため、後年標準装備された電気式スターターや照明が無い、非常に簡素なつくりが特徴になる。内蔵しているエンジンも、保存された Ns1 形では珍しく、新製時以来の 1NVD14SWR 形が残されている。ベルリン近郊のヘルツフェルド（Herzfelde）にあったレンガ製造工場で使用されており、1993 年閉鎖後、ザクセン鉄道博物館に来ている。状態も良好であり、収集されて以来動態保存を行っている。

［42］

［42］1952 年製、製造番号 47013。簡素な作りで原形に最も近い初期型になる

・1954年製　製造番号27154 [43]

　ザクセン州内のフォルベルゲ（Forberge）の屋根瓦工場内にあった1 kmほどの路線で使用されていた。1993年にトラックに切り替えられ、用途不要になったため、同年7月に収集物に加えられている。エンジンは4気筒の4VD8/8SVL形に置き換えられており、時期は不明だが、ギアボックスとともに交換作業が行われている。当機も状態は良く、1994年に整備されて以来、動態保存されている。

[43] 1954年製、製造番号27154（2019年ザクセン鉄道博物館）

・1957年製　製造番号247431 [44]

　2005年に当館に来ているが、特徴は追加して設置された運転台の屋根と、ポーランドのダトラ社（Dutra）製トラクターのカバーを転用して交換された前部になる。軌間500 mmでドイツ中央部のライスドルフ（Reisdorf）のレンガ工場で使用されていたが、スクラップ直前に運び込まれた。収集時、すでにエンジンは無く、軌間は館内の展示を考え600 mmに変更された。

[44] 1957年製、製造番号247431。屋根の設置やエンジン部カバーをトラクターから転用するなど外観が大きく変化している

・1957年製　製造番号247446 [45]

　1991年、館で最初に収集された産業用軽便鉄道の機関車と同じ、ケムニッツ郊外のロートルフのレンガ製造工場で使用されていた。1990年5月末にレンガ工場が操業を停止した後も当機は他に移動せず、小屋に保管されたが、何者かが侵入

[45] 1957年製、製造番号247446（2019年、ザクセン鉄道博物館）

し一部が破壊されている。1994年に当館の収集物に加わり、修復作業が行われた。エンジンは 2NVD12.5SRL に交換されており、状態も良好だったため、1995 年 6 月から動態保存機になっている。

ディーゼル機関車 BND30形の動態復元 [46] [47]

東ドイツにおける産業用軽便鉄道用ディーゼル機関車の製造は、1960 年から標準軌間のディーゼル機関車の製造を優先させるため制限され、さらなる需要をカバーするため、西ドイツからの輸入とともに、チェコ・スロバキアの機関車メーカ ČKD（Českomoravská Kolben-Daněk）社か

[46] 現在は動態保存機として館内の遊覧運転で使用される BND30 形

ら様々なタイプの機関車が輸入されている。この BND30 形も ČKD 社製になり、形式名 BND は B が 2 動輪、N はチェコ語でディーゼルエンジン「Naftový motor」、D は同じくチェコ語で鉱山を表す「Důl」の頭文字になり、坑道など火気厳禁の場所で使用できるよう、防爆仕様が施された機関車であることを表現し、最後の数字 30 は馬力数をあらわしている。当機も防爆仕様が施されており、エンジンは火花を飛散させないようカバーがかけられ、排気ガスは洗浄機を通って排出されるよう作られていた。シュコダ（Škoda）社の 3 気筒エンジン 3S110 形を搭載し、1956 年に製造番号 2431 として製造され、東ドイツに納入された。東ドイツ到着直後の使用場所は分かっていないが、当機は地上を走っていたため、防爆仕様は時間の経過とともに変更され、運転台には屋根が取り付けられている。またエンジンも人民公社シェーネベックモーター工場社（VEB Motorenwerk Schönebeck）製の 3 気筒エンジン 3KVD 14.5SRL に交換され、1980 年代にチューリンゲン州のゼンマーダー（Sömmerda）のレンガ製造工場にやってきて、同形式の機関車 2 両とともに運用されていた。1990 年にこのレンガ製造工場が閉鎖された後、ハルツ山地のラウテンタール鉱山博物館（Bergbaumuseum Lautenthal）に運ばれ、その後ヒルデスハイム産業用軽便鉄道博物館

（Feldbahnmuseum Hildesheim）に譲渡され、2005 年にザクセン鉄道博物館の保存機に加わっている。

館では当機をゼンマーダーのレンガ製造工場で運用されていた当時の状態に戻し、動態保存することを目標としたが、エンジンやギアボックスは故障してお

[47] BND30 形も普通鉄道の車両と比較すると小型さが際立つ（2019 年、ザクセン鉄道博物館）

り、修理の財源も確保されていなかったため、しばらくは静態保存機として展示されている。2013 年、ザクセン州南部のエルスニッツ（Oelsnitz）で 2015 年 4 月からザクセン庭園博（Sächsischen Landesgartenscha）が開催されることとなり、それに際し、エルスニッツ市にちなんだ展示物修復の資金提供の公募が行われた。当館の BND30 形はエルスニッツ市で使用されていた実績こそ無いが、他の BND30 形機関車が 1971 年までエルスニッツ市にあった炭鉱で、防爆仕様を施して運用されていたため、関連あるものとして申請し、協議の結果、修復費用の確保が認められている。ただ炭鉱で使用されていた同形機と同じ防爆仕様の復元まではできなかったため、レンガ工場での最後の運行時の状態へ修復されることになった。

修復作業は、2013 年 12 月のクリスマス休暇中に、当機の解体と状態の把握から開始された。フレームやエンジン、トランスミッションといったユニットからアッセンブリー品、小さな部品単位まで分解し、2014 年早々から再調整が開始されている。全ての金属部品をサンドブラストし、状態を確認、問題の無いものは、見つかった元の色に従って再塗装された。破損または欠品した部品は、既存の図面に基づいて補修、また元の部品を測定することにより、類似した既製品を調達して代用している。館に来た時に搭載されていた 3KVD14.5SRL 形エンジンは修復不可能だったが、幸いオリジナルの 3S110 形の調達ができたため、ドイツ西部のフランケンベルク（Frankenberg）でピストン、噴射ノズル、シールを新規部品に交換する修復が行われている。修復されたエンジンが当館に納入され搭載されたが、エンジンフレームが 3KVD14.5SRL 形用に改装されており、装着には不一致であることが判明したため、カバーが外された状態での保存になっている。ギアボックスは解体したところ、幸い

なことに主要部品となるギア、シャフト、マルチプレートクラッチは無傷だったため、大規模な修復は行わずオーバーホールに留められた。すべての部品が洗浄され、消耗品であるベアリングとシールを交換、そしてハウジングを塗装した後、組み立て直している。ユニットごと個別に再調整された後、重量物も取り扱えるクレーンを備えたケムニッツ市内作業場に運び込まれ、組み立てられた。2015年4月22日、ザクセン鉄道博物館に返却され、電子部分の調整作業が行われ、館内で運転されている。そして2015年5月よりエルスニッツのザクセン庭園博の会場で公開され、現在も動態保存機として当館内で運転されている。

物流と工業を陰から支えた
ヒルバースドルフ機関区と産業用軽便鉄道

　鉄道は社会情勢や市民の暮らしに密着しており、博物館で展示された車両やそれらの使用履歴を通じ、当時の状況を実感することができる。鉄道車両の保存、展示において、あるべき姿はいくつかあるだろうが、ヒルバースドルフ操車場、機関区を展示施設としたザクセン鉄道博物館は、工業都市ケムニッツを支えた鉄道施設として最適な場所であろう。さらに高速気動車ゲルリッツ形は編成単位で使用されたため、運用当時の姿に近づけるのであれば、先頭車だけではなく様々な内部設備を含んだ各等級の客席を編成全体で展示することも望ましい。その展示場所の確保にあたっても、広々としたザクセン鉄道博物館は羨ましいほどに適しており、展示車両の魅力をより強く感じることができる。ただ屋外であるため、頻繁な塗装は不可欠であり、本来あるべき車体に書かれた表記が省略されていることからも、保持作業の難しさが痛いほどうかがえる。

　ザクセン鉄道博物館の一部門である産業用軽便鉄道は、農作業物資や鉱山、工業製品の輸送といった産業社会全般に関係する用途から、第一次世界大戦時における前線への輸送手段、また第二次世界大戦後は崩壊した都市の瓦礫撤去用まで幅広く、時代に翻弄されつつも、地域の物流の担い手としてその役割を果たしてきた。そして書籍などで語られる東ドイツ時代の品不足や東西ドイツ統合後の工場閉鎖なども、館で収集、展示された機関車の履歴を見返すと具体的に実感でき、今後も継続した調査を行うことにより、より実情に近い考証もできると思われる。ただ産業用軽便鉄

道は、現場ごとでの管理、運営が主体であり、ドイツ全体の産業用軽便鉄道に関する
るまとまった資料になかなか出会えず、思いのほか調査には苦戦をした。鉄道専門
誌から落ち葉拾いのように記述された資料を集め、書き進めたため、不十分な点が
多々残されているように感じている。今後、本邦における産業用軽便鉄道、また日
本陸軍の鉄道連隊との関連性も含め、補足されることを強く望んでいる。

【さいごに】
Nachwort

　ドイツの鉄道博物館を訪問する際には、図々しいとは思いつつも、貴重な車両の見落としを避けたるため、可能であればご案内いただけないか、事前に手紙やメールを送りお願いをしている。筆者の見識不足でお恥ずかしいことだが、自力で見て回るのみでは、自分の理解できる範囲に留まった印象を持ってしまうように感じている。現に第2章のシュヴァルツェンベルク鉄道博物館で紹介した暖房車は、シュトルムドルファー会長に教えていただかなければ、古い荷物車だと思い込み、内部を見ずに通り過ぎていただろう。今考えると、教えていただき感謝してもしきれないほどだ。この無理なお願いに対し、だいたいの館からは色よいお返事をいただき、連絡した日時にあわせ、幾ばくかの緊張感とともに訪問することになる。訪問先にとっても、鉄道好きな東洋人が片言のドイツ語を使って来るのだから、訝しがって当然だろう。筆者も訪問される立場だったらどう対応をしたものか、未だに答えがないほどである。ただ館内をご案内いただき、1両1両について丁寧に教えてもらい、拙い知識とドイツ語を駆使しお話するうちに、その思いは氷解するようで、以来何度かの訪問もさせていただくことも多い。「はじめに」にて展示車両は多弁であると書いたが、さらに言うと新たな知人づくりも、なかなかの腕前のようだ。

　鉄道博物館は、ここまでお読みいただいたように、館が無ければ行く機会はないと思われる辺鄙な場所にあることが多い。館の周囲は一面畑が広がり、風に吹かれ周囲を見回し、「自分は何をやっているのだろう？」とふと疑問に感じることも多いが、ここまで本書を記すことができたのは、お喋りで世話好きな車両たちについて、筆者のトンチンカンなご質問にも真摯にお答えいただいた各関係者のおかげと強く感じている。写真はじめ資料までご提供くださり、感謝の念に堪えない。この場を借りてお礼申し上げます。

Jürgen Birk (Deutschen Dampflokomotiv-Museums)

Sven Bracke, Maximilian Dümler, Dana Runge, Ulrike Krautz (Verkehrsmuseum Dresde)

Thomas Strömsdörfer、Axel Schlenkrich (Verein Sächsischer Eisenbahnfreunde e.V., Eisenbahnmuseum Schwarzenberg)

Ralf Bechmann,Thomas Barteles, Nando Ludewig, (Sächsisches Eisenbahnmuseum)

Udo Steinwasser (DB Fahrzeuginstandhaltung GmbH, Meiningen)

特に Ralf Bechmann 氏には写真も多くご提供いただき、訪問時にはご案内もしてもらい、心より御礼申し上げます。またザクセンの空の下で、お会いできますことを楽しみにしています。ありがとうございました。

久保　健

【参考文献】
Referenzen

《全　体》

篠原正瑛『全盛時代のドイツ蒸気機関車』（誠文堂新光社、1971 年）

齋藤晃『蒸気機関車の興亡』（NTT 出版、1996 年）

鳩澤歩『鉄道人とナチス：ドイツ国鉄総裁ユリウス・ドルプミュラーの二十世紀』（国書刊行会、2018 年）

鳩澤歩『鉄道のドイツ史 - 帝国の形成からナチス時代，そして東西統一へ』（中央公論新社、2020 年）

鳩澤歩『ふたつのドイツ国鉄』（NTT 出版、2021 年）

雑誌『鉄道ピクトリアル』各号（電気車研究会）

雑誌『鉄道ファン』各号（交友社）

雑誌『鉄道ジャーナル』各号（鉄道ジャーナル社）

雑誌『電気機関車 EX』各号（イカロス出版）

Wolfgang Glatte『Diesellok-Archiv』（Transpress VEB Verlag, 1981）

Gerhard Arndt / Dieter Bäzold『Museumslokomotiven und Triesbwagen in der DDR』（Transpress VEB Verlag, 1986）

Hans-Joachim Kirsche『Bahnland DDR』（Transpress VEB Verlag, 1990）

Alfred B. Gottwaldt『Züge, Loks und Leute』（Nicolai Verlag, 1990）

『TEE Trans-Europ-Express. Paradezüge im Schnellverkehr』（GeraNova Zeitschriftenverlag Verlag, 1993）

『Die Reichsbahnzeit』（GeraNova Zeitschriftenverlag Verlag, 1994）

『Museumsbahnen Lexikon』（Eisenbahn-Kurier Verlag, 1994）

『Großes Lok-Portrait 01.5』（Eisenbahn-Kurier Verlag, 1995）

『Deutsche Bahnen im Wandel 1989-1995』（Eisenbahn-Kurier Verlag, 1996）

『Die Triebfahrzeuge der Deutschen Reichsbahn』（GeraNova Zeitschriftenverlag Verlag, 1997）

『Die Eisenbahnfahrzeuge des Verkehrsmuseums Dresden Teil1 Triebfahrzeuge』（Verkehrsmuseum Dresden, 1997）

『Museumsbahn Kursbuch 2000』（Eisenbahn-Kurier Verlag, 2000）

Hans Stange 『Museumslokomotiven in Deutschland』 (GeraNova Zeitschriftenverlag Verlag, 2001)

『Auf getrennten Gleisen: Reichsbahn und Bundesbahn 1945-1989』 (Deutsche Bahn Stiftung DB Museum, 2001)

Horst J.Obermayer 『Typenblätter, Band 1-Baureihen 01-59』 (Verlagsgruppe Bahn, 2001)

Horst J.Obermayer 『Typenblätter, Band 2-Baureihen 60-98』 (Verlagsgruppe Bahn, 2001)

『Im Dienst von Demokratie und Diktatur: Die Reichsbahn 1920-1945』 (Deutsche Bahn Stiftung DB Museum, 2002)

Klaus-J. Vetter 『Das Grosse handbuch der Dampflokomotiven』 (Bruchmann Verlag GmbH, 2002)

Michael Dostal 『DB-Fahrzeuge Lokomotiven und Triebwagen der DB AG』 (Geramond Verlag, 2002)

Jörg Hajt 『Dampflok-Prospekte. Band 1: Deutsche Schnell- und Personenzuglokomotiven 1882–1961』 (Heel Verlag, 2002)

『Wo dampft es noch?』 (GeraNova Zeitschriftenverlag Verlag, 2003)

『Eisenbahn im Dritten Reich』 (Geramond Verlag, 2004)

『Die Deutsche Reichsbahn vor 25 Jahren 1980』 (Eisenbahn-Kurier Verlag, 2005)

『Imbau-und Reko-Wagen von DB und DR』 (Eisenbahn-Kurier Verlag, 2006)

Klaus-Jürgen Kühne 『Bahnbetriebswerke der DDR 1949-1993』 (Transpress Verlag, 2011)

Erich Preuss/Reiner Preuß 『Deutsche Reichsbahn intern』 (Geramond Verlag, 2011)

『Die Deutsche Reichsbahn vor 25 Jahren 1987』 (Eisenbahn-Kurier Verlag, 2012)

Jan Reiners 『Dampfloks der deutschen Museumsbahn』 (Transpress Verlag, 2012)

『Die Deutsche Reichsbahn vor 25 Jahren 1988』 (Eisenbahn-Kurier Verlag, 2013)

Lothar Weber 『Der Goldbroiler: Die Baureihe V 60 der DR』 (Transpress Verlag, 2014)

『Reichsbahn zu Honeckers Zeiten』 (Geramond Verlag, 2014)

『Die Deutsche Reichsbahn vor 25 Jahren 1989』 (Eisenbahn-Kurier Verlag, 2014)

Erich Preuss 『Reichsbahn-Report』 (Transpress Verlag, 2015)

Thomas Estler 『Deutsche Bahndienstfahrzeuge』 (Transpress Verlag, 2015)

『Die Deutsche Reichsbahn vor 25 Jahren 1990』 (Eisenbahn-Kurier Verlag, 2015)

『50 Jahre Museumsbahnen Chronik 1966-2016』 (Eisenbahn-Kurier Verlag, 2016)

Rudolf Heyne/Uwe Miethe 『DR Lokomotiven Loks und Triebwagen der DDR 1970 bis 1989』 (GeraNova Zeitschriftenverlag Verlag, 2016)

Lother Weber 『Die Ferkeltaxe | Die Baureihe LVT 2.09 der DR』 (Transpress Verlag, 2016)

『DB und DR – 1990 bis 1993』 (Verlagsgruppe Bahn, 2017)

Thomas Estler 『Güterwagen der DDR』 (Transpress Verlag, 2017)

Peter Wagner 『Reisezugwagen der DB Regio AG』 (Transpress Verlag, 2018)

Marc Dahlbeck 『Reisewagen der DDR』 (Transpress Verlag, 2023)

雑誌 『Eisenbahn Kurier』 各号 (Eisenbahn-Kurier Verlag)

雑誌『Lok Magazine』各号（Geramond Verlag）

雑誌『Modelleisenbahner』各号（Verlagsgruppe Bahn）

雑誌『Der Press'Kurier』各号（Press-Kurier-Verlag）

ドイツ鉄道時刻表『Kursbuch』（Deutsche Bahn）

保存鉄道時刻表『Kursbuch der deutschen Museums-Eisenbahnen』各号（Eisenbahn-Kurier Verlag）

《第1章》

Heinz Schnabel『Saxonia』（Transpress VEB Verlag, 1989）

『Verkehrsmuseum Dresden (Museen, Sammlungen, Denkmale)』（Edition Leipzig, 1998）

Hans Wiegard『Reko- und Neubau-Dampfloks der DR』（Geramond Verlag, 2001）

Jörg Hyde『10 Jahre Dresdener Dampflokfest』（Eisenbahn-Kurier Verlag, 2001）

Dirk Endisch『Baureihe 01.5』（Transpress Verlag, 2001）

Klaus-Jürgen Kuehne『Made in GDR: DDR-Schienenfahrzeuge in historischen Prospekten』（Transpress Verlag, 2009）

『Die VES/M Halle (S)』（Eisenbahn-Kurier Verlag, 2009）

『Verkehrsmuseum Dresden: Dresden. Mobile Welt erleben』（Stekovics, Janos, 2013）

Konrad Koschinski『DR in den 80ern』（Verlagsgruppe Bahn GmbH, 2015）

Lothar Weber『Dampf-Aus in der DDR』（Transpress Verlag, 2015）

Alfred B. Gottwaldt『Deutsche Kriegslokomotiven: 1939 bis 1945』（Transpress Verlag, 2016）

《第2章》

『1991-Das Eisenbahnjahr』（GeraNova Zeitschriftenverlag, 1992）

『Der Schwarzenberger Lokschuppen』（Verein Sächsischer Eisenbahnfreunde e. V., 1997）

『Mit Volldampf über Sachsens Schienen』（Verein Sächsischer Eisenbahnfreunde e. V., 1999）

Falk Thomas『Heizhausgeschichten aus dem Westerzgebirge』（Verein Sächsischer Eisenbahnfreunde e. V., 2002）

Falk Thomas『Die Obererzgebirgische Eisenbahn Schwarzenberg-Zwickau』（Verein Sächsischer Eisenbahnfreunde e. V., 2008）

『Museumsführer Die Fahrzeugsammlung des Museums』（Verein Sächsischer Eisenbahnfreunde e. V., 2008）

Markus Bergelt/Holger Drosdeck『Mit der Baureihe 86 durch das Westerzgebirge』（Förderverein Historische Westsächsische Eisenbahnen e.V., 2016）

《第3章》

Rolf Bayer/Gerd Sobek『Der Bayerische Bahnhof in Leipzig』（Transpress VEB Verlag, 1985）

Helge-Heinz Heinker『Album Leipzig Hauptbahnhof Eine lebendige Begegnung mit über hundert Jahren Eisenbahngeschichte』（Passage-Verlag, 2013）

Bernhard Hager 『Hauptbahnhof Leipzig: Eine Kathedrale des Verkehrs 』（VBN Verlag B. Neddermeyer, 2015）

André Marks 『Der Eisenbahnknoten Leipzig』（Sutton Verlag GmbH, 2016）

《第 4 章》

『SVT175-Ein Schnelltriebwagen der Deutchen Reichsbahn』（Verein Lichtenberger Eisenbahnfreunde, 1991）

『SVT Dieselschnelltriebwagen gestern-heute-morgen』（Eisenbahn-Kurier Verlag, 1996）

『Bahn-Jahrbuch1998』（GeraNova Zeitschriftenverlag, 1998）

Wolfgang Dath 『Die Schnelltriebwagen der Bauart" Görlitz"der Triebwagenschnellverkehr in der DDR』1998,（Eisenbahn-Kurier Verlag, 1998）

『Sächsisches Eisenbahnmuseum e.V.』（Sächsische Landesstelle für Museumswesen, 2000）

Konrad Koschinski 『VT11.5 VT18.16 Bauart Görlitz（Verlagsgruppe Bahn, 2001）

Frank Daube 『SVT175 015/016 Bauart Görlitz Ein Triebwagen der DR』（自費出版、2013）

『Schauplatz Eisenbahn Chemnitz』（SSB Medien, 2020）

『Berlin - Hamburg (1846-2021) - 175 Jahre von Metropole zu Metropole』（Eisenbahn-Kurier Verlag, 2021）

《第 5 章》

クリスチャン・ウォルマー / 平岡緑（訳）『鉄道と戦争の世界史』（中央公論新社、2013 年）

クリスチャン・ウォルマー / 北川玲（訳）『鉄道の歴史』（創元社、2016 年）

Dierk Lawrenz 『Feldbahnen in Deutschland』（Francksche Verlagshandlung, W.Keller & Co, 1982）

Wolf-Dietger Machel 『Die Mecklenburg-Pommersche Schmalspurbahn』（Transpress VEB Verlag, 1984）

Dierk Lawrenz 『Ein jahrhundert Feldbahnen』（Francksche Verlagshandlung, W.Keller & Co, 1985）

Klaus Scherff 『Trümmerbahnenn』（Transpress VEB Verlag, 2002）

『Die Tonbahn』（SSB Medien, 2017）

『Erlebnis Muskauer Waldeisenbahn』（SSB Medien, 2018）

『Feldbahngeschichten: Schmalspurige Werkbahnen in Westfalen und Lippe』（DGEG Medien, 2022）

【写真提供】

Bildnachweis

ザクセン鉄道博物館ラルフ・ベックマン（ⓒ Ralf Bechmann/Sächsisches Eisenbahnmuseum e. V.）
《口絵》第 1 章……A, B, C, D, E, F, G, H, I, J, U, V, W, X, Y
　　　　第 2 章……A, R, S, U, K, N, O, P
　　　　第 4 章……F, G, J, K, L, M, N, O, W, X, Y, Z
　　　　第 5 章……I, K, L, M, N, O, Q, R, S, U, V, W, X, Y
《本文》第 1 章……1, 2, 3, 4, 5, 37, 38, 41, 53, 79, 80, 82, 83, 84, 90, 91, 92, 94, 95, 100, 101, 102, 107, 114, 115, 121
　　　　第 2 章……69
　　　　第 3 章……45
　　　　第 4 章……13, 38, 39, 40, 41, 42, 43, 44, 47, 48, 52, 54, 72
　　　　第 5 章……4, 5, 6, 18, 22, 25, 26, 27, 28, 29, 30, 31, 39, 40, 41, 42, 44, 46, 47

ドレスデン交通博物館（ⓒ Verkehrsmuseum Dresden）
《本文》第 1 章……9, 11, 12, 13, 14, 19, 20, 25, 30, 39, 40, 43, 47, 74, 86, 87, 97

シュヴァルツェンベルク鉄道博物館（ⓒ Eisenbahnmuseum Schwarzenberg）
《口絵》第 2 章……G, Q, T, X
《本文》第 2 章……34, 35, 40, 41, 42, 48, 55, 56, 63, 64, 65, 66, 67, 68
　　　　第 5 章……10, 11, 14, 15, 16, 17

ドイツ蒸気機関車博物館（ⓒ Deutsches Dampflokomotiv Museum）
《本文》第 3 章……41

上記以外は筆者撮影

【筆者略歴】

久保 健（くぼ・けん）

1975 年 9 月 25 日東京都青梅市生まれ。1995 年よりドイツのミュンヘン近郊で暮らし、ドイツ各地の鉄道博物館に足を運ぶ。1997年よりミュンヘン空港内の物流会社で輸出入業務の実習を受け、1998 年 3 月帰国。現在は会社員として働くかたわら、ドイツの鉄道博物館や旧東ドイツ地域の鉄道史の調査や発表を行っている。日独協会会員、鉄道史学会会員、東京産業遺産学会理事。

ザクセンの鉄道博物館
鉄路の上の東ドイツ

本体価格……三二〇〇円

発行日……二〇二四年一二月一三日　初版第一刷発行

著　者……久保　健

編集人……杉原　修

発行人……柴田理加子

発行所……株式会社 五月書房新社
東京都中央区新富二―一一―二
郵便番号　一〇四―〇〇四一
電　話　〇三（六四五三）四四〇五
FAX　〇三（六四五三）四四〇六
URL　www.gssinc.jp

編集／組版……片岡　力

装　幀……森　雄大

印刷／製本……モリモト印刷 株式会社

杉原千畝とスターリン

ユダヤ人をシベリア鉄道に乗せよ！
ソ連共産党の極秘決定とは？

石郷岡〔いしごおか〕建著

スターリンと
杉原千畝を結んだ
見えざる一本の糸。
イスラエル建国へ
つながる
もう一つの史実！
新たに発見された
〈命のビザ〉をめぐる
ソ連共産党政治局の
機密文書を糸口に、
英独露各国の公文書を
丁寧に読み解く。

3500円＋税　A5判並製　416頁
ISBN978-4-909542-43-4 C0022

大国政治の悲劇

新装完全版

ジョン・J・ミアシャイマー著　奥山真司訳

「ウクライナ紛争の責任は
アメリカが持たなければならない！」

国際政治学の第一人者による意見表明〈YouTube〉に世界が驚いた。

大国政治の悲劇は国際システムの構造に起因するのであって、
人間の意志ではコントロールできない――。攻撃的現実主義を
分かりやすく解説。『国際政治の教科書』の完全版。

5000円＋税　A5判並製　672頁
ISBN 978-4-909542-17-5 C0031

アマゾンに鉄道を作る　大成建設秘録

風樹茂著

電気がないから幸せだった。

1980年代、世界最貧国ボリビア
の鉄道再敷設プロジェクトに派遣さ
れた数名の日本人エンジニアと一名の
通訳。200％のインフレ、週に二度
の脱線事故、日本人上司と現地人労
働者との軋轢のなか、アマゾンに鉄
道を走らせようと苦闘する男たちの
記録。

2000円＋税　四六判並製　352頁
ISBN978-4-909542-46-5 C0033

日本を壊した政治家たち

安倍晋三から裏金自民党政権まで

佐藤　章著

「うそは安倍晋三の始まり」——流行語のようになった週刊誌の中づり広告のタイトルは「安倍時代」の特徴をよく表しているが、彼個人が亡くなった現在でも時代としての「安倍時代」はいまだ続いている。崩壊の始まりはここからだ！ウソと隠蔽。都合の悪い事実は隠せ！　そして誤魔化せ！　佐藤章が語る。もう黙っちゃおれん。

5500円＋税　四六判上製　416頁
ISBN 978-4-909542-62-5 C0031

AI海戦

人工知能は海戦の意思決定をどう変えるのか？

サム・J・タングレディ、ジョージ・ガルドリシ著

五味睦佳監訳

人工知能は海戦の意思決定をどう変えるのか？　中国に先行されがちな大量のデータ収集と学習によるAIの強化に対抗するにはどうすべきか？　監訳の五味睦佳（元海上自衛隊　自衛艦隊司令官）をはじめ、アメリカ海軍大学教授、退役提督、元国防副長官らによる海上戦場の変革シミュレーション。

6000円＋税　A5判並製　560頁
ISBN 978-4-909542-50-2 C0031

平野丸、Uボートに撃沈さる

第一次大戦・日英秘話

島崎　淳著

平野丸（日本郵船）とは英国と日本を結んだ定期旅客船。第一次大戦末期、ドイツのUボートに撃沈され多くの犠牲者を出した。そして海沿いの英国の村に流れ着いた日本人らの遺体を、地元住民が手厚く埋葬した。それから100年。長い年月の中で失われた墓標を再建しようと、英国の人々が立ち上がった。

2000円＋税　四六判並製　288頁
ISBN 978-4-909542-57-1 C0022

女たちのラテンアメリカ　上・下

伊藤滋子著

男たちを支え／男たちと共に／男たちに代わって、社会を守り社会と闘った中南米のムヘーレス（女たち）43人が織りなす歴史絵巻。ラテンアメリカは女たちの〈情熱大陸〉だ！

【上巻】（21人）

● コンキスタドール（征服者）の通訳をつとめた先住民の娘
● 荒くれ者として名を馳せた男装の尼僧兵士
● 夫に代わって革命軍を指揮した妻
● 許されぬ恋の逃避行の末に処刑された乙女……

A5判上製　336頁
2300円＋税
ISBN978-4-909542-36-6 C0023

【下巻】（22人）

● 文盲ゆえ労働法を丸暗記して大臣と対峙した先住民活動家
● 32回もの手術から立ち直り自画像を描いた女流画家
● 貧困家庭の出から大統領夫人になったカリスマレディ
● チェ・ゲバラと行動を共にし暗殺された革命の闘士……

A5判上製　384頁
2500円＋税
ISBN978-4-909542-39-7 C0023

量子技術と米中覇権

技術立国日本は復活できるのか？

髙橋琢磨著

起きてしまったウクライナ侵攻と起きるかもしれない台湾有事の背景には、ハイテク先端技術をめぐる米中の派遣争いがある。半導体技術で世界の覇権を握った米国が、次世代の量子技術ですでに中国に遅れをとっている。『現代版スプートニクショック』ともいうべき最新の事態の先行きを、『マネーセンターの興亡』の著者が読み解く。

3600円＋税　A5判並製　464頁
ISBN 978-4-909542-53-3 C0031